세계사에
균열을 낸
결정적 사건들

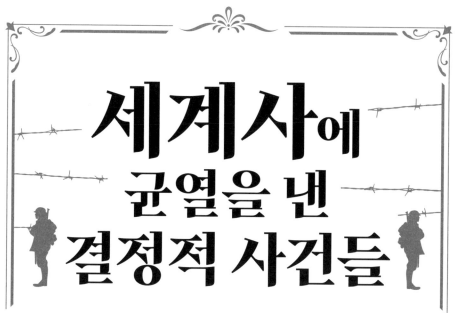

세계사에 균열을 낸 결정적 사건들

역사의 변곡점에서 펼쳐진 언더독의 치열한 저항의 순간들

김형민 지음

UNDERDOG

강자를 상대로 이기거나 성공할 가능성이 적은 약자

"약자가 강자를 이길 때 역사는 새로 쓰인다"

히틀러에 저항한 평범한 노동자부터
죽음 앞에서 사랑을 택한 사우디 공주까지

믹스커피
MIXCOFFEE

균열을 내려는 시도가
끊인 적은 없다

2018년 러시아 월드컵 본선 마지막 경기에서 독일 축구 대표
팀은 한국 축구 대표팀을 무서운 기세로 몰아붙였다. 골키퍼의
선방이 아니었다면 몇 골은 들어갔을 경기였고 전력 차는 확연
해 보였다.

하지만 필사적으로 버티던 한국팀은 후반 종료 시간이 다가
올 무렵, 초조해진 독일팀의 허를 찔러 첫 골을 만들어냈다. 또
골키퍼까지 하프라인을 넘어 공격에 나선 세계 최강팀의 공세
를 맞받아치면서 또 한 골을 넣었다.

이전 월드컵 우승팀이자 유력한 우승 후보였던 독일이 본선
에서 힘없이 2패를 기록한 한국에게 덜미를 잡히는 순간이었다.

'공은 둥글다'라는 표현을 쓴다. 어디로 굴러갈지 모른다는 뜻이다. 하지만 대개 굴러가는 방향은 정해져 있다. 독일과 한국 축구팀이 대결하면 십중팔구는 독일 쪽으로 구를 거라고 단언한다. 하지만 상황에 따라, 참여자의 의지와 노력에 따라 공은 상상하지 못할 방향으로 굴러가기도 한다.

역사에서도 마찬가지다. "역사는 승자의 역사일 뿐이다"라고 한다. 역사를 기록하는 이들이 주로 승자이기 때문이다. "강한 자만 살아남는다"라는 말도 있다. 인류 역사가 시작된 이래 숱하게 치러졌던 경쟁과 투쟁, 전쟁의 틈바구니에서 살아남아 후손을 남기고 이야기를 전하려면 남보다 강하지 않고는 불가능했을 것이다.

하지만 승자의 기세가 아무리 하늘을 찌르고 힘센 이의 위세가 땅을 덮어도 굴하지 않는 사람들은 있었다. '계란으로 바위 치기'라는 걸 모르지 않으면서도 바위를 더럽히기라도 하겠다는 듯 스스로를 내던진 사람들도 있었다.

살아남고자 바짝 엎드리는 한편, 머리를 짜내고 발버둥 쳐서 살길을 마련하고 끝내 역전의 발판을 만들어내는 사람들도 있었다. 비록 뜻을 이루지 못했다 해도 뒤를 잇는 이들의 등불로 남아 거대한 잉걸불의 단초가 된 사람들도 있었다.

그래서 역사는 '승자'만의 역사가 아니다. 승리가 찬란한 만큼 '패배'는 강렬하게 처절했고, 어마어마한 힘이 세계를 지배할망정 이에 짓눌린 사람들의 도전이 끊인 적은 없었기에, 또 그 기억이 사람들의 머릿속에 남고 마음속에 새겨져 또 다른 역사의 수레바퀴가 굴러가기에 그렇다.

이길 만한 사람들만 이기고 힘센 쪽은 결코 지지 않는 역사였다면 역사란 얼마나 재미없고 따분한 이야기의 반복으로만 채워질 것인가. '다윗'의 돌팔매 없이 '골리앗'의 승전보로만 점철된 역사는 얼마나 지루하겠는가.

이 책을 통해서 '역사를 재밌게 만든', 저마다의 방식과 수단으로 드라마틱한 역전극을, 또는 영웅적 비극을 써낸, 패배로써 역사를 다채롭게 하고 좌절을 딛고 일어서는 의지로 역사의 주인공이 된 사람들, 그들이 심심한 역사의 균열을 끌어낸 사연을 정리해 보고 싶었다.

그래서 "인생이 또는 역사가 다 그렇고 그런 거지"라는 자조와 "우리가 뭘 할 수 있겠나" 하는 푸념과 "그래 봐야 뭐가 되겠나" 하는 풀죽은 한탄으로부터 조금이나마 벗어나 보고 싶었다.

"내 아이도 어차피 나처럼 '평균 깎아 먹는 수준'으로 살아야 하는데 내가 왜 아이를 낳아야 하는가? 이 불평등한 세상을 내 아이에게 물려주기 싫어 아이를 낳지 않겠다"라고 토로하는 청년 앞에서 가슴 아팠던 적이 있다. 그가 말하는 현실을 부정하기 어려워 슬펐고, 그의 분노를 달래줄 도리가 없어 안타까웠다. 무엇보다 그런 현실을 만든 기성세대의 일원으로서 송구스러울 따름이었다.

왜 우리는, 우리 역사는 그렇게 수많은 희생과 시련을 거치고도 사회 구성원들에게 희망을 주지 못하고 있을까. 이 책에 등장하는 여러 사람과 사건들을 설명하는 자체가 어쩌면 '꼰대'의 빗나간 설교로 들릴 수 있으리라.

하지만 그래도 말하고 싶었다. 답답하지 않았던 시대는 없고, 소수만 자유롭고 즐거울 뿐인 세상이었으며, 변화를 꿈꾸는 자는 꽃다발보다 불벼락을 더 맞았으되 세상을 바꾸려는, 조금이라도 균열을 내려는 시도가 끊인 적은 없다고. 한번 힘을 내보자고, 함께 뭐든 해보자고.

이 책이 나오기까지 부족한 원고를 손보고 정리하며 고생해주신 믹스커피의 김형욱 팀장과 오래도록 나의 성긴 목소리를 담아준 시사 주간지 〈시사IN〉 여러분께 감사를 전한다. 그리고 함께 세상을 헤쳐 오고 또 앞으로 더 험한 세상을 향해 나아가야 할 내 가족들, 아내와 아들딸에게도 사의를 표하며 어깨를 두드려 본다. "함께 나아가 보자. 더 행복해지기 위해, 그리고 후회를 줄이기 위해."

차례

들어가며
균열을 내려는 시도가 끊인 적은 없다   004

1장. 생존을 위해선 못할 게 없다 | 전략 |

골리앗 소련에 맞섰던 핀란드의 생존 비결   015

여론이라는 약점으로 거인의 손가락을 비틀다   025

'선빵'을 날릴 줄 알았지만 엎드릴 줄도 알았다   034

거인 나폴레옹에 맞선 스페인 게릴라의 투쟁   044

기록은 빈약하지만 '한국인'을 만든 사람들   055

이순신이 조정을 속이고 임금을 능멸한 이유   066

2장. 용기 있는 자만이 역사를 바꾼다 | 용기 |

사악하고 거대한 지옥으로 스스로 걸어간 용자   079

파멸 앞에서도 희망을 잃지 않은 '스파르타쿠스'처럼   090

작고 약할지라도 끝끝내 지킨 자존감의 원천   100

3만 대군을 상대한 600명 영국군의 '영국인다움'   110

"나의 기타는 총, 노래는 총알"이라고 외친 예술가   119

'똥물' 뒤집어쓴 처참한 몰골을 필름에 아로새긴 용기   130

3장. 한목숨 바쳐 강자에 맞선 약자 | 결의 |

300년 송나라 문관 정치가 거둔 장렬한 유종의 미   145

"내가 쓰러진다 해도 여기서 본 걸 기억해 주시오"   155

세계사 최대 '빌런'에 저항한 이는 평범한 노동자   167

마피아 수백 명을 기소했지만 목숨을 잃은 법조인들   177

생을 걸고 민중을 격동시킨 열정의 혁명가   187

세월의 녹이 파고들지 못한 발광체를 향한 경의   198

4장. 지혜롭게 대처할 줄 알아야 한다 | 지혜 |

재능의 천재가 아니라 '태도'의 천재였던 위인   211

수백 년 암흑기 이전, 짧은 평화를 누렸던 때   220

독립국으로 살아남은 에티오피아 리더십의 주인   230

영국을 뒤흔든 '매치 걸스 스트라이크'의 전말   241

"저는 이 부당함이 바로잡혀야 한다고 여깁니다"   251

5장. 신념을 지니면 아무도 막을 수 없다 | 신념 |

종교의 자유를 위해 최강대국에 맞서다   265

'한낱 공놀이' 축구로도 억압에 맞설 수 있다   275

종교와 인간의 보편적 권리에 질문 던진 중죄인   285

일본인 경찰서장이 '조센징'을 지킨 이유   294

억눌린 채 지워진 이들을 위해 싸우는 고역   304

'지역주의'라는 괴물에 맞선 이들을 기억하자   314

양심의 대들보를 일으키고 역사의 물줄기를 돌려놓다   326

1장

생존을 위해선 못할 게 없다

| 전략 |

골리앗 소련에 맞섰던
핀란드의 생존 비결

◇　　◇　　◇

겨울전쟁 당시 핀란드 지도부

미국의 역사학자 윌 듀란트에 따르면 3,500년의 인류 역사 중 전쟁이 없던 시기는 270년에 불과하다. 앨빈 토플러는 그의 저서 『전쟁과 반전쟁』에서 1945년 제2차 세계대전 종전 후 1990년에 이르는 2,340주(週) 중 전쟁이 벌어지지 않았던 기간은 단 3주였다고 말하고 있다.

그만큼 인류 역사에서 전쟁은 한사코 피하려 해도 마주할 수밖에 없었던 끔찍한 존재다. "당신이 전쟁에 관심이 없어도 전쟁은 당신에게 관심이 있다"라는 옛 소련 공산당 지도자 레온 트로츠키의 경고처럼 말이다.

2022년 '평화의 제전'이라는 베이징 동계 올림픽이 끝나기 무섭게 러시아는 우크라이나를 침공했다. 세계 2위의 군사력을 자랑하던 러시아군이 금세 우크라이나를 휩쓸 줄 알았는데, 볼로디미르 젤렌스키 대통령 이하 우크라이나 국민이 치열한 항전을 전개해 러시아의 속전속결 꿈을 망상으로 만들었다.

정치인으로서 최고의 책무는 전쟁을 막는 데 있다는 점에서 젤렌스키 등 우크라이나 정치인의 책임을 무시할 수는 없지만 전쟁 후 지금까지 시종일관 우크라이나를 응원해 왔다.

그건 우크라이나가 약자였기 때문이다. 곰 같은 군사 대국 러시아에 맞서 자신의 생명과 권리를 지키고자 하는 다윗 같은 존재였기 때문이다. 전쟁은 어떡하든 피해야 하지만, 일단 일어나면 이기거나 최소한 비겨야 한다.

큰 나라에 맞서는 작은 나라들이면 더욱 그렇다. 자칫하면 국가적 존립 자체가 위태로워질 수 있고 하나의 역사가 송두리째 사라질 수 있기 때문이다. 우크라이나 이전에도 그랬고 이후에도 그럴 것이다. 그리고 우크라이나의 오늘에서 떠오르는 또 하나의 작지만 단단한 나라가 이 이야기의 주제다.

뉴스에서 우크라이나 시민들이 러시아군과 맞서고자 화염병을 만드는 모습이 인상 깊었다. 이 화염병의 다른 이름은 '몰로토프 칵테일'이다. 어느 러시아인의 이름을 딴 듯한 이 명칭은 1939년 11월에서 1940년 3월까지 벌어진 소련과 핀란드

세계사에 균열을 낸 결정적 사건들

간 '겨울전쟁'의 산물이다.

1917년 러시아혁명 이후의 혼란기에 핀란드는 독립을 이룬다. 에스토니아·라트비아·리투아니아의 발트 3국도 이즈음 독립의 꿈을 성취한다. 하지만 국력을 회복한 러시아, 아니 그 뒤를 이은 소련(소비에트연방)은 다시금 유구한 영토 야욕을 드러낸다. 1939년 나치 독일과 함께 폴란드를 사이좋게 나눠 먹은 소련은 발트 3국에 발톱을 들이밀고는 사실상 자기네 땅으로 만들어버렸다.

소련의 독재자 이오시프 스탈린의 관심은 이제 핀란드로 향한다. 우선 스탈린은 핀란드에게 카렐리아, 라플란드 등을 포함한 영토와 발트해 항구의 소련 해군 주둔권, 조차권 등 무리한 요구를 들이민다.

이 말도 안 되는 협상을 주도한 이는 소련의 외무장관 뱌체슬라프 몰로토프였다. 핀란드 측은 생으로 땅과 사람을 떼어내달라는 요구를 거부했다. 협상이 결렬되자마자 몰로토프는 선언한다. "대화는 끝났다. 이제는 붉은 군대가 말할 차례다."

1939년 11월 30일 마침내 소련의 맹공격이 시작된다. 전 세계 땅덩이의 6분의 1을 차지하고 1억 7천만 인구를 자랑하는 소련의 압도적인 무력이 인구 370만 명의 핀란드에 폭설처럼 쏟아졌다.

민간인 주거 지역에 대한 무차별 폭격이 문제가 되자 몰로토프는 "굶주린 핀란드 인민을 위해 빵 바구니를 투하한 것"이라며 억지를 부렸다. 이에 핀란드인들은 소련군 기갑 부대에 던질 화염병에 몰로토프의 이름을 갖다 붙였다. '몰로토프 칵테일'이라고 말이다.

말도 안 되는 억지를 부린 몰로토프의 이름은 그렇게 역사에 박제된다. '몰로토프 칵테일'은 현대 전차에는 더 이상 효율적인 무기가 아니겠지만 불과 열에 약한 가솔린 엔진을 썼던 겨울 전쟁 당시 소련군 탱크에는 상당한 타격을 안겼다.

'몰로토프 칵테일'은 여러 가지를 상징한다. 당시 핀란드와 소련의 국력과 덩치는 성경에 등장하는 다윗과 골리앗의 차이보다 훨씬 컸다.

소련군은 수백만 대군을 자랑했지만 핀란드는 나이 든 예비군들을 박박 긁어도 40만 명을 넘을까 말까였다. 소련군 탱크는 수백수천 대였지만 핀란드군이 가진 전차 수는 32대에 불과했다.

이 가련하기까지 한 열세 속에서도 핀란드인들은 효율적인 방어책을 생각해냈고, 모든 걸 짜내 소련에 저항했다.

핀란드는 전 인구의 16%를 동원한다. 제2차 세계대전 말기 나치 독일이 발악적인 국민총동원령으로도 10% 초반의 동원율에 그친 점을 고려해보면[1], 핀란드인들의 거국적 단결이 얼마나 처절했는지 짐작할 수 있다.

세계사에 균열을 낸 결정적 사건들

소련군조차 기겁했던 북극권 추위 속에서 나고 자란 핀란드인들은 추위에 움츠러든 침략군의 보급로를 끊고 분산시킨 후 각개격파하면서 소련군 지휘부를 공황으로 몰아넣었다.

그즈음 소련 수뇌부들이 모인 만찬장에선 소련의 분위기로 보면 경천동지할 일이 벌어진다. 스탈린이 핀란드와의 전쟁에서 당한 굴욕의 책임을 추궁하자 총사령관 클리멘트 보로실로프가 "당신이 유능한 장교들을 다 죽여버렸잖아!"라고 외치며 음식이 담긴 접시를 내동댕이친 것이었다.

스탈린의 대숙청으로 소련군 장성의 90%, 영관급의 80%가 저승으로 가거나 시베리아로 끌려간 사실을 스탈린 면전에서 통박해버린 셈이다. 스탈린이 아끼는 술친구가 아니었다면 보로실로프의 뒤통수에 총알이 박혀 마땅한 일이었다.

그런데 보로실로프도 이 대숙청이 핀란드인들의 거국 일치에도 한몫했다는 사실은 몰랐다. 핀란드 독립 후 벌어진 내전에서 우파가 승리하면서 수많은 핀란드 공산주의자들이 '사회주의 조국' 소련으로 넘어갔는데, 그들 태반이 숙청 와중에 목숨을 잃고 말았던 것이다. 이 사실을 알게 된 핀란드의 좌파들도 내전 시절 우파에게 쌓인 원한을 접어두고 소련군에 맹렬하게

---

1 한종수, 굽시니스트, 『2차대전의 마이너리그』 길찾기, 2015.

대항했다.

이처럼 핀란드인들은 열심히 싸웠다. 그러나 소련의 물량 공세를 감당하기에는 역부족이었다. 다윗의 돌팔매가 한 명의 골리앗을 쓰러뜨릴 수는 있지만, 골리앗이 열 명이라면 천하의 다윗이라도 어쩔 수 없는 것이다. 죽여도 죽여도 소련군은 몰려왔고 핀란드군은 승리를 거두면서도 손실에 뼈아파 했다.

핀란드는 당초 소련이 요구했던 이상의 영토를 빼앗겼고, 발전소 100여 개 등 산업 시설의 10%를 상실했다. 핀란드 대통령이 "이런 조약에 서명할 걸 강요한 손이여, 그냥 시들어버려라"라고 절규할 만큼 굴욕적인 조약이었다.

● 생존을 위한 '의리 없는' 용기

어떤 이는 이렇게 말할 수도 있을 것이다. "결과가 같다면 그 희생을 치르며 전쟁을 벌일 이유가 무엇이었는가, 어떡하든 전쟁을 막았어야지"라고 말이다. 하지만 이는 결과적 이상론에 불과하다. 1939년의 핀란드는 2022년의 우크라이나와 연결된다.

일찍이 블라디미르 레닌은 "우크라이나를 잃으면 우리는 머리를 잃는다"라고 했다. 현 러시아의 통치자 블라디미르 푸틴 역시 우크라이나를 '레닌의 땅'으로 규정한 바 있다. 즉 러시아인들은 우크라이나를 자신과 떨어질 수 없는 땅이라고 여겨온 것이다.

세계사에 균열을 낸 결정적 사건들

1940년 전후의 핀란드도 마찬가지였다. 러시아의 지배를 100년 넘게 받았고, 소련과의 전쟁 당시 핀란드군의 원수였던 칼 구스타프 에밀 만네르헤임조차 러시아군 장교 출신으로 핀란드 말보다 러시아 말이 더 익숙한 사람이었다. 우크라이나를 향한 푸틴의 전략과 핀란드를 바라보던 스탈린의 속셈은 크게 다르지 않았으리라.

거국적으로 단결한 핀란드는 소련 원정군을 만신창이로 만들었고 나치 독일이 소련을 침공하자 발맞춰 소련에 반격을 가하기까지 한다.

하지만 그 복수에도 절제가 있었다. 잃어버린 영토 이상 진격해 소련의 비위를 깊숙이 할퀴지 않았고, 수백만 명의 시민을 굶겨 죽이겠다는 의도를 노골적으로 드러낸 독일군의 레닌그라드 포위전 참여도 거부했다.

승리의 추를 독일에서 소련으로 기울게 한 스탈린그라드 전투를 지켜본 만네르헤임은 핀란드 대통령 리스토 뤼티에게 "전쟁이 결정적인 전환점에 도달했으니 핀란드는 이 기회를 이용해 최대한 빨리 현 상황에서 벗어나야 합니다"라고 보고한다.

만네르헤임은 독일군에 배속되어 싸우던 핀란드군의 징집 기한을 연장하지 않고 제대시키거나 핀란드군의 철수를 요구하는 등 태업을 벌인다. 핀란드 정부는 소련과 함께 연합군의 주축이었던 영국과 가까운 인사를 외무장관에 앉히고 소련과

만네르헤임의 75세 생일날 방문해
만네르헤임, 뤼티 대통령과 대화하는 히틀러.

강화 협상을 시작한다.

나치 독일은 동맹국 핀란드를 놓치지 않으려고 협박과 회유를 반복했고 '소련과 단독 강화를 하지 않는다'라는 약속을 받아낸다. 하지만 만네르헤임과 핀란드 정부는 이 약속 또한 기발한 방식으로 파기한다.

뤼티 대통령 단독으로 독일과의 협정에 서명했으니, 뤼티가 사임한다면 후임자는 구애될 필요가 없다는 논리를 내세워 협정 자체를 무효화해버린 것이다.

뤼티에게 십자가를 지우는 일이었지만 뤼티 자신이 이 논리에 동의하고 사임한다. 그 후임자는 바로 전 핀란드군 원수 만네르헤임이었다.

독일군 참모총장 빌헬름 카이텔이 기절초풍해서 핀란드로 날아왔지만 만네르헤임은 냉담했다. 핀란드는 나치 독일과의 약속을 깨고 소련과 강화조약을 맺는다. 이에 핀란드에 주둔한 독일군이 분통을 터뜨려 분탕질을 벌이자 핀란드군은 한때의 동맹국 독일군에게 서슴없이 총부리를 돌린다.

'적(소련)'에게 역부족일 경우 고개를 숙였지만 복수를 위해 '적의 적'(독일)에게 접근해 칼을 갈 숫돌을 빌릴 줄 알았고, 적이 다시 득세할 기미를 보이자 냉큼 돌아서서 동맹군을 저버린 핀란드. 어찌 보면 의리 없고 '간에 붙었다 쓸개에 붙었다' 한다며 지탄받을 수도 있으나 수십 배, 수백 배 큰 나라들 사이에서 살아남으려면 피할 수 없는 선택이었다.

소련의 비위를 맞추고자 전 대통령 뤼티를 '전범(戰犯)'으로 재판하고 징역 10년을 선고하는 제스처까지 취하는 데 이르면 핀란드 지도부의 '생존 투쟁'은 눈물겹기까지 하다. 한편 무고한 십자가를 졌던 뤼티는 감옥에서 예우를 받았고, 오늘날 그의 동상이 핀란드 국회의사당 앞에 서 있다.

세계 역사에서 강성한 나라와 민족은 수도 없이 많았다. 그들의 칼날과 말발굽 아래 스러져 간, 그리고 사라져 간 민족과 나라의 수는 그보다 훨씬 더 많았다.

반면 용기를 떨치든 지혜를 발휘하든 압도적인 강자에 맞서 생존을 쟁취한 이들의 존재는 의외로 희귀하다.

　핀란드의 경우가 그랬다. 굽힐 때는 굽히되 단단할 때는 충분히 단단하며, 나아갈 때는 골리앗을 향해서도 거침이 없되 항상 퇴로를 고민하고 장렬한 죽음보다 살아날 궁리를 포기하지 않았다. 그것이 1940년대 골리앗 소련에 맞섰던 다윗 핀란드의 생존 비결이었다.

　세계사에 균열을 낸 결정적 사건들

여론이라는 약점으로
거인의 손가락을 비틀다

베트남의 붉은 나폴레옹, 보응우옌잡

세계사에서 전쟁의 천재를 꼽자면 여러 사람의 이름이 엇갈릴 것이다. 그리스 변방 마케도니아 왕으로 그리스 전역은 물론 바빌로니아, 이집트, 페르시아 등 명성 드높은 나라들을 무릎 꿇리고 인도까지 쳐들어갔던 알렉산더 대왕, 천하의 로마를 벌벌 떨게 했던 전술의 귀재 한니발 바르카, 사상 최대의 대제국을 탄생시킨 몽골의 칭기즈칸 등 우열을 가리기 힘든 인물들이 쟁쟁하다.

그중 하나로 코르시카 출신의 프랑스 황제 나폴레옹 보나파르트를 간과할 수 없을 것이다. 절묘하고도 대담한 작전으로 강

력한 적들을 무찌르고 유럽 대륙을 거의 손아귀에 쥐었던 이 나
폴레옹의 이름은 이후 여러 나라에서 군사 지휘관을 높여 부르
는 표현으로 사용했다.

'000의 나폴레옹'은 세계 각지에서 적군에겐 공포를, 아군
에겐 용기를 불러일으키는 별명이었다.

붉은 깃발 휘날리던 공산 진영의 역사에도 '붉은 나폴레옹'
이라는 칭호를 받았던 이가 두 명 있었다.

먼저 세계사에 등장한 '붉은 나폴레옹'은 1930년대 소련군
의 젊은 원수 미하일 투하쳅스키였다. 탁월한 전술로 백군(白
軍), 즉 차르의 러시아 제국 재건을 외치는 구(舊) 세력의 군대를
만나는 족족 무찌른 명장이었다.

또 하나의 '붉은 나폴레옹'은 지구 반대편에서 등장한다. 베
트남의 보응우옌잡 장군이 그다. 동방의 '붉은 나폴레옹'은 어
떤 면에서 원조 나폴레옹을 넘어서는 위업을 자랑한다. 나폴레
옹은 세계적 강대국 프랑스의 군대를 지휘했지만 보응우옌잡
은 빈약한 나라의 무장으로 비교조차 안 되는 거대한 국가들을
상대로 승리를 거두었으니 말이다.

보응우옌잡 장군은 1954년 디엔비엔푸 전투에서 일찌감치
세계를 놀라게 했다.

제2차 세계대전 중 인도차이나 식민지를 일본에 빼앗긴 프
랑스는 종전 이후 다시 베트남을 지배하려 들었다. 이에 베트남

세계사에 균열을 낸 결정적 사건들

민족주의자들이 반발해 무장투쟁을 벌이면서 인도차이나 전쟁의 막이 오른다.

프랑스군 지휘부는 베트남 해방군 지역 한복판에 거점을 마련해 적의 심장부를 찌르는 전략을 세운다. 그 거점으로 선택된 곳이 바로 베트남 서북부의 디엔비엔푸였다.

프랑스군은 압도적인 화력과 공중 지원을 믿었다. 베트남 저항 세력에 비행기 따위가 있을 리 없었고 화력 역시 프랑스군을 따라올 수준은 아니었으니까.

베트남인들은 일본군이 썼던 무기부터 한국전쟁 때 중국이 노획한 미군 105mm 포까지 되는 대로 군수물자를 끌어모았다. 그리고 그들이 가진 유일한 힘, 사람의 힘과 영혼을 갈아 넣어 전투에 나선다.

자주독립 의지에 불타는 베트남인들은 우마(牛馬)도 걷기 힘든 험난한 정글 속에서 팔다리로만 대포를 옮기고 무기를 수송하는 괴력을 발휘했다.

'한 번 힘쓸 때마다 3cm씩, 하루 평균 800m씩' 악착같이 대포 100여 대를 집결시켰다. 그런데 사기가 충만할 즈음 별안간 보응우옌잡이 철수령을 내린다.

"프랑스 측을 살펴보니 임시 막사 같던 진지가 철옹성으로 변한 것이었다. 그대로 공격하면 질지 모르는 상황이었다. (…) 공격을 미루면 목숨 걸고 정글 속을 통해 끌고 온 대포 등을 되돌려 은신처로 가져가야 할 처지였다. 많은 이가 수적으로 우세하니 공격하면 이길 수 있다고 퇴각을 반대했다. 그럼에도 나는 철수를 강행했다."[2]

약자는 용기라는 이름으로 자신의 약함을 감추려 들고, 상대의 사악함을 근거로 강력함을 폄하하는 경우가 많다. 그래서 이기지 못할 싸움에 용기를 내다가 영원히 이기지 못하는 경우는 역사적으로 매우 흔했다.

하지만 '붉은 나폴레옹' 보응우옌잡은 "나의 사전에 불가능은 없다"가 아니라 "나의 사전에 불가능한 싸움은 없다"라고 되뇌는 사람이었다. 즉 불가능한 싸움, 이길 수 없는 전투를 용감하게 하느니 비겁하다 욕먹을망정 피하는 편이 백번 맞다고 믿었다는 뜻이다.

베트남인들은 악으로 깡으로 훨씬 더 많은 대포를 끌어와 디엔비엔푸 포위전을 개시한다. 프랑스군은 자신들보다 월등히 우월한 화력을 과시한 베트남 해방군에 두 손을 들고 말았다.

2   〈중앙일보〉, 2011년 3월 7일.

| 보응우옌잡(맨 오른쪽)이 디엔비엔푸 포위전 작전을 짜고 있다.

● 구정 대공세의 이유, 3불 전략의 승리

프랑스가 떠나자 이번에는 미국이 앞길을 가로막는다. 북위
17도 선을 경계로 남쪽에는 미국의 지원을 받는 베트남 공화국
(남베트남)이, 북에는 공산주의를 따르는 베트남 민주공화국(북
베트남)이 들어섰다.

　1960년 북베트남에 동조하는 남베트남 민족해방전선(베트
콩)이 봉기를 일으키고 1964년 북베트남이 미군 군함을 공격했
다는 통킹만 사건을 빌미 삼아 미국이 북베트남을 폭격하면서
베트남 전쟁이 본격화된다.

　1967년 보응우옌잡과 국가주석 호치민은 남베트남 대공세

계획을 수립한다. 우선 북베트남 정규군이 도시로부터 멀리 떨어진 지역에서 기만적 공세로 미군의 관심을 돌린다. 그다음 베트콩 조직원들이 각 도시로 잠입해 봉기를 일으키고 행정을 마비시켜 도시 장악에 성공하면 북베트남군이 전면 공격해 베트남을 통일한다는 3단계 작전이었다. 디데이는 1968년 음력설 다음 날인 1월 31일로 정했다.

베트남 역시 한국처럼 구정이면 '민족 대이동'이 일어나는 나라였다. 전국 각지 고향으로 찾아드는 귀성 행렬을 이용해 북베트남과 베트콩은 대규모 무기와 병력을 각지의 도시로 반입시켰다.

마침내 1월 31일 베트남 전역은 공산군의 '구정 대공세'로 화염에 휩싸인다. 베트남 중부의 고도(古都) '후에'가 베트콩 손에 떨어졌고 각지에서 숨가쁜 공방전이 벌어진다.

그러나 기습을 당했음에도 남베트남 정부군과 미군은 효과적으로 맞섰고 북베트남의 기대와 달리 남베트남인들의 '민중봉기'는 일어나지 않았다. 뿐만 아니라 공세를 주도한 베트콩은 한국전쟁 이전 남한의 빨치산들처럼 괴멸 상태에 빠진다.

구정 대공세는 언뜻 '붉은 나폴레옹' 보응우옌잡의 참담한 실패작으로 보였다. 그러나 이후 상황은 예기치 않은 방향으로 전개된다.

남베트남의 수도 사이공에서 벌어진 구정 대공세에서 불과

세계사에 균열을 낸 결정적 사건들

스무 명 남짓한 베트콩 특공대가 미국 대사관을 습격해 점령에 성공한 것이다. 대사관을 탈환하려는 미군과 베트콩의 전투는 기자들의 카메라에 생생히 담겨 전파되었다.

한편 사이공 곳곳에 출몰한 게릴라를 진압하는 과정에서 경찰서장이 베트콩 청년을 즉결 처형하는 모습은 전 세계 사람들을 충격과 공포로 몰아넣었다.

1964년 북베트남을 폭격한 이래 미군은 막대한 전쟁 비용을 쏟아부었다. 미군 수십만 명이 베트남에서 작전을 수행 중이었다. 미군 사령관들은 늘 승리를 장담했다.

1966년 린든 B. 존슨 미국 대통령은 "북베트남의 침략 야욕을 꺾었다"라고 자신했고, 1967년 11월 주베트남 미군 사령관 윌리엄 웨스트모어랜드는 "끝이 보이는 단계에 와 있다"라고 호언했다.

그런데 실패로 끝난 구정 대공세에서 미국인들은 뜻밖의 모습을 본다. 적들은 기가 꺾이기는커녕 미국 대사관을 점령해 깃발을 휘날렸고, 붉은 무리로부터 지켜야 하는 '자유의 나라' 베트남 경찰은 민간인으로 보이는 사람을 재판도 없이 죽인 것이었다. (그 민간인은 사실 여러 무고한 사람을 살해한 용의자였지만) 미국 여론은 급속도로 악화되고 반전 움직임은 더욱 거세졌다.

"하룻밤 사이에 반전 시위대가 세 배로 증가했다. 웨스트모어랜드 장군의 얼굴이 전 세계 TV 화면에 나타났다. 그의 얼굴에 허장성세는 사라지고 없었다."[3] 그리고 "미국의 지도부들이 전쟁에서 질 수도 있다는 생각을 처음으로 하게 되었다."[4]

전술적으로는 완패한 듯보였으나 미국 내 반전 여론에 불을 지르고, 전 세계에서 미국을 비난의 표적으로 만든 전략적인 승리. 미국에 비할 바 못 되는 약소국 북베트남의 지휘관이었던 보응우옌잡의 구정 대공세는 미국인들로 하여금 패전의 악몽이 현실이 될 수도 있다는 걸 깨닫게 한 매우 효과적인 작전으로 역사에 남는다.

보응우옌잡의 말이다. "(구정 대공세는) 군사 전략인 동시에 정치 전략이었다. 우리도 미군을 섬멸할 수 없으리라는 건 알고 있었다. 하지만 미군의 싸울 의지는 없앨 수 있다고 생각했다. 그게 구정 대공세의 이유다."[5]

이길 수 없는 싸움을 피하는 건 약자가 짜내고 또 펼쳐야 하는 생존의 지혜다. 강한 자의 약점을 파악하고 아픈 손가락들을 찾아내는 데 능숙해지는 건 약자로서 생존하기 위해 반드시 고수해야 할 의무다.

골리앗과 싸울 때 다윗은 기동력과 돌팔매를 무기로 삼았

---

3 타리크 알리·수전 왓킨스, 안찬수·강정석, 『1968』 삼인, 2001.
4 〈한겨레〉, 2014년 8월 22일, '박태균의 베트남 전쟁'.
5 임종득, 『약함 너머』 굿인포메이션. 2021.

다. 갑옷을 입고 칼과 창을 휘두르는 골리앗은 느린 속도와 짧은 사정거리가 약점이었기 때문이다.

베트남의 '민족 해방'을 열망하던 사람들이 아무리 용맹하고 헌신적이었다고 해도 용기와 헌신만으로는 절대로 미국을 물리칠 수 없었다.

하지만 보응우옌잡은 근육질의 미국과 팔씨름을 하는 대신 그 손톱 밑을 파고들었고, 미국은 힘이 약해서가 아니라 힘을 쓸 수가 없어 베트남에서 물러나야 했다.

보응우옌잡은 '3불 전략'으로 승리했다. "적들이 원하는 시간에 싸우지 않았고, 적들이 싸우고 싶어하는 장소에서 전투를 치르지 않았으며, 적들이 생각하지 못한 방법으로 싸웠다."

기나긴 베트남 전쟁에서 승패는 어쩌면 1968년 1월 31일 세계 최강 미국 대사관의 옥상에서 성조기 대신 남베트남 민족 해방전선 깃발이 휘날리던 그 짧막한 순간, 하지만 전 세계인이 지켜본 그 찰나에 결정되었는지도 모른다.

붉은 나폴레옹은 누구도 예상하지 못한 방식으로 미국이라는 이름의 알프스를 넘었고 제2차 세계대전 이후 최초로 "미국에게도 불가능이 있다"라는 역사적 교훈을 창조해냈다.

'선빵'을 날릴 줄 알았지만
엎드릴 줄도 알았다

◇ ─── ◇ ─── ◇

수나라에 맞선 지혜로운 약자, 고구려

『삼국지』로 유명한 삼국(위, 촉, 오)을 멸망시키고 중국 대륙을
통일한 진(晉) 왕조는 극심한 내분과 이민족들의 침입을 겪으며
급속도로 쇠퇴해 갔다. 진나라는 황하 이남으로 옮겨 동진(東晉)
으로 명맥을 이어갔지만 화북 지역은 이민족들의 흥망 속에 숱
한 나라들이 일어서고 무너지고를 반복했다.

중국 역사상 이 시대를 5호 16국 시대라고 부른다. 이후 남
과 북의 왕조가 양립, 각축을 벌였던 남북조 시대를 거쳐 북쪽
의 수(隋) 왕조가 남쪽의 진(陳) 왕조를 멸망시키고서야 중국 대
륙은 다시 통일된다.

수백 년 만의 통일 왕조였던 수나라는 실로 막강한 국력과 막대한 인구를 자랑했다. 초대 황제인 문제의 치세에 수나라 인구는 890만 7천 호에 달했고, 총인구는 5천만 명을 넘어섰다고 추정된다.

이런 수나라가 인적·물적 자원을 '영끌'했을 때, 그 규모와 위력을 감당할 수 있는 나라는 당시 지구상을 통틀어 별로 없었을 것이다. 그런데 수나라가 자신이 지닌 모든 걸 짜내고 갈아넣어 굴복시키고자 발버둥 쳤던 작은 나라가 있었다. 다름 아닌 고구려였다.

중국을 통일한 수나라의 호령 앞에 당시 동북 아시아 나라와 민족 대부분이 고개를 숙였지만 고구려는 호락호락 굴복하지 않았다. 수나라가 계속 고구려를 압박하자 고구려의 영양왕은 오히려 먼저 수나라의 허를 찌른다. 왕이 직접 말갈족을 이끌고 수나라 영토를 선제공격해버린 것이다.

고구려 정규군이 아니라 말갈족을 이끌었다는 점, 본격적인 공격을 수행할 만큼의 대군을 동원하지 않았다는 점으로 미뤄 전면전을 도발했다기보다는 일종의 위력 시위였을 가능성이 크다.

하지만 수 문제는 상상도 하지 못했던 고구려의 기습에 격노했고 30만 대군을 동원해 고구려 침략에 나선다. 하지만 결과는 실패였다. 수나라군은 고구려군의 완강한 반격과 장마, 태풍, 전염병에 시달린 끝에 병력 대부분을 잃고 물러섰다.

그즈음 '선빵'을 날리며 기세를 올리던 고구려의 영양왕은 대뜸 태도를 180도 바꾼다. 바짝 고개를 숙이며 수나라의 비위를 맞춘 것이다. 영양왕이 보냈다는 국서에는 자신을 두고 이런 표현을 하고 있다. '요동분토신(遼東糞土臣)', 즉 '요동 똥 덩어리 땅의 신하'라는 뜻이다.

대제국 수나라를 상대로 선제공격을 서슴지 않은 영양왕이 '똥 덩어리 땅의 신하'라는 민망한 표현까지 불사하며 바짝 엎드리는 모습에 수 문제도 당황했을 것이다. 더구나 고구려가 수나라의 대군을 격퇴시킨 직후였다. 기고만장해도 모자랄 판에 스스로를 '똥 덩어리 땅의 신하'라며 이마를 땅에 댄 것이다.

영양왕은 약한 이가 구사해야 할 최선은 일단 강자와 싸우지 않는 일이지 명분 때문에, 자존심 때문에, 강자의 비위를 건드리고 이기지 못할 싸움에 자신과 동족의 존망을 밀어 넣는 것만큼 어리석은 일은 없다는 걸 잘 알고 있었다. 자신이 만만한 상대가 아니라는 걸 증명하면 된 것이지 비교도 안 되는 상대를 만만하게 보는 건 패망의 지름길이라는 점을 말이다.

그러나 수 문제가 죽고 탐욕스러운 둘째 아들이 수 양제로 즉위하면서 상황은 최악으로 치닫는다. 대제국의 후계자 수 양제의 눈에 신복(臣服)하는 척하면서도 마음대로 되지 않는 나라 고구려는 눈엣가시였다.

마침내 수 양제는 중국 역사상 최대의 병력을 동원해 고구려 침공 명령을 내린다. 전투 병력만 113만 3,800명이었다는 어마어마한 기록에 대해선 지금도 의견이 분분하다. 과장된 기록이라는 설도 있고, 실제로 그 정도의 병력을 동원했을 거라는 주장도 엄연하다. 어찌 되었든 현대 이전의 세계 전쟁 역사상 둘째가라면 서러울 압도적인 병력이었던 건 분명하다.

이 천문학적인 대군을 동원한 수 양제의 전략은 간단했다. 고구려의 요동 방어선은 한 성이 공격당하면 다른 성에 있던 병력이 침략군의 배후를 치고 성과 성이 연결해 방비를 강화하는 상호의존적인 방어체제였지만, 100만 대군이 몰려들면 다들 제 앞가림하는 데 급급할 수밖에 없지 않겠는가.

전쟁사 전문가인 임용한 교수에 따르면 '중국만이 펼 수 있는 전략'이었다. 하지만 고구려는 수나라의 침략을 끝내 물리쳤다. 영토로 보나 인구로 보나 어림도 없었던 고구려가 어떻게 거인 수나라를 무찌를 수 있었을까.

무엇보다 고구려인들은 용감히 싸웠다. 동시에 그들은 지극히 지혜로웠다. 수나라 대군의 예봉을 꺾은 요동성 전투에서 고구려인들은 황제의 명령에 철저하게 좌우되는 수나라군의 비효율성을 완벽하게 이용하는 모습을 보여준다.

612년 고구려를 침공한 수나라군은 친정군(親征軍)이었다. 즉 원정 군대의 총사령관이 황제 본인이라는 뜻이다. 그러다 보니 황제가 결정하지 않은 걸 전선의 장수가 '알아서' 하기는 매우 어려웠다. 또 황제가 직접 나서다 보니 모양새도 중요했다. 황제는 위엄과 함께 관대함도 갖춰야 했기 때문이다.

수 양제는 이런 명령을 내린다. "만약 고구려가 항복하면 즉시 마땅히 어루만져 받아들여라. 진격과 정지를 모두 반드시 아뢰어 회답을 기다릴 것이며 제멋대로 하지 말라." 고구려군이 항복 의사를 표해 올 경우 승기를 잡았다고 공격을 감행하거나 함부로 대하지 말고, 어떻게 할지 반드시 황제에게 물으라는 것이었다. 핵심은 마지막에 있었다. "제멋대로 하지 말라."

요동성은 고구려 요동 방어선의 핵심이었다. 험준한 산성도 아닌 평지성이었지만 고구려군은 치열하게 저항했다. 하지만 수나라 군대는 많아도 너무 많았다. 수나라 군대가 거의 성벽을 넘을 지경이 되자 요동성 수비군은 항복 의사를 타진한다.

그러자 수나라 군대는 일제히 공격을 멈추고 파발마가 황제를 향해 달렸다. "요동성 성주가 항복한다고 하옵니다." 그렇게 하지 않고 성벽을 무너뜨리면 황명을 어기는 것이었다.

파발이 오가는 사이 고구려군은 원기를 회복하고 다시금 성벽에 늘어서서 칼을 번득인다. 항복과 번복은 세 번이나 반복된다. 강자의 약점을 잽싸게 알아채는 건 약자의 절체절명 과제이자 절대적인 무기다.

고구려군은 수나라 군대의 약점을 정확히 찔렀다. 황제의 명령 없이는 한 발짝도 움직일 수 없는 무뇌의 거인은 요동성 앞에서 그렇게 자멸해 갔다.

요동성의 고구려군 지휘관은 이렇게 말하고 있었을지도 모르겠다. "병사들이 피곤해 보이는구나. 여봐라, 성 밖으로 사람을 보내라. 항복하겠다고 전해라. 우리 병사들에게 휴식 시간을 좀 주자꾸나."

● 약자가 갖춰야 할 모든 것

수 양제도 바보는 아니었다. 고구려의 요동 방어선은 강력했지만 수나라군은 많아도 너무 많았다. 요동의 고구려 방어선을 공격하는 한편 별동대를 편성해 고구려의 수도 평양을 바로 들이친다면, 고구려를 무너뜨릴 수 있을 거라 생각했다.

수 양제는 별동대 30만 명을 뽑아 '닥치고 평양 공격'을 명령한다. 그런데 30만 별동대가 압록강을 넘을 준비를 하고 있을 때 수나라군 진영에 천만뜻밖의 인물이 나타난다. 고구려군의 최고 사령관 을지문덕이었다.

수나라 장수들은 이미 "고구려 왕이나 을지문덕이 항복하러 나타나거든 잡아 가두라"라는 명령을 받았다. 거듭된 고구려군의 '항복 구라'에 질린 탓도 있겠거니와, 고구려 최고위급 인사가 항복 협상을 하러 올 거라는 정보를 입수하고 있었다는 뜻이기도 하다. 그런 상황에서 을지문덕이 나타난 것이다.

을지문덕 표준영정.
ⓒ(재)운보문화재단

　을지문덕이 수나라 군사령관과 무슨 협상을 벌였는지는 전해지지 않는다. 항복 의사를 표하고 항복 조건을 협의했을 거라고 추정될 뿐이다. 수나라 지휘관들은 수 양제의 명령대로 을지문덕을 잡아 가두려 했지만 '사신을 가두는 법은 없다'라는 주장에 밀려 을지문덕을 돌려보낸다.

　수나라인들이 관대해서라기보다 "항복을 청하러 온 사람을 잡아 가두면 고구려 왕이 무엇을 믿고 항복하겠느냐?"라는 현실적인 판단이 작용했을 가능성이 크다. 더구나 을지문덕이 직접 항복하러 왔다면 이건 정말 항복한 것 아니겠느냐는 낙관적 기대에 의지했을 수도 있으리라.

　　　　　세계사에 균열을 낸 결정적 사건들

고민이 많았던 수나라 장수들은 을지문덕을 보내준 뒤 새삼 황제의 명령을 떠올리고 진영을 떠난 을지문덕을 불러들이려 했지만, 쏜살같이 남쪽으로 달아나고 있었다.

이미 충분한 시간을 벌었고 적의 약점을 꿰뚫어 본 뒤였다. 수나라군의 약점은 을지문덕을 놓친 뒤 수나라 장수들끼리 나눈 대화에서 넉넉히 짐작할 수 있다.

"군량이 떨어졌으니 돌아갑시다."
"아니, 이 많은 병력으로 작은 적을 이기지 못하다니 무슨 낯으로 황제 폐하를 뵐 겁니까?"

세상에서 가장 허약한 군대는 '굶주리는' 군대다. 그리고 그보다 더 약한 군대는 '굶주리는 대군'이다. 30만 대군이 하루에 얼마만큼의 식량을 먹어치울지 생각해보자. 그리고 이 '별동대' 30만 대군은 자신들이 먹을 90일분의 식량, 거의 쌀 한 가마를 짊어지고 다녀야 했다. 을지문덕이 수나라 진영에 뛰어들어 지체한 며칠은 수나라 군대에 그만큼 치명적이었다. 전쟁에서 시간은 그야말로 금이다.

이 시간을 벌기 위해, 그리고 수나라군의 정확한 사정을 파악하기 위해 고구려는 최고 지휘부의 목숨까지 거는 모험을 서슴지 않았던 것이다. 을지문덕 같은 거물이 직접 나서지 않았더라면, 수나라 별동대를 지휘하는 장수들이 시간을 지체할 이유가 있었겠는가.

이후 고구려는 살수대첩 같은 역사에 길이 남을 승리를 거뒀지만 수나라는 덩치가 커도 너무 큰 나라였다. 수 양제는 또 쳐들어왔고 이번에는 내부 반란으로 말머리를 돌린다.

그때 반란을 주도했던 수나라의 병부시랑 곡사정은 고구려로 투항해 왔다. 고구려로선 전쟁을 멈추고 나라를 구한 은인인 셈이었다. 그래도 수 양제는 고구려를 포기하지 않는다.

네 번째 침공에서 내호아가 이끄는 수나라 수군은 고구려 해상 교통로의 중심 비사성을 함락시키고 평양 공격의 채비를 갖춘다. 여기서 고구려는 언제나처럼 항복하겠다는 의사 표시를 하면서 수 양제가 거절할 수 없는 선물을 제시한다.

바로 고구려에 몸을 의탁해 온 곡사정을 돌려보내겠다는 제안이었다. 반란을 일으켜 황제의 권위를 무너뜨린 자의 송환은 수 양제에게 개인적 한풀이를 넘어 고구려가 드디어 무릎을 꿇었다는 걸 선전할 수 있는 양수겸장의 효과가 있었다.

겨우 함락시킨 비사성에서 함대를 이끌고 평양으로 갈 꿈에 부풀어 있던 내호아는 별안간 철수 명령을 받는다. 황제의 철군 명령이었다. 곡사정은 고구려의 배신에 이를 갈았을 것이고 수 양제 앞에 끌려와 참혹하게 죽임을 당한다. 곡사정에겐 안 된 일이었지만, 고구려로선 국가의 생존을 위해 그의 사정을 봐줄

세계사에 균열을 낸 결정적 사건들

수는 없었다.

이후 또다시 수 양제는 고구려 침공을 계획하지만 수나라 백성과 군인들이 더 이상은 참지 않았다. 각지에서 반란이 터져 나오는 가운데 수 양제는 호위병들에게 목 졸려 죽는 비참한 최후를 맞는다.

수나라에 맞선 고구려는 강자를 상대할 줄 아는 지혜로운 약자의 교과서였다. 여차하면 '선빵'을 날릴 줄 아는 과감한 용기를 과시했지만 "저는 똥 덩어리일 뿐입니다"라고 바싹 엎드리며 강자의 비위를 맞추길 저어하지도 않았다.

강자 수나라가 자신이 지닌 강점을 총동원해 쳐들어왔을 때, 고구려는 상대의 약점을 들여다보았고 그 약점을 철저히 파고들고자 수뇌부들은 위험을 감수하며 솔선수범했다.

급기야 자신에게 몸을 의탁해 온 적의 반란자, 고구려에겐 은인일 수도 있는 곡사정을 송환하는 비열함까지도 서슴지 않았다.

수나라와의 전쟁에서 고구려는 강자에 대항하는 약자가 갖춰야 할 거의 모든 면모를 보여줬다고 할 수 있지 않을까.

거인 나폴레옹에 맞선
스페인 게릴라의 투쟁

◇   ◇   ◇

나폴레옹에 대항한 스페인 게릴라

나폴레옹이 유럽을 호령하던 즈음의 스페인은 왕년 대제국의 풍모를 완연히 잃어가고 있었다. 라틴 아메리카에서 필리핀까지 해외 영토는 거대했지만 산업화에 뒤처지고 식민지 운영에서도 실패를 거듭해 유럽의 2류 국가로 전락한 상황이었다.

스페인을 다스리던 왕가 역시 한심의 극치를 달렸다. 무능한 왕 카를로스 4세는 왕비가 다른 남자와 놀아나는 걸 전혀 눈치채지 못하고, 되레 그를 신뢰해 요직에 기용하며 나라를 좌지우지하게 만든 멍청한 남자였다.

스페인 국민은 국왕과 왕비, 그리고 왕비의 정부(情夫)를 '지상의 삼위일체'라고 비웃었다. '창부와 포주와 기둥서방의 삼위일체'라는 통렬한 비난이었다. 그러니 나라 꼴이 잘되어 갈 리가 만무했다.

그런데 이 '지상의 삼위일체'가 공고하던 스페인에 뜻밖의 문제가 발생한다. 스페인이 아니라 옆 나라 포르투갈에서 파생된 문제였다. 전통적으로 영국의 우방국이었던 포르투갈이 나폴레옹의 대륙봉쇄령을 어기고 영국과 교역을 하다가 들통이 난 것이다.

유럽의 지배자 나폴레옹의 눈에 들려고 애쓰던 왕비의 정부(情夫) 마누엘 데 고도이는 거래를 제안한다. "나폴레옹 황제 폐하, 대륙봉쇄령을 어기고 영국과 교역하는 포르투갈이 괘씸하시죠? 스페인이 길을 빌려 드리겠습니다. 대신 포르투갈을 나눠 가지시지요."

고도이는 스페인의 총리를 넘어 왕에 버금가는 실력자가 되고 싶었다. 마침내 그는 나폴레옹으로부터 "포르투갈을 3등분하여 스페인과 프랑스가 나눠 가지고 3등분한 땅의 하나를 고도이와 그의 가족에게 공국(公國)으로 넘겨준다는 약속을 받아냈다."[6]

---

6 서희석, 이은해, 『한 권으로 읽는 스페인 근현대사』 을유문화사, 2018.

13만 명에 달하는 프랑스군은 풍악을 울리며 피레네 산맥을 넘어 스페인으로 진입했고 포르투갈을 손쉽게 점령했다. 그 뒤 포르투갈을 분할해 스페인과 고도이에게 나눠줬으면 좋았겠지만 나폴레옹은 그렇게 무골호인(無骨好人)이 아니었다. 또 유사 이래 외국 군대를 자기네 땅에 들이기는 쉬워도 내보내기란 절대 쉽지 않은 법이다.

프랑스군은 숫제 스페인 각지의 요지를 점거하고 그대로 눌러앉을 태세를 취했다. 심지어 1808년 3월 나폴레옹의 매제 조아킴 뮈라가 이끄는 프랑스군이 마드리드를 향해 진군하자 무력한 왕과 왕비, 왕비의 애인 고도이는 허겁지겁 도망가버리고 만다.

임진왜란 때 도성을 버리고 도망간 선조 임금에게 분노해 경복궁에 불을 지른 조선 백성들처럼 다혈질로 유명한 스페인 사람들도 격분한다. "이런 왕이 어디 있어, 이 사람은 우리 왕이 아니다!"라며 말이다.

왕비의 기둥서방 주제에 엄청난 권력을 행사하며 거들먹거리던 고도이에게 잔뜩 독이 올라 있던 귀족과 성직자들, 일반 시민들 모두가 한마음으로 들고 일어났고, 카를로스 4세를 몰아내고 그의 아들 페르난도 7세를 옹립한다.

일찌감치 바람 피우는 어머니와 변변찮은 아버지 사이의 장남으로 불행한 어린 시절을 보낸 페르난도 7세는 스페인 국민

세계사에 균열을 낸 결정적 사건들

의 열렬한 지지와 기대를 받는다. 그의 별명이 '국민으로부터 갈망 받는 왕(El deseado)'이었으니 더 말할 게 없겠다.

그러나 그건 스페인 사람들의 대단한 착각이었다. 페르난도 7세 역시 부전자전(父傳子傳)의, 아니 어떤 면에선 아버지보다도 훨씬 떨어지는 사람이었기 때문이다. 이윽고 이 부자(父子)는 누가 누가 더 한심한가의 열띤 경주를 벌이기 시작한다.

국민의 열렬한 호응으로 왕위에 올랐음에도 불구하고 페르난도 7세는 왕위를 보장받겠다며 나폴레옹에게 접근했고, 쫓겨난 그의 아버지 카를로스 4세 역시 나폴레옹에게 달려가 저 불효막심한 아들놈을 매우 쳐달라고 손바닥을 비볐던 것이다.

이 한심한 국왕 부자를 지켜보던 나폴레옹은 페르난도 7세에게 왕좌를 본인의 형 조제프 보나파르트에게 양보하고 여생을 편안히 보내라는 제안(이라고 쓰고 협박이라고 읽는다)을 건넨다.

그런데 스페인 국민이 기껏 봉기를 일으켜 왕관을 머리에 씌워 주었던 페르난도 7세는 맥없이 받아들이고 만다. 참으로 한심한 인간이었다.

나폴레옹이 "하루에 네 끼를 먹어치우는 이 왕자라는 친구는 무슨 일에서건 아무런 생각이 없다"라고 혹평한 것도 무리가 아닐 만큼.

그러나 스페인 사람들은 여전히 그들의 왕에게 충성스러웠다. 기다려도 기다려도 왕은 돌아오지 않고, 되레 1808년 5월 프랑스군이 다른 왕실 가족들까지 프랑스 영내로 옮기려 하자 마드리드 시민들은 프랑스군을 저지하고 나선다. "차라리 우리를 데려가라!"

마드리드 시민들은 중무장한 프랑스군에게 거의 맨주먹으로 달려들었다. 나폴레옹의 매제이자 용맹한 기병대장이었던 뮈라 장군은 계엄령을 시행하곤 저항하는 마드리드 시민들을 가차 없이 베어 넘겼다.

마드리드의 소식이 스페인 각지로 전파되자 스페인 사람들은 분연히 일어선다. "갈리시아, 안달루시아, 아라곤, 카스티야, 카탈루냐 등 출신 지방을 막론하고 이때만은 스페인 모두가 합심해서 무슬림 세력을 몰아내던 때처럼"[7] 스페인 사람들은 지역과 지위를 넘어 유럽 전체의 지배자라 할 나폴레옹에게 맞섰다.

발렌시아의 장터에서 땔감 장수 빈센테 도미니크가 외친 일성은 그만의 것이 아니었다. "나 가난한 땔감 장수 빈센테 도미니크는 나폴레옹에게 전쟁을 선포한다. 페르난도 7세 만세." 스페인 인민 하나하나가 나폴레옹에게 전쟁을 선포한 듯했다.

스페인 북부 아라곤의 주도 사라고사를 둘러싼 공방전에서 프랑스군의 포화가 성벽 곳곳을 허물어뜨리던 즈음, 아구스티

---

7 위의 책.

사라고사 방어전에서 활약하는 아구스티나.

나라는 이름의 한 젊은 여성이 성벽에 오른다. 포병으로 전투 중이던 연인에게 음식을 전해주려는 것이었다.

그러나 이미 연인의 부대는 직격탄을 맞아 전멸해 있었다. 피투성이가 된 채 식어가는 연인과 그 전우들의 시신 앞에서 아연실색했던 아구스티나는 이를 악문다.

그리고 성벽에 달라붙어 아우성치며 몰려드는 프랑스군을 향해 연인이 미처 사용하지 못한 대포에 불을 당긴다. 이런 결사적인 저항으로 사라고사는 프랑스군을 물리치는 데 성공했지만, 두 번째 포위전에선 인구의 태반이 목숨을 잃고 함락되고 만다.

그래도 '아라곤의 아구스티나'는 살아남아 전투를 계속했고 후일 스페인에 상륙한 영국군 소속 보병 장교가 되어 프랑스군을 괴롭힌다.

● 스페인 게릴라와 우리의 독립군

스페인 정규군은 거의 남아 있지 않았다. 있다 해도 프랑스군에 조직적으로 저항을 시도할 처지가 아니었다. 그러나 프랑스군에게 적은 무한대에 가까웠다. 프랑스군은 평범한 복장의 농민들에게, 허름한 상인들에게, 지팡이 짚은 노인들에게, 심지어 빵 굽는 여인들에게 칼을 맞고 도끼에 찍혀 쓰러졌다. 양떼를 몰던 양치기들이 뒤에서 총을 쐈고, 성호를 긋던 소년들이 프랑스군의 목에 올가미를 걸었다.

스페인 사람들은 이런 투쟁을 '게릴라(소규모 전투)'라고 불렀다. 제복을 입은 정식 군대가 아니라 지역의 민간인들이 무장하고 익숙한 지형을 활용해 적에 맞서는 '게릴라전'의 이름은 이렇게 역사에 등장한다.

그리고 이 '작은 전쟁'의 전사들은 희대의 거인이자 유럽의 지배자 나폴레옹에게 뼈아픈 타격을 입힌다. 프랑스군은 스페인의 늪에서 벗어나지 못했다. 먼 훗날 세인트 헬레나에 유배되어 일생을 마친 나폴레옹이 "나를 쓰러뜨린 건 스페인의 상처였다"라고 고통스럽게 술회할 정도였다.

세계사에 균열을 낸 결정적 사건들

그때 스페인 게릴라들이 애타게 부른 페르난도 7세는 프랑스의 휴양지에서 호화롭게 그리고 '무심하게' 지내고 있었다. 결정적으로 그는 '수구 반동적인' 인물이었다.

스페인 사람들이 그토록 증오해 마지않았던, 나폴레옹의 형이자 나폴레옹이 스페인 왕관을 씌워준 조제프(호세 1세)는 오히려 스페인의 악습인 이단 심판과 봉건 제도를 폐지하는 등 개혁 정책을 폈다면 페르난도 7세는 스페인 국민의 자신에 대한 충성과 변화의 열망을 참혹하게 짓밟는다.

1812년 프랑스군의 점령을 면한 도시 카디스에 모인 스페인 국민은 입헌군주제와 보통 선거, 삼권 분립 등을 규정한 자유주의 헌법을 제정하지만, 나폴레옹 몰락 이후 열광적인 "국왕 폐하 만세" 소리 속에서 귀국한 페르난도 7세는 이 헌법을 깔끔하게 무시했다. 심지어 이에 대항해 반란을 일으킨 이들을 잔인하게 처형하기까지 한다.

나폴레옹이라는 골리앗을 쓰러뜨린 스페인 사람들이었지만 그들이 과거의 미몽에서 깨어나는 데는 훨씬 더 오랜 고통의 시간이 필요했다. 목숨 바쳐 옹위한 페르난도 7세의 반동 정치는 이후 19세기 스페인을 침체의 늪에 빠뜨렸고, 유럽의 다른 나라 사람들이 누리는 권리를 향유하는 데는 나폴레옹에 맞선 전쟁보다도 오랜 기간을 버텨야 했다.

그들의 투쟁이 처절하게 배신당했다 하더라도, 그들의 뒤통수가 시퍼렇게 멍들었다 하더라도 스페인 사람들이 나폴레옹에 맞서 보여준 투쟁은 역사의 여러 페이지에 남을 만큼 치열했다.

"당신은 모든 집이 요새로 돌변하고, 모든 이들이 한뜻으로 뭉치는 이곳 백성들을 잘 모릅니다. 우리가 정복자로 행세하는 한 사람의 스페인인도 우리 편에 서지 않을 것입니다."[8]라는 나폴레옹의 형 조제프의 절규는 결코 빈말이 아니었던 것이다.

몇 년 전 이 나라의 국회의원이라는 이가 이런 말을 한 적이 있다. "조선은 썩어 문드러져 스스로 망했고 일본은 조선 왕조와 전쟁한 적이 없다"라고 말이다. 이 무모한 비약과 무지의 소치로 점철된 발언을 들으며 19세기 초입의 스페인 전쟁을 떠올린 건 비단 필자만이 아니었을 것이다.

19세기 말, 20세기 초의 조선과 대한제국은 19세기 초입의 스페인과 여러 면에서 닮아있다. 조선뿐만 아니라 스페인에도 썩어 문드러진 왕은 있었고, 자신의 신민들을 학살하는 적에게 붙어 호의호식하는 왕가도 있었다. 앞에서 언급했듯 스페인 정규군이 프랑스군에 맞선 일도 거의 없었다.

그렇다면 문제의 국회의원은 과연 "스페인은 전쟁한 적이 없다"라고 자신 있게 말할 수 있을까. 전쟁을 국가 간 정규군끼

---

8 그레고리 프리몬-반즈·토드 피셔, 박근형, 『나폴레옹 전쟁』 플래닛미디어, 2020.

세계사에 균열을 낸 결정적 사건들

리의 충돌로만 본다면 스페인에서도 전쟁은 없었다. 하지만 과연 전쟁이 없었을까? 그렇게 말하면 세상의 웃음거리가 되지 않을까?

조선과 대한제국의 지배자들은 페르난도 7세 이상으로 '썩어 문드러져' 있었고 비겁했으며 자신의 신민들에게 잔인했다. 하지만 적어도 조선은, 대한제국은 '전쟁 없이' 망한 건 결코 아니었다.

수십만의 사람들이 죽창을 들고 화승총을 쏘며 몽둥이라도 휘두르면서 진화한 무기를 휘두르는 근대적 '거인', 일본 제국주의 침략자와 싸웠다. 그리고 속절없이 피를 뿌리며 쓰러져갔다. 나폴레옹의 무적 기병대 앞에 몽둥이를 들고 뛰어들었던 스페인 사람들처럼 말이다.

편안하고 안락하게 지낸 건 페르난도 7세였지 스페인 민중이 아니었다. 역시 고종 이하 민씨 척족들과 명문 거족들은 평온하게 지냈으되 조선 민중은 전쟁을 치르며 수만의 희생을 낳았다.

스페인 사람들이 왕에게 배신당하고 그들 역시 과거의 관성에서 깨어나지 못해 다른 나라처럼 근대적 정치 발전을 이루지 못해 암울한 시기를 보냈다고 해서, 독립전쟁 중 외쳤던 '페르난도 7세 만세'라는 함성의 가치가 떨어지진 않는다.

그 왕이 걸출하게 한심했을망정, 그 왕의 이름 아래 단결해 용맹스럽게 싸웠던 스페인 사람들은 세계사의 거인 나폴레옹의 발목을 부러뜨린 세계사적 사건의 주인공이 되었다.

마찬가지다. 후세 사람들이 보기에 좀 무모하고 어떨 때는 안쓰럽고 시대의 흐름을 읽지 못한 이들로 비칠망정, "그들이 독립에 얼마나 도움이 되었겠느냐"라는 무엄한 소리에 시달릴망정, 일제의 무지막지한 무력에 맞서 모든 걸 걸고 또 다 버리며 독립의 깃발을 들었던 사람들은 우리 역사에서 결코 홀대받을 수 없는 보배 같은 긍지요, 보석 같은 자존심으로 우뚝 설 수밖에 없는 것이다.

오늘날 스페인 사람들은 나폴레옹에게 맞섰던 이 전쟁을 '스페인 독립전쟁'이라 부르며 영웅들을 기리고 있다. 골리앗 같은 일본군에 맞섰다가 쓰러져 간 '게릴라' 의병들과 독립군들을, 그리고 우리들의 '독립전쟁'을 기억해야 하는 이유는 스페인 사람들이 그들의 영웅을 기리는 이유와 완전히 같다. 어떻게 다를 수 있겠는가.

세계사에 균열을 낸 결정적 사건들

기록은 빈약하지만
'한국인'을 만든 사람들

───────◇───◇───◇───────

고려 거란 전쟁의 영웅, 양규

『한국인의 탄생』이라는 책에서 저자 홍대선은 오늘날 한반도 위에서 살아가는 '한국인'의 특성, 정체성, 사고, 행동 방식이 어떻게 형성되었는지 설명한다.

　그는 심한 압축과 비약이라는 걸 인정하면서도 세 명의 역사적 인물을 중심으로 한국과 한국인의 형성론(論)을 설득력 있게 이어간다. 그 세 명은 단군, 고려 현종, 정도전이다.

　다른 대목은 일단 논외로 하고, 필자가 가장 흥미롭게 읽었던 부분은 '민족의 탄생'을 담당한 주역인 고려 현종의 이야기였다. 홍대선 작가는 우리 역사에서 유례가 드문 회전(會戰)의 대승리였던 귀주대첩을 비롯한 '고려 거란 전쟁'과 당시의 리더 현종의 역사에서 민족의 탄생을 제시한다.

"공동의 적에 맞서 살아남은 이들은 공동체가 된다. 고구려계, 백제계, 신라계, 발해계 사람들이 한 무리를 이루러 그들 서로보다 훨씬 이질적인 적에 맞섰던 이야기"[9] 속에서 민족 형성의 비계(飛階, 건축물을 지을 때 사람이나 장비, 자재 등을 올려 작업할 수 있도록 임시로 설치한 가설물)가 되었다는 것이다.

그럴싸하다. 따지고 보면 신라 시대는 발해와 공존하는 남북국 시대였고, 발해가 멸망한 뒤 발해 유민들은 수시로 고려로 넘어온다. 적어도 그들을 멸망시킨 거란족이나 발해의 피지배층이었다는 말갈족보다는 한반도 거주민들에게 동질감을 느낀 것이다. 그리고 엉성하게나마 이룩된 통일 왕조 고려에게 가해진 압도적인 도전이 거란의 침공이었으니 그 항쟁과 승리 와중에 '고려인'의 정체성이 굳어질 수밖에 없었으리라.

우리 역사에 이민족의 침입으로 맞은 '위기'라면 차고 넘치게 많았다. 그 가운데에서 이후 한국사의 흐름을 어떻게 바꿨을지 모를, 그야말로 절체절명의 순간을 꼽으라면 고려 현종 때 있었던 거란(요나라)의 2차 침입을 들 수 있을 것 같다.

---

9 홍대선, 『한국인의 탄생』 메디치미디어, 2023.

이때 거란군을 이끈 건 거란 역사 최대의 전성기를 일군 성종이었다. 즉 거란 황제의 친정(親征)이었다. 황제가 군대를 이끌고 오는 친정이란 그만큼의 총력전을 펼쳤다는 뜻이다. 역대로 우리나라에 쳐들어왔던 북방과 대륙의 황제들, 즉 수 양제, 당 태종, 청 태종 모두 그랬다. 요 성종 역시 기록상 40만 대군을 이끌고 압록강을 넘었다.

몇몇 성은 끈질기게 저항했지만 요 성종은 강조가 이끄는 고려의 주력군을 격멸한 뒤 대군을 휘몰아 수도 개경으로 직행한다. 거란군은 거침없이 남하하고 고려 현종은 허겁지겁 남쪽으로 몽진을 떠난다.

이때 고려의 상황은 그야말로 지리멸렬했다. 신하들이 죄다 도망쳐버려 임금의 몽진 대열을 호위할 기십 명의 대오조차 갖추지 못할 형편이었고, 시골 아전이 임금 앞에서 "내 이름 알죠? 내 이름이 뭐죠?" 하며 무례를 떨어도 임금이 대꾸도 못할 지경이었다.

무엇보다 가장 아슬아슬한 장면은 거란군의 선발대가 현종 일행에 10여 리 정도까지 육박했을 때였다. 현종에게 자신이 적군의 추격을 조금이나마 늦춰 보겠노라며 거란군을 만난 하공진이 "우리 왕은 고려 남쪽 수천 리 밖으로 피하셨다"라고 허풍을 쳐 그들의 추격 의지를 꺾지 않았다면, 우리 역사는 병자호란 때 일어난 삼전도의 치욕을 일찌감치 겪었거나 중국 송나라가 겪은 정강의 변, 즉 황제가 적국에 끌려가는 참극을 감당해야 했을지도 모를 일이다. 하지만 그 와중에 흥미로운 일들이 벌어진다.

앞서 전투에서 패하고 거란에 사로잡혔다가 항복을 거부하고 죽음을 택한 고려군 총사령관 강조, 스스로 볼모가 되는 필사적인 협상으로 거란군을 철수시킨 후 거란에 끌려가 벼슬살이를 하다가도 끝내 고려로 탈출할 계획을 세우다 적발되어 처형되는 하공진 모두 죽음 앞에서 이렇게 외치는 것이다. "나는 고려인이다!"

군신유의(君臣有義)를 강조하는 봉건적 분위기에 젖어 "나는 누구의 신하"라거나 "누구의 충신"이라고 호령하는 모습은 이전에도 이후에도 많이 보이지만 "나는 00 사람이다"라는 선언은 특이하다고나 할까.

이 과정을 그린 드라마 〈고려 거란 전쟁〉이 인기몰이를 하는 가운데 양규 장군이 부각된 바 있다. 개인적으로 양규 장군이 조정의 도움보다는 스스로의 역량으로 대적을 상대했고 거짓말 같은 군공을 세웠다는 점에서 이순신과 맞먹는 명장이며 귀주대첩의 승리자 강감찬에 비해서도 결코 떨어지지 않는 수훈갑이라고 본다. 무엇보다 그는 변방 수비대의 지휘관으로서 40만 대군과 끝까지 맞섰던 불가사의한 사나이였다.

1010년 11월 요 성종이 이끄는 거란군 40만 대군은 압록강

세계사에 균열을 낸 결정적 사건들

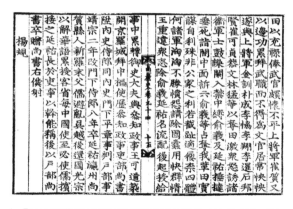

│ 『고려사』「양규 열전」의 서북면 도순검사 양규에 대한 기록.

을 건넌다. 북방 민족은 주로 늦가을과 겨울을 골라 쳐들어 왔다. 병자호란 때도 그랬고 몽골군들도 그랬다. 강이 얼어붙고 땅이 굳어 그들의 자랑인 기병 활용이 용이했던 탓이다.

양규는 압록강을 건너면 바로 만나는 요새 흥화진을 지키고 있었다. 전쟁 당시 벼슬은 서북면 도순검사. 정변이 일어나기 전 강조가 맡았던 벼슬이다. 양규는 강조의 후임이었던 셈이다. 기록에는 남아 있지 않지만 강조가 엄선한 군인이었을 것이다.

흥화진 앞으로 거란군이 몰려왔을 때 양규는 이수화, 장호 등과 함께 일주일가량 버텨냈다. 이에 요 성종이 편지를 보낸다. 자신들은 전왕 목종을 시해한 강조를 벌하러 왔을 뿐이니 항복할 것이며 그렇지 않으면 개경으로 쳐들어가 네 가족을 쳐 죽이겠다는 협박이었다. 그때 흥화진 부사 이수화의 이름으로 올린

표문(물론 그의 상관 도순검사 양규도 같이 썼을 것이다)은 더할 나위 없이 예의 바르면서도 할 말은 빼놓지 않는다.

> "하늘을 이고 땅을 밟고 있는 사람이라면 반드시 간흉을 제거해야 할 것이고, 어버이를 의뢰하고 임금을 섬기는 사람이라면 모름지기 절조를 굳게 가져야 할 것이니, 만일 이 도리를 어기면 반드시 재앙을 받을 것입니다. 하늘의 그물을 크게 열어놓으시고, 어찌 참새 같은 작은 새[鳥雀]가 먼저 뛰어들기를 바라십니까?"

이에 성종은 선물을 흠뻑 안기며 재삼 항복을 권유한다. 그러나 양규 이하 장수들의 어조는 오히려 더 단단해진다. "괴로움에 허덕이는 저희 백성들을 어루만지는 자애로운 마음을 절실히 바랍니다. 저희는 어떤 고난이라도 이기면서 백성들의 마음을 안정시킬 것이며, 분골쇄신 길이 천년의 왕업을 받들 것입니다."라고 말이다. 번역하면 이렇다. "불쌍한 백성들 생각해서 물러가라. 우리는 무슨 일이 있어도 싸운다."

강조를 격파한 뒤 요 성종이 이번엔 강조의 명령이라며 항복하라고 압박했을 때, 양규는 이렇게 대답한다. "나는 여기 임금의 명으로 와 있지, 강조의 명으로 와 있는 게 아니오."

홍화진을 함락하지 못한 거란군은 홍화진 일원의 고려군을

세계사에 균열을 낸 결정적 사건들

견제하고자 병력의 절반을 떼놓고 남하해 강조의 고려 주력군을 격파한다. 그리고 곽주(오늘날의 곽산)를 함락한 후 중간 거점으로 삼는다.

이후 거란군은 서경 공략에 실패하지만 서경에서 수도 개경 사이를 지킬 고려군의 방어선은 존재하지 않았다. 거란군은 질풍처럼 남하해 개경을 점령했지만 요 성종은 개경에 열흘 정도 머문 뒤 허둥지둥 철군해야 했다. 여러 이유 중 하나가 바로 양규 등 서북면에 남아있던 고려군의 대활약이었다.

앞서 말한 곽주는 거란군이 꼭 확보해야 할 요충지였다. "최소의 희생과 최대한의 시간 절약을 위해 압록강에서 청천강에 이르는 통로에서는 최소한의 중간 기지를 두기로 했고 그렇게 선택된 곳이 곽주"[10]였기 때문이다.

양규는 3천여 명이던 흥화 병력에서 700여 명을 빼내고 통주 전투의 고려 패잔병 1천여 명을 수습한 1,700여 명의 병력으로 거란군 6천 명이 지키던 곽주성을 공격해 몰살시키고 성을 되찾는다. 거란군으로선 보급로는 물론 돌아갈 길조차 막히게 된 셈이었다.

대군은 압도적이었으나 보급이 여의치 않은 대군은 그 덩치

---

10   임용한, 『전쟁과 역사 2』 혜안출판사, 2004.

를 이기지 못하고 무너지는 법이다. 무너지지 않으려면 빨리 돌아가야 했다. 그러나 개경에서 급히 철수한 거란군이 청천강을 넘어서자 양규, 김숙흥 등이 이끄는 고려군들은 호랑이에 굴하지 않는 고슴도치의 기세로 거란군을 찔러대기 시작한다.

40만 대군 대 기천 명 특공대의 대결. 가히 골리앗과 다윗의 대결이었지만 고려의 다윗들은 거란이라는 골리앗 앞에 성큼성큼 나서는 무모한 이들이 아니었다.

● 거란군의 목이 아닌 고려인의 자유를 위해

상대는 황제가 이끌고 온 제국의 대군으로, 중앙군도 아닌 변방의 수비군 정도였던 양규 부대가 감당하기엔 압도적인 규모였다. 하여 양규의 돌팔매는 골리앗의 이마가 아닌 발목을 노렸다. 대군을 괴멸시키진 못하더라도 대군의 그늘 곳곳을 들이치면서 비틀거리게 만들었다. 더해 양규의 노림수는 따로 있었다.

옛 전쟁의 기록에선 전공(戰功)의 기준으로 "몇 명의 목을 베었다"라는 표현이 제시된다. 양규 역시 터무니없이 많은 거란군의 목을 베긴 했지만 양규가 영웅적인 게릴라전에 나선 건 적을 죽이기 위해서만은 아니었다. 그는 "소수의 기동 부대로 쉬지 않고 거란군을 찾아 공격하는 방식을 택했다"[11] 죽은 적의 머리가 아니라 살아서 울부짖는 사람들을 얻기 위해서였다.

인구가 많지 않던 북방 유목민족들은 전쟁에서 승리하면 패

세계사에 균열을 낸 결정적 사건들

한 쪽 사람들을 끌고 가 인적 자원으로 활용하는 게 일반적이었다. 몽골도 그랬고 병자호란 때 청나라도 그랬다. 거란군 역시 급박하게 철수하면서 고려인 수만 명을 후려치고 짓밟으며 끌고 가려 했던 것이다. 양규는 이들을 구하고자 소수 병사와 함께 대군 속으로 뛰어들었다. 『고려사』「양규 열전」기록은 건조한 숫자일망정 그 마음을 전하고 있다.

> "무로대(武路代)에서 거란군을 습격해 2천여 명의 목을 베고 포로 2천여 명을 되찾았다. 다시 이수(梨樹)에서 전투 후 석령(石嶺)까지 추격해 2,500여 명의 목을 베고 포로 천 명을 되찾았다. 사흘 뒤 여리참(余里站)에서 싸워 천여 명의 목을 베고 포로 천여 명을 되찾았다."

빈약한 기록이나마 양규의 활약상으로 적을 물리친 숫자 뒤에 되찾은 고려인 수가 빠짐없이 따라붙은 건 무엇을 의미할까. 양규가 거란군의 목이 아니라 고려인의 자유를 전략적 목표로 삼고, 이를 실현하고자 집요하게 거란군을 따라붙고 들이쳤다는 사실일 것이다.

---

11 위의 책.

거란군의 철수 시기는 음력 1월, 아직 엄동설한의 겨울이었다. 청천강 이북은 더욱 추웠을 것이다. 그 칼바람 속에서 밧줄로 꽁꽁 묶인 채 채찍을 맞으며 끌려가던 고려인들에게 "양규 장군이 나타났다"라는 외침 이상의 복음이 있었을까.

양규 부대가 구한 고려인이 자그마치 3만 명이었다. 당시 고려 인구를 300만 명 정도로 잡으면 인구의 1%를 구해낸 것이다. 생면부지의 자신들을 위해 목숨을 걸고 싸우는 병사들, 거란군과 사활을 건 칼을 맞대면서도 "고려 사람 나오시오!"를 부르짖는 고려 군대를 경험한 사람들이라면 누구나 가슴에서 뜨거운 것이 솟았을 것이다. "나는 고려인이다."

양규의 특공대에는 강조가 동원했다가 패퇴한 30만 대군의 패잔병들이 섞여 있었다. 그들 가운데는 경상도 끝과 강원도 바닷가, 전라도 땅끝마을에서 온 이들도 많았으리라.

그들이 모두 한 덩이가 되어 "고려 사람 나오시오!" "고려 사람이문 날래 나서라!" "고려 사람 싸개 나오랑게!" "고려 사람 퍼뜩 따라오소, 퍼뜩!" 하며 저마다의 사투리로 부르짖을 때 그들은 그때껏 한반도에 살았던 이들이 제대로 경험하지 못했던 감정을 뜨겁게 공유했을 것이다.

신출귀몰하던 양규 부대는 마침내 거란의 대군에 포위된다. 『전쟁과 역사』의 임용한 교수는 산줄기로 이어진 우리나라의 지형상 부대를 완벽히 포위하긴 어려우며, 지휘관이 몸을 빼려면 얼마든지 그럴 수 있었지만 양규는 그렇게 하지 않았다고 말한다. 병사들과 함께 생사를 같이하고자 했거나 구출한 포로들에게 도망갈 시간을 벌어주려 한 것 같다는 추정이다.

양규 그리고 그와 함께 싸운 김숙흥을 비롯한 병사들은 압도적인 거란 대군에 맞서서 화살이 다 떨어질 때까지 싸우다가 산화해 갔다.

최전방의 지휘관으로서 자신의 성을 지키는 임무를 다했고, 주력군이 붕괴된 가운데서도 자신의 변방 수비대만으로 전략적 요충지를 되찾았으며, 철수하는 적을 물리쳤을 뿐만 아니라 그들이 끌고 가려는 동족을 구출하고자 적의 숫자가 얼마든 개의치 않고 적의 파도 속으로 뛰어든 양규와 그의 사람들.

양규의 본관과 출신은 물론 나이조차 모를 만큼 일천한 기록이 아쉬울 뿐이지만 남아있는 기록만으로도 가시지 않는 감동으로 남는다. 그리고 타인을 구속과 죽음으로부터 해방시키고자 자신의 목숨을 내던진 사람들은 어떤 시각으로는 '한국사 속 영웅들'을 넘어 '한국인을 만든 사람들'로 격상된다. 그들은 진정으로 용감한 다윗들이었다.

이순신이 조정을 속이고
임금을 능멸한 이유

명량해전의 슬픈 결정, 이순신

우리 역사에서 가장 절망적인 순간에 가장 극적인 승리를 이끈 사람, 아무도 예상하지 못한 결과를 거의 혼자 힘으로 일궈낸 사연을 꼽으라면 1597년 음력 9월 진도 앞바다에서 벌어진 이순신의 명량해전이 결코 빠질 수 없다.

명량해전은 1,700여만 명의 관객이 본 영화 〈명량〉을 비롯해 각종 드라마나 다큐멘터리의 단골 소재로 쓰이며 널리 알려져 있다. 비단 '열두 척이 수백 척을 상대로 승리를 거뒀다'라는 서사를 넘어, 명량해전은 돌아볼수록 의미가 커지고 되새길수록 감동이 깊어지는 역사적 모멘텀이었다.

세계사에 균열을 낸 결정적 사건들

조선 조정조차 수군을 거두고 육지로 올라와 싸우라는 지시를 내릴 정도로 허약한 병력으로 거인 같은 왜군 대함대에 맞선 명량해전을 촘촘히 돌아보기로 한다.

우선 '명량해전' 이전 상황을 살펴보자. 그해 7월 그러니까 명량해전 두 달 전, 칠천량해전으로 무적의 조선 함대는 일순간에 붕괴되었다. 조선 함대가 전멸하리라고는 아무도 생각하지 못했다. 이순신이 잡혀간 건 '천하무적'의 조선 수군이 왜 부산포 하나를 봉쇄하지 못하느냐는 철없는 의심 때문이었다. 안 되는 일로 "하면 되지, 왜 안 된다고만 하느냐?"라는 억지의 소산이었다. 이순신은 그를 거부하다가 명령 불복종, 조선 시대 표현대로 하면 무군지죄(無君之罪), 즉 임금이 없는 것처럼 제멋대로 행동했다는 죄를 쓰고 잡혀갔다.

그 뒤를 이은 원균은 "자신은 할 수 있다"라고 주장한 사람이었지만 막상 자리에 앉고 보니 불가능한 일이라는 걸 알았다. 하지만 조정과 도원수 권율의 압박은 무거웠고 결국 전 함대를 이끌고 부산 공격에 나선다. '나도 모르겠다, 어떻게든 되겠지' 하는 무책임한 희망이었다. 이윽고 조선 함대는 붕괴된다.

도원수 권율의 부탁으로 다시 바다로 나온 이순신은 거제 현령 등 칠천량에서 전멸을 면한 경상 우수영 수군들을 만난다. 이때 장수들은 이순신을 보고 소리 내서 엉엉 울었다고 한다. 이순신 역시 피눈물을 흘렸을 것이다. 피차 얼마나 기막힌 일이었겠는가. 6년 동안 뼈를 깎고 살을 갈아 만든 함대였다. 그 함대가 하루아침에 없어진 것이다.

아무 벼슬도 없이 동분서주하던 이순신에게 삼도수군통제사로 복귀하라는 어명이 떨어진다. 이순신을 못 잡아먹어 안달하던 선조 임금은 이 교서에서만은 바짝 엎드린다. "그대로 하여금 백의종군하게 한 것은 사람의 모책이 어질지 못함에서 비롯한 일이었거니와 오늘 이처럼 패전의 욕됨을 당하니 무슨 할 말이 있으랴. (반복해서) 무슨 할 말이 있으랴."

한국 역사에서 국왕이 신하에게 이렇게 통렬하게 반성을 표한 예도 드물 것이다. 선조의 심경인지 아니면 대신 글을 썼던 신하의 심경인지는 알 수 없지만 말이다.

이미 왜군은 남해 바다를 휩쓸고, 한때 이순신의 본영인 전라 좌수영이 있던 여수와 순천 지역까지도 활개를 치고 돌아다녔다. 왜군과 목숨을 건 숨바꼭질을 벌이며 이순신은 함대 열두 척을 수습한다. 불과 몇 달 전 조선 수군의 10분의 1에도 훨씬 못 미치는 전력.

조정은 이순신에게 바다를 버리고 육지에서 싸우라고 명령한다. 언뜻 보면 합리적인 것 같지만 왜군들에게 사통팔달의 바다를 내주겠다는 모자란 계책이었다.

이에 이순신은 유명한 상소를 올린다. "아직 신에게는 열두 척의 배가 남아 있습니다. (…) 제가 죽지 않고 살아 있는 한, 적은 감히 우리를 깔보지 못할 것입니다."

육지에 오르라는 지시를 받고 울분에 차서 책상에 앉아 이 상소를 올리는 순간은 이순신의 일생에 많았던 '별의 순간(운명적 시간, 결정적 순간)'에 반드시 들어가리라고 생각한다. 단순한 자신감의 표출이 아니었다. 백만 왜군 앞에 나서는 것보다도 더 크고, 그래서 처절한 용기였다.

몇 달 전인 1597년 2월, 이순신이 통제사직을 잃고 한양으로 압송될 때 죄목이 '기망조정 무군지죄(欺罔朝廷 無君之罪)', 즉 '조정을 속이고 임금을 능멸한 죄'였다. 임금과 조정이 내린 명령을 따르지 않은 대가이지 않았던가. 그런 판에 이순신은 또 한 번 조정의 뜻에 정직한 반기를 든 것이다. 조정의 명령을 정면으로 거스르는 내용이었다. 이순신을 같은 혐의로 잡아 족치는 빌미가 될 수도 있는 직언이었다.

하물며 다시 내용을 보자. 조정이 수군을 폐하라는데 이순신은 이렇게 말한다. "제가 살아 있는 한, 적은 감히 우리를 깔보지 못할 것입니다." 절규에 가까웠다고 생각한다. "제발 제대로 싸울 수나 있게 나를 좀 내버려 두십시오!" 하는.

골리앗에 맞선 소년 다윗은 사울 왕으로부터 갑주라도 지원받고 응원을 얻지만 이순신은 왜군 대함대를 앞에 두고 조정과도 싸워야 했다. 하지만 이순신은 이 위험을 감수한다. 압도적으로 강한 적을 이기기 위해선 내부의 걸림돌부터 걷어내야 했

│ 다케우치 카쿠사이의 소설 『회본태합기』에 수록된 명량해전도.

다. 무능한 상관부터 겁먹은 부하들까지 다독이고 설득하는 데
는 적과 싸울 때 이상의 용기가 필요했다.

이순신은 미니 함대 열두 척으로 왜군 대함대와 맞붙을 전
장을 고른다. 그의 선택은 조선에서 물살이 가장 세다는 폭 좁
은 바다 울돌목, 즉 명량(鳴梁)이었다. 적의 대병력이 몰려오더
라도 좁은 물길에서 움직일 수 있는 배는 한계가 있으니 수적인
열세를 극복할 수 있다고 본 것이다.

마침내 1597년 9월 16일 130척이 넘는 왜군 대함대가 몰
려온다. 이순신은 함대 열세 척(장계를 올려보낸 뒤 한 척을 더 찾아
낸 모양이다)을 이끌고 명량으로 나간다. 인근 육지 산자락에는 백

성들이 까맣게 올라가 이 말도 안 되는 싸움을 굽어보고 있었다.

이순신의 일기에는 "꿈에 어떤 신인(神人)이 '이렇게 하면 크게 이기고 이렇게 하면 진다'고 하였다"라고 기록되어 있다. 꿈에 나타난 이가 무슨 말을 했는지는 모르겠지만 결과적으로 보면 그는 이순신더러 '네가 선봉에 서야 이긴다'라고 하지 않았을까 싶다. 나머지 배 열두 척이 어기적거리는 가운데 조선 삼도수군통제사가 탄 좌선이 단독으로 왜군 함대를 막아섰으니까 말이다.

아예 닻을 내려버린 이순신의 대장선은 울돌목 한가운데 버티고 서서 불사신처럼 싸웠다. 총사령관이 선봉에 나서는 건 보통 최악의 순간 부하들의 기세를 고조시키기 위해서다.

나폴레옹도 가끔 무모한 단신 돌격을 감행했고 놀라 달려온 부하들이 그의 몸을 덮어 대신 희생하는 가운데, 나머지 병사들이 용기 충전 돌격해 승리를 이끈 사례가 있다.

6.25 전쟁 때 낙동강 전선에서 1사단장 백선엽 장군도 '사단장 돌격'을 펼쳐 부하들의 호응을 끌어냈다.

이순신도 그랬으리라.

● 최선의, 그러나 뼈아픈 선택

천하의 이순신도 선봉에 서는 건 각오했지만 달랑 혼자서 수십 척을 상대로 싸우게 되리라고는 상상하지 못했을 것이다. 저만치 물러선 부하들은 우물쭈물 다가올 기미가 없었다.

이순신은 두 가지 깃발을 세운다. 장수들을 부르는 초요기(招搖旗)와 통제사를 지근거리에서 호위하는 중군장을 부르는 중군영하기(中軍令下旗).

하지만 용기는 공포를 넘지 못했다. 조선 함대는 달아나지도 못했지만 다가오지도 못했다. 그나마 찍혀서 불린 중군장 김응함과 거제 현령 안위가 미적거리며 나섰다.

이순신은 안위에게 호통을 친다. "안위야, 군법에 죽고 싶으냐? 네가 군법에 죽고 싶으냐? 달아난다고 살 수 있을 것 같으냐!" 김응함에게도 일갈한다. "중군장, 너는 네 임무를 다하지 못했으니 당장 목을 쳐야 하나 공을 세울 기회를 주겠다."

통제사 홀로 일당백의 싸움을 벌이는데 부하들이 다가서지 않는 어처구니없는 상황에서도 이순신은 욕설과 저주를 퍼붓는 대신 '군법'과 '책임'을 내세운다.

열세 척 함대가 거덜나면 조선도 망하는 판이다. 그 절체절명의 순간에도 이순신은 지켜야 할 체계가 살아 있다는 걸 부하들에게 일깨웠던 것이다. 무서울 정도의 침착함이었다.

약자가 강자를 상대할 때 절대 잊어선 안 되는, 어쩌면 이순신은 그의 임진왜란 첫 출전 당시 훈시했던 내용을 스스로 되새기고 있었는지도 모른다. "가벼이 움직이지 마라, 태산과 같이 무거이 움직여라."

세계사에 균열을 낸 결정적 사건들

이순신의 호통을 뒤로하고 안위와 김응함은 왜군 함대를 향해 돌격해 들어간다. 안위의 배가 위기에 처한 순간 이순신의 좌선이 안위를 포위한 왜군 배들을 근접사격으로 격침시키면서 전황은 극적으로 전환된다. 나머지 열 척의 조선 함대가 더 이상 망설이지 않고 왜군이 그득한 좁은 바다 명량으로 뛰어들었고 혼이 나가버린 왜군 함대는 무참하게 깨져나갔다.

세계 해전사를 뒤져도 이 정도 열세를 극복한 승리는 찾아보기 힘들다. 이순신 자신이 일기에 '천행(天幸)'이라고 쓸 만큼 극적이었다. 그러나 명량의 승리에 기뻐하던 백성 중 많은 수는 왜군에 학살당한다.

이순신은 승리에 취하지 않고 다음 행동을 정한다. 함대를 물려 오늘날의 전라북도 앞바다까지 후퇴한 것이다. 뒤이어 왜군은 서남해안 일대를 장악한 후 분탕질을 이어갔고 임진왜란 개전 이래 온전했던 전라남도 일대는 쑥대밭이 된다.

슬픈 일이지만 이순신의 이 결정 또한 '이순신'다웠다. 그는 절대 열세를 극복하며 크게 승리했다고 자만하지 않고 또다시 승리하리라는 요행을 바라지도 않았다. 기적적인 승리를 거둔 다음이라면 보통 사람들은 기고만장하며 자신의 힘을 과신하게 마련이지만, 이순신은 그 함정에 빠지지 않았던 것이다.

이순신도 승리에 환호하는 백성들을 지켜봤으리라. 자신이 북쪽으로 물러나면 저들 태반은 왜군의 복수에 도륙될 것을 모르지 않았으리라.

하지만 그는 냉정하게 함대를 물렸다. 백성들을 저버려서가 아니라 더 많은 이들을 아끼기 위해, 더 많은 이들을 버리지 않기 위해 이순신은 최선의, 하지만 뼈아픈 선택을 했던 것이다.

이 역시 이순신의 침착함이었다. 형편없는 약세의 군대가 승리에 취한 대군을 상대할 장소를 결정하고, 어떻게 싸워야 장병들의 사기가 오를지 고르고, 결정적인 순간에도 흔들리지 않으며, 이기고 나서도 승리에 취하지 않고 자신의 처지와 상대의 능력을 냉철하게 분석하는 것. 명량해전과 그 후 조선 수군의 재건은 이순신의 '태산 같은' 침착함의 결과이기도 했다.

역사상 대부분의 사건이 그렇지만 특히 명량해전은 그 안에 담긴 사연들이 너무 무겁다. 기적적인 승리였으나 그 승리를 일궈낸 건 하늘이 아니라 이순신이었고, 그의 지휘를 받은 부하들이었다.

명량의 승리는 결코 이순신의 표현대로 '천행'이 아니었다. 명량해전의 전말에는 피 말리는 고민과 속이 타들어 가는 갈등, 용기와 비겁함, 아둔함과 지혜가 빚어낸 미추(美醜)와 공과(功過)가 선연하게 쌓여 있다. 그 와중에 이순신이 보여준 침착함과 용기는 도드라지게 빛난다.

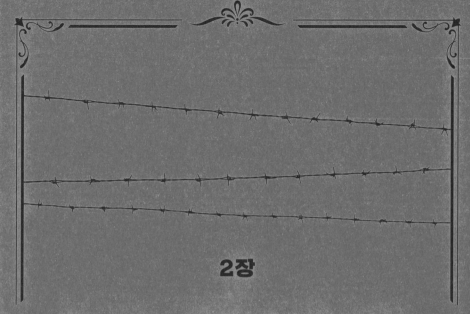

2장

용기 있는 자만이 역사를 바꾼다

| 용기 |

사악하고 거대한 지옥으로
스스로 걸어간 용자

❖━━━◇━━━◇━━━◇━━━❖

아우슈비츠 자발적 입소자, 비톨트 필레츠키

제2차 세계대전이 막바지로 치달을 무렵, 복수심에 불타는 소련군은 기진맥진한 독일군을 거칠게 몰아붙였다.

1945년 1월 27일 이반 코네프 장군이 이끄는 우크라이나 제1전선군은 폴란드의 작은 도시 아우슈비츠(폴란드 이름은 오스비엥침(Oswiecim))에 이르렀다. 그곳에서 그들은 가공할 현실과 맞닥뜨린다.

"사람의 머리카락입니다. 7톤 분량입니다. 뼛가루도 엄청나게 많습니다. 사람의 뼈입니다. 의치와 안경테도, 옷들도 산더미입니다." 보고하는 소련군 병사의 목소리는 떨려 나왔고, 온갖 참상을 다 겪고 웬만한 일에는 눈도 깜짝하지 않았던 소련군 장교들의 얼굴도 얼어붙었다. 20세기 인류 최대의 악몽 중 하나인 아우슈비츠 수용소가 모습을 드러내는 순간이었다.

아우슈비츠 수용소는 폴란드 안에 만들어진 최초의 강제수용소였다. 초반에는 폴란드 정치범을 수용할 목적으로 사용되다가, 1942년 유대 인종을 말살하려는 이른바 '유대인 문제에 대한 최종 해결책'이 수립된 이후 유럽 전역에서 유대인들이 이곳으로 이송되어 가스실에서 죽어갔다.

그들을 '최종 해결'하기로 결정했다고 해도 그 많은 인원을 어떻게 없앨 것인가의 문제는 난관이었다. 아무리 잔인한 나치 친위대라고 해도 혼자서 수백 명을 총살하는 트라우마를 감당하긴 어려웠다.

어떻게 하면 최대한 효율적으로, 가능한 한 조용히, 될 수 있는 대로 많이 죽일 것인가. 나치 관리들은 머리를 맞댔다. 유대인들을 가둬놓고 트럭의 배기가스를 불어넣어 봤다. 엄청난 고통을 겪은 끝에 유대인들은 결국 다 죽었지만 나치 관리들은 흡족하지 않았다. 시간이 너무 오래 걸렸다.

연구 끝에 나온 결론이 '치클론 B'라는 독가스였다. 아우슈비츠 수용소장 루돌프 회스는 그 효과를 이렇게 자랑했다. "배기가스를 사용한 곳에선 시체들이 땀과 오줌과 똥 투성이가 되었지만 치클론 B를 사용하면 그런 일이 없다."

세계사에 균열을 낸 결정적 사건들

상대를 인간으로 보길 거부했던, 그래서 스스로 인간이길 포기한 강성 나치들은 사람을 씹어 먹는 신화 속 거인처럼 유대인을 비롯해 그들의 '인간 가이드라인' 아래 있는 사람들을 스스럼없이 죽였다.

미국과 소련, 영국 등 연합군들이 이 잔악한 거인들에 맞서 싸웠지만, 나치의 사악함이 제대로 알려지기 전에도 무소불위의 힘을 휘두르던 나치의 만행을 폭로하고자 혈혈단신 나섰던 용자(勇者)들은 존재했다. 기적에 가까운 용기였다.

그중 하나는 독일인 쿠르트 게르슈타인이다. 놀랍게도 그는 나치 친위대원이었고 치클론 B를 아우슈비츠에 공급하는 임무를 맡은 이 가운데 하나였다.

일설에 따르면 그는 독일 내에서 정신질환자와 장애인을 죽여 없애려 한 히틀러의 계획에 휘말려 여동생을 잃었다. 이후 수백만 인류를 '해충'으로 몰아 절멸시키는 악마의 시나리오가 수립되었음을 간파한 그는 '독가스 운용 계획을 자세히 조사해 세계에 공표하고자' 친위대에 자원 입대했다고 한다.

실제로 그는 이 악마의 시나리오를 베를린 사제나 스웨덴 대사관, 네덜란드 레지스탕스 등 다양한 루트로 알리고자 발버둥 쳤다. 하지만 네덜란드 레지스탕스는 그의 정보를 거짓으로 치부했고 스웨덴 대사관도 조소 어린 침묵을 지켰다. 설마 그런 일이 벌어질 수 있겠는가?

믿어주기엔 너무나 비현실적인 이야기였다. 누구도 진지하게 받아들이지 않는 학살의 기록을 낱낱이 남긴 후 게르슈타인은 스스로 목숨을 끊었다. 아무리 의도한 바는 아니라 해도 자신이 공급한 가스를 마시고 죽어간 수백만 명의 생명을 감당할 수 없었던 게 아닐까.

게르슈타인이 외면받았던 가장 큰 이유는 나치가 설마 그런 일까지 벌일까 하는 의구심이었다. 하지만 소문은 계속 가냘프게나마 새어 나왔고 어떻게든 수용소의 진실을 밝히고 독일인들의 만행을 폭로하려는 노력도 끊이지 않았다. 그 미미하지만 강렬했던 빛줄기 중 하나가 폴란드 군인 비톨트 필레츠키였다.

제2차 세계대전이 터지고 폴란드가 독일군에 짓밟히자 필레츠키는 동료들과 함께 지하 저항군을 결성한다. 나치 독일군에 맞서 싸우던 그에게 아우슈비츠 수용소의 소문이 흘러들어온다. 폴란드 서부에서 유대인들을 포함한 폴란드인들이 대규모로 끌려갔는데 그 후 소식이 끊긴 사람들이 많고, 독일군이 그들을 학살하고 있다는 무시무시한 소문이었다.

누구나 그 소문의 진상을 궁금해했지만 수용소 안을 들여다보기 전에는 아무도 내막을 알 수 없었다. 감히 알려고도 할 수 없었다. 나치라는 거인의 그악스러운 손아귀에 직접 들어가는 모험을 뉘라서 감당할 것인가.

필레츠키는 그 공포를 이겨낸다. 1940년 9월 19일 필레츠

| 아우슈비츠 수용소에 잠입한 비톨트 필레츠키.

키는 일부러 통행 금지를 어겨 독일군에게 체포된 뒤 아우슈비츠로 끌려간다. 아우슈비츠의 '자발적' 입소자가 된 셈이었다.

본디 그의 수용소 잠입 목적은 나치 대학살의 진실 캐기보다 수용소 안의 폴란드인을 규합해 저항군을 결성하는 데 방점이 찍혀 있었다. 그러나 그는 들어가자마자 지옥을 경험한다.

"머리털과 온몸의 털을 자르더니 찬물을 뿌렸다. 무거운 막대로 턱을 내리쳤다. 이빨 두 개가 그 자리에서 바로 빠졌다. 나는 그때부터 4859라는 숫자로만 불렸다." 필레츠키의 기록이다. 그러나 이는 아우슈비츠 안에서 벌어지는 참극의 빙산의 일각이었다.

점호에 불참했다고, 일을 못한다고, 꼼지락거렸다고, 또 그 밖의 하찮은 이유로 사람이 여름철 파리보다 못하게 죽임을 당했다. 필레츠키는 그 자신이 건설에 참여한 화장터에서 그들이 불태워지는 걸 보며 넋을 잃을 수밖에 없었다.

그래도 필레츠키는 이를 악물고 수용소 안에서 비밀 임무를 수행해 나간다. 폴란드인들 사이에서 지하조직을 결성하고 조악한 재료들을 조합해 무전기까지 만들어 외부와 교신하면서, 결정적인 시기가 왔을 때 수용소 내에서 반란을 일으킬 기회를 엿봤다.

그는 수용소 바깥 나치 친위대 대원들의 주거지에 파견 나간 적이 있는데 그들의 삶을 보고 이렇게 절규한다.

"여전히 예전과 같은 세상에서 예전처럼 사람들이 살고 있습니다. 여기에는 정원도 있고 꽃도 있고 아이들도 있고 즐거운 목소리도 들립니다. 바로 저편에는 지옥이, 학살이, 모든 인간과 선한 것들이 소멸해가는데 말입니다. 저편에서 SS 대원들은 도살자이고 고문자이지만 여기서는 사람 행세를 하고 있습니다. 대체 진실은 어디에 있습니까. 여기? 아니면 저기?"

1942년 이후 새로운 국면이 전개된다. 유럽 내 유대인 절멸 계획이 수립된 뒤 아우슈비츠에는 유럽 각지에서 유대인들이 쏟아져 들어오기 시작했다. 대부분은 들어오는 대로 가스실에서 학살되어 재로 변해버렸다.

필레츠키는 피눈물을 흘리면서 이 상황을 계속 외부에 전

한다. 그 메시지 하나하나, 글자 한 자 한 자는 모두 필레츠키의
목숨을 걸고 짜내고 흘린 것들이었다.

> "이곳에서는 날마다 수많은 사람이 살해된다. 대부분 유대인이
> 다. 사망자 수는 어쩌면 수백만 명에 달할지도 모른다. 수용소
> 를 즉시 해방해달라."[12]

그의 호소는 다급했고 절박했지만 역시 바깥 사람들은 그
간절함을 외면한다. "아무리 독일놈들이라도 설마 그럴 리가."
하면서 말이다.

● 인류 최악의 범죄를 최초로 알리다

필레츠키는 어떻게든 아우슈비츠의 현실을 알리고자 발버둥
쳤다. 하지만 폴란드 저항군은 물론 폴란드 망명 정부를 통해
이 사실을 알게 된 연합군 지휘부조차 외로운 군인의 절규를 외
면했다. "가스실에서 무슨 인체 실험을, 이 사람 뻥이 심하군."

'설마가 사람 잡는' 일은 동서고금이 똑같다. '설마 그럴 리
가' 하는 헛된 기대는 진실을 가린다. 또 필레츠키의 반복된 증

---

12 마크 맨슨, 한재호, 『희망 버리기 기술』 갤리온, 2019.

언을 사실로 받아들이는 이도 있었지만, 그 요청대로 독일 점령지 한복판에 공수부대를 투입하고 수용소를 해방시킨다는 건 불가능한 일이었다.

여러 여건상 수용소 해방이 어렵다고 판단한 필레츠키는 절규 같은 당부를 남기기도 한다. "폭격이라도 해달라. 제발! 가스실만이라도!" 하지만 폭격기는 오지 않았고 나치의 감시망은 아우슈비츠 내 비밀조직을 조여왔다.

필레츠키는 또 한 번 결단을 내려야 했다. 기회를 엿보던 그는 민간인 복장을 구한 뒤 감시대원들을 제압하고 탈출을 결행한다. 참으로 용감한 인간이었다.

인류 최악의 범죄를 목격하고 그 사실을 전 세계에 처음으로 알린 인물. 사악하고 거대한 거인들의 지옥으로 스스로 걸어들어갔던 용자 필레츠키는 그 거인들의 흉악한 이빨 사이를 헤치고 사람들의 살점과 피로 다져진 진창을 뚫어 다시 세상으로 나온다.

1944년 바르샤바 시민들이 필사적으로 일으킨 바르샤바 봉기에도 참여한다. 하지만 봉기는 참혹하게 진압되었다. 패퇴하고 있던 나치 독일군이었지만 보잘것없는 무장으로 대드는 폴란드 저항군의 적수는 아니었다. 소련군이 바르샤바 근처를 흐르는 비스와강 저편에 도착해 있었지만 그들은 이 봉기에 개입하지 않았다.

세계사에 균열을 낸 결정적 사건들

애초에 봉기 자체가 소련군이 바르샤바를 점령하기 전 폴란드인들 스스로 바르샤바를 해방시키겠다는 의도에서 단행된 것이었고, 소련군은 반공 반소(反共 反蘇) 성향의 폴란드 저항군을 도울 의지가 없었다.

소련군이 팔짱을 낀 채 바르샤바의 저항군들은 암담한 최후를 맞는다. 하지만 필레츠키는 여기서도 살아남는다. 아우슈비츠를 넘어 바르샤바의 지옥에서도 돌아온 남자.

하지만 정작 필레츠키의 최후는 해방을 맞은 뒤에 찾아왔다. 소련과 그 꼭두각시였던 폴란드 공산 정부는 친서방적 폴란드 망명 정부 휘하에서 분투했던 필레츠키를 눈엣가시로 여겼다. 필레츠키 역시 폴란드 망명 정부에 충성하는 사람이었다. 그는 소련 점령 이후 공산화된 폴란드에서 정보를 수집하고 비밀조직을 꾸려나갔다.

그러나 필레츠키의 행동은 머지않아 공산당 측 정보망에 노출되었고 수사망은 점점 그를 죄어 들어온다. 폴란드 망명 정부는 필레츠키에게 탈출을 명령했지만 필레츠키는 응하지 않는다. 가족들을 두고 떠날 수도 없고, 자신을 대체할 사람도 없다는 이유였다.

1947년 5월 8일 그는 폴란드 공산 정부에 체포된다. 혹심한 고문을 받으며 자백을 강요당하면서도 필레츠키는 대부분의 혐의를 부인했다. 폴란드 공산 정부는 그에게 사형을 선고했다.

아우슈비츠에서 살아남은 생존자들이 그의 구명을 탄원했지만 폴란드 공산 정부는 수용할 뜻이 없었다. 공산 정부의 수장 유제프 치란키에비치 역시 아우슈비츠의 생존자였지만 그는 서슴없이 필레츠키를 '국가의 적'으로 규정했다.

필레츠키 역시 담담했다. "공산당이 보기에 아우슈비츠는 하찮은 것이기 때문에 그들은 날 죽일 것이다." 그는 평생을 두고 충성하고 사랑한 나라 폴란드의 이름을 입에 올리며 사형대에 선다. "폴란드 만세."

지구상에서 살아가는 인간은 그 머릿수만큼 가지각색이다. 그럴 수 없이 비겁한 사람도 있고, 악에 협조하진 않더라도 겁먹은 침묵을 지키는 사람도 많으며, 불편한 진실 앞에서 회피하는 것만으로 책임을 다했다고 여기는 이들도 허다하다.

하지만 용감한 사람들, 정면으로 악에 저항하고 그것으로 생존의 의미를 삼은 사람들, 온갖 난관을 떨치고 깊숙이 숨겨진 진실의 옷자락을 잡아채 광장으로 끌어낸 이들 또한 항상 나타난다.

감당하기 어려운 막강한 적과 그들이 내뿜는 공포 앞에서 부러질언정 꺾이지 않았던 다윗들의 가장 큰 무기는 용기와 신념이었다. 필레츠키라는 인물 역시 그를 대표하는 사람 중 하나였다.

그의 최후진술을 들어보자. "죽음을 앞둔 순간에 두려움이

세계사에 균열을 낸 결정적 사건들

아니라 기쁨을 느끼는 삶을 살고자 노력했다."[13]

죽음이 두렵다기보다 죽음 앞에서 돌아보는 삶에 부끄러움이나 회한을 남기지 않기 위해, 즉 기쁘게 죽음을 맞기 위해 노력했노라는 뜻이리라.

조국에 대한 사랑을 넘어 인류의 양심을 두드렸던 용감한 이의 최후에 걸맞은 유언이었다고나 할까.

---

13 위의 책.

파멸 앞에서도 희망을 잃지 않은
'스파르타쿠스'처럼

할리우드 텐의 일원, 돌턴 트럼보

언젠가 카를 마르크스는 미국 언론과의 인터뷰에서 이런 질문
을 받은 적이 있다. "가장 존경하는 사람은?" 마르크스가 누구인
가. 19세기 사람이지만 21세기에도 그 천재성과 영향력을 인정
받고 있으며, 인류 역사를 통틀어도 몇 손가락 안에는 능히 들
어갈 학자이자 사상가 아닌가.

그 명철한 두뇌에 정리된 세계사 속에서 가장 존경할 만한
인물은 누구냐? 매우 흥미로운 질문이다. 마르크스의 대답은
매우 명료했다. "스파르타쿠스."

인류 역사 최고의 두뇌로부터 최대의 경의를 받은 스파르타

세계사에 균열을 낸 결정적 사건들

쿠스는 로마 공화정 시대에 일어난 노예 반란의 지도자였다.

트라키아 출신 검투사 스파르타쿠스는 검투사들에 대한 잔혹한 처우에 반발해 기원전 73년 여름, 동료 일흔네 명과 함께 반란을 일으킨다. 처음에는 무리를 이끌고 베수비오 화산 근처의 산록에 숨어 산적질이나 하는 수준이었지만, 점차 스파르타쿠스의 능숙한 지휘하에 로마의 진압군을 연파하면서 강력한 세력을 형성한다.

심지어 집정관이 이끄는 로마 정규군 군단이 들이닥쳤지만 스파르타쿠스의 군대는 지중해 세계의 지배자였던 로마 군단마저 물리친다. 스파르타쿠스는 이 승세를 타고 알프스 산맥을 넘어 이탈리아 반도를 벗어나 자유를 찾으려 했다.

몇 번 승리를 거두긴 했지만 급조된 노예군으로선 로마 군단 전체를 상대할 수도 무찌를 수도 없다는 걸 스파르타쿠스는 잘 알고 있었다.

그러나 휘하의 노예 반란군들은 그리 냉정하지 못했다. 그들은 풍요로운 로마를 약탈하고 자신들을 학대한 로마인들에게 복수하길 갈망했다. 장화 모양의 이탈리아 반도로 북상해 알프스 산맥 기슭까지 갔던 스파르타쿠스는 다시 남하한다. 그가 왜 발길을 돌렸는지는 역사적인 수수께끼다.

어쨌든 12만 명에 이른 스파르타쿠스와 그의 군대는 알프스 산맥 북쪽으로 달아나지 않고 로마를 노린다. 하지만 로마는 일찍이 저 유명한 한니발도 어쩌지 못한 견고한 성벽으로 둘러싸여 있었다.

스파르타쿠스는 로마 공격을 포기하고 계속해 남하한다. 장화 모양 이탈리아 반도의 발끝에서 배를 타고 시칠리아 섬으로 건너갈 계획이었던 것 같다. 그러나 절치부심한 로마는 반격의 채비를 서두르고 있었다.

향후 제1차 삼두정치의 일원이 되는, 로마 최대의 대부호 마르쿠스 리키니우스 크라수스가 나선다. 그는 재산을 털어 로마 군단을 무장시키고 스파르타쿠스 토벌 작전에 들어간다. 그런데 크라수스가 먼저 '손을 본' 사람들이 있었다. 앞서 스파르타쿠스와의 전투에서 등을 보이고 달아났던 로마군이었다.

외국의 군대도, 정규군도 아닌 노예군에게 쫓겨 달아나고 군기(軍旗)와 독수리 휘장까지 몽땅 빼앗긴 건 로마 군단으로선 있을 수 없는 수치였다.

크라수스는 전선에서 가장 먼저 이탈한 부대에게 '10분의 1형', 즉 제비를 뽑아 부대 10분의 1 인원을 희생양으로 정하고 나머지가 그들을 때려죽이게 하는 극단적인 형벌을 내린다. 여간해선 시행되지 않는, 잔혹하고도 무거운 형벌이었다. 그만큼 크라수스가, 그리고 로마가 절박했다는 뜻이겠다.

스파르타쿠스는 탁월한 지휘 능력을 보여줬지만 부하들의 태반은 훈련받지 않은 노예와 떠돌이들의 집단에 불과했다. 반면 몇 번 패했다곤 해도 로마 군단은 지중해 세계를 제패한 관록의 군대였다. 지친 다윗 하나와 거대하면서 민첩한 골리앗 여럿의 대결이랄까.

노예군은 점차 궁지에 몰렸다. 마침내 최후의 전투가 벌어지기 직전, 스파르타쿠스는 자신의 말을 끌고 와 목을 쳐버리며 부르짖는다. "내가 이기면 이놈보다 나은 말을 얻을 수 있다. 그러나 내가 진다면 이 말은 필요가 없을 것이다." 이후 노예군은 치열하게 싸웠으나 전열을 가다듬은 로마군을 당해내지 못해 괴멸되고 만다.

로마 역사가 플로루스는 "스파르타쿠스는 임페라토르(황제)처럼 싸우다가 죽었다"라고 표현했고, 플루타르코스는 그 마지막 순간을 이렇게 묘사하고 있다. "최후의 순간, 그는 혼자였다. 수십 명이 그를 에워싸고 있었다. 그는 용감히 저항했고, 그리고 전사했다."[14] 동시대 사람들이 보기에도 스파르타쿠스의 저항은 영웅적으로 비쳤던 것 같다.

스파르타쿠스 역시 인격적으로 '고결한' 사람은 아니었다. 로마군에 죽어간 동지들의 복수를 하겠다고 로마군 포로들을 학살하기도 했고, "(자기 진영 앞에서) 죄수를 십자가형에 처함으

---

14 엄창현, 『어쨌거나 그때는』 사회평론, 1997.

로써 자신의 결단을 더 강하게 다지곤 했던"[15] 사람이었다. 즉 마르크스의 존경을 받을 정도로 '노예 해방' 같은 고매한 사상이나 철학을 설파한 이도 아니었던 것이다.

단 검투사들, 노예들에게 가해지는 폭압에서 벗어나기 위한 봉기를 주도한 사람이고 "자신의 부하들과 전리품을 똑같이 나눠 가졌으며, 인간적인 방법으로 과도한 약탈을 막으려고 애썼던"[16], 즉 자신의 안락보다 자신을 따르는 이들을 위해 자신을 걸었던 사람이었다. 최후까지 비굴하지 않고 최선을 다해 싸움을 멈추지 않았던 용사였음은 물론이다.

혼전 중에 전사한 것으로 보이는 스파르타쿠스의 시신은 끝내 발견되지 않았다. 별다른 표식도 없고 로마군 대장처럼 화려한 갑옷도 걸치지 못했을 것이기에 어쩌면 당연한 결과였다.

뿔뿔이 흩어진 노예군들은 각개격파되었고 무려 6천여 명의 포로가 카푸아에서 로마에 이르는 가도 양편에 세워진 십자가에 매달려 죽어갔다. 노예들에 대한 일종의 본보기였다. 그러나 십자가에 못 박혀서도 노예들은 로마군에게 욕설을 퍼붓는 등 기세가 꺾이지 않았다고 한다.

---

15 위의 책.
16 M. J. 트로우, 진성록, 『스파르타쿠스』 부글북스, 2007.

1947년 미하원 반미활동조사위원회
청문회에 참석한 돌턴 트럼보.

● "나는 스파르타쿠스다!"

스파르타쿠스가 숨진 약 2천 년 뒤, 미국 할리우드 영화〈스파
르타쿠스〉(1960)에서 아무도 보지 못했고 기억하지도 못했던
스파르타쿠스의 최후는 감동적인 장면으로 재창조된다.

로마 장군이 노예군 포로들에게 외친다. "누가 스파르타쿠
스냐? 그만 죽이고 다 살려주겠다."라고 호언한다. 누구 하나를
턱으로 가리키기만 하면 살 수 있는 유혹 앞에서, 또 말하지 않
으면 다 죽여버리겠다는 협박 앞에서 누군가 일어나 외친다.
"내가 스파르타쿠스다!" 하지만 그는 스파르타쿠스가 아니었다.

또 다른 이가 일어나 자신이 스파르타쿠스라고 선언하고,
급기야 전 노예군 포로들이 "내가 스파르타쿠스다!"라고 외치

며 일어난다. 전원이 일어나 외치는 가운데 스파르타쿠스는 사라졌다. 동시에 모두가 스파르타쿠스가 되었다. 그리고 그들 모두 십자가에 매달리는 것이다.

이 장렬한 장면을 담은 영화 〈스파르타쿠스〉의 각본을 담당한 이는 돌턴 트럼보라는 시나리오 작가였다. 그는 할리우드에 매카시즘 선풍이 몰아치던 당시 공산주의자 색출을 목적으로 한 청문회 '반미활동조사위원회'에서 증언을 거부한 열 명, 즉 '할리우드 텐'의 일원이었다.

이후 그를 비롯한 '할리우드 텐'은 할리우드에서 모든 활동을 차단당했다. 아무도 그들과 작업하려 하지 않았고 그들의 시나리오를 사려고도 하지 않았다.

욕조에 앉아 글을 쓰는 기이한 습관이 있었던 트럼보는 그래도 굴하지 않고 욕조에 들어앉아 글을 썼고 시나리오 하나를 완성한다. 매우 산뜻한 로맨틱 코미디였다.

그는 친구에게 연락한다. "이 시나리오를 자네 이름으로 팔아주게. 나는 안 되는 거 알잖나." 오드리 헵번을 일약 스타, 아니 여신급으로 끌어올린 〈로마의 휴일〉(1953)이었다.

이런 식으로 남의 이름을 빌리거나 가상의 이름으로 대본을 써냈던 트럼보는 덜컥 가짜 이름으로 아카데미 각본상(영화 〈브레이브 원〉)까지 받지만 끝내 시상식에 참석할 수 없었다.

이런 트럼보 앞에 커크 더글러스가 나타난다. 그가 불쑥 내

세계사에 균열을 낸 결정적 사건들

민 대본은 당시로선 참으로 위험한 내용이었다. 비인간적인 학대와 소모품 취급에 분개한 로마 검투사들이 로마의 잔학한 착취에 반발해 봉기를 일으키고 영웅적으로 싸우다가 전멸한다는 이야기라니.

'노예를 거부하는 노예'들의 역사에다가 마르크스가 가장 존경했다는 노예 반란의 주동자 스파르타쿠스의 이야기를 '빨갱이' 혐의로 할리우드의 '투명 인간'이 된 트럼보가 쓰게 된 것이다.

제작과 주연까지 맡은 배우 커크 더글러스가 제작자로서 감독을 너무 무시하는 바람에 또 하나의 천재 스탠리 큐브릭 감독이 분통을 터뜨리긴 했지만 트럼보에게만은 최선을 다했다.

트럼보가 이 영화의 각본가임이 드러나자 어느 나라에나 존재할 완고한 '꼴통'들이 들고 일어났다. 바로 트럼보를 비롯한 '헐리우드 텐'의 밥줄을 끊고 숫제 투명 인간으로 만들었던 강고한 반공 이데올로기의 화신들이었다.

자신들이 미국을 지킨다고 굳게 믿는 신념, 빨갱이는 매장시켜도 된다는 잔인함을 겸비한 그들은 그 시대의 우렁찬 거인들이었다.

그들은 더글러스에게도 협박을 퍼부었다. "트럼보랑 같이 일을 하다니, 커크 더글러스 너도 빨갱이가 아닌가 의심스럽다!" 그러나 더글러스는 이 협박을 쿨하게 물리쳐버리고 돌턴 트럼보의 이름을 크레디트에 올려버린다.

'각본 : 돌턴 트럼보.' '빨갱이 혐오증'에 걸린 이들의 턱에 시원한 어퍼컷 한 방을 날린 셈이다. 〈스파르타쿠스〉의 명장면은 이런 배경 속에서 태어났다.

이른바 '반미활동조사위원회'에 불려 나가 "당신은 현재 공산당원을 알고 있거나 과거에 알고 지냈는가? 그렇다면 그 명단을 불러라." 따위 개인의 양심을 무너뜨리는 강요에 저항했던 트럼보는, "너 공산주의자 아냐? 아니면 누가 공산주의자인지 밝혀."라고 몰아붙이는 매카시스트들에게 자유로운 영혼을 걸고 맞섰던 트럼보는 노예 수천 명의 외침, "나는 스파르타쿠스다!"를 쓰면서 무슨 생각을 했을까.

참는 데까진 참지만 참지 말아야 할 건 결국 참아내지 않는 인간의 존엄, 적잖은 걸 포기하고 살지만 끝내 포기할 수 없는 것들을 위해 자신의 삶과 죽음을 걸고 싸울 수 있는 인간의 용기를 스파르타쿠스를 통해 그리고 싶지 않았을까?

죽음 앞에서도 비루한 목숨을 구하고자 동료를 팔지 않고, 가장 끔찍한 최후를 맞을 수 있는 존재를 자처하는 자유로운 인간들의 연대를 노래하고 싶지 않았을까?

파멸의 위기 앞에서도 "이기면 더 좋은 말을 얻을 수 있다"라는 희망을 잃지 않았던 스파르타쿠스를 통해 남의 이름을 빌리고 가명 뒤에 숨어서도 줄기차게 글을 써온 자신을 돌아보지 않았을까?

트럼보의 꿈속에서 스파르타쿠스는 이렇게 말하며 미소를 지은 채 손을 내밀었을지도 모르겠다.

"I am Spartacus, and you are also Spartacus!(나는 스파르타쿠스다, 너 또한 스파르타쿠스다!)"

작고 약할지라도
끝끝내 지킨 자존감의 원천

합스부르크 대군을 격파한 스위스 용병

'합스부르크' 가문은 13세기부터 무려 20세기 초까지, 오스트리아를 중심으로 중부 유럽의 패권을 거머쥐었던 가문이다. 전성기 때는 네덜란드와 스페인 그리고 스페인이 점령한 신대륙까지 지배했고, 신성 로마 제국의 제위를 세습하면서 명실상부한 황가(皇家)로 위세가 드높았다.

이 합스부르크 가문도 시작은 궁벽진 시골의 영주에 불과했다. 하지만 세력을 확장하면서 오늘날의 오스트리아 지역을 확보한다. 14세기 초, 스위스는 합스부르크 가문의 가혹한 지배하에 있었다. 이즈음을 배경으로 한 이야기가 바로 저 유명한 '빌헬름 텔'의 무용담이다.

합스부르크 가문은 스위스에 대한 지배를 공고히 하고자 총독 헤르만 게슬러를 파견한다. 게슬러는 광장에 자기 모자를 걸어두고 지나는 사람들에게 경의를 표하라고 명령한다. 스위스인들의 기를 초장부터 꺾어버릴 속셈이었다.

그러나 우리의 빌헬름 텔은 이 포고를 무시한다. 체포된 빌헬름 텔에게 게슬러가 내린 형벌은 아들 머리 위에 사과를 올려두고 석궁을 쏘라는 것이었다. 천만 다행히도 화살은 정확히 사과에 꽂혔고 이후 빌헬름 텔은 게슬러를 죽여 폭정의 대가를 치르게 한다.

빌헬름 텔 이야기는 실화가 아니라 에기디우스 추디라는 스위스 역사가가 1570년에 쓴 창작물이다. 독일의 문호 요한 볼프강 폰 괴테는 스위스 여행 중 추디의 이야기를 접하고 희곡에 적합한 소재라고 여겨 아이디어를 친구인 프리드리히 실러에게 건넸다. 실러의 손을 거치고서야 희곡 「빌헬름 텔」이 세상에 나왔던 것이다.

비록 허구의 소산이라지만 빌헬름 텔의 이야기는 '스위스' 역사의 서막을 생생히 그려내고 있다. 실러의 희곡 속에서 게슬러 총독은 말한다. "이 조그만 민족 (…) 여전히 마음대로 혓바닥을 놀리고, 제대로 통제되지 않고 있는 민족."

모자에 머리 한 번 숙이면 되는 일을 거부했던 빌헬름 텔처럼 게슬러가 골치 아파했던 이 민족은 끝끝내 합스부르크의 압제를 물리치고 독립을 지켜낸다.

주지했다시피 스위스는 험준한 알프스 산맥에 자리 잡고 있어 알프스 남과 북을 잇는 교역로를 중심으로 도시와 주(州)들이 산재해 있다. "민주적 의회를 갖춘 마을은 관리를 직접 선출했고, 알라마니족이나 부르고뉴인들의 고대 게르만 법률로 자신들을 통치"했다.[17] 이런 전통을 지닌 스위스는 신성 로마 제국 황제의 직할령으로서 봉건 영주들의 착취에서 자유로운 편이었다.

그러나 13세기 후반 상황이 급변한다. 스위스 북부의 일개 백작령 주인이었던 합스부르크 가문이 '대공위 시대(The Great Interregnum)', 즉 왕을 선출제로 뽑던 독일에서 선제후(선거권이 있던 제후)들의 대립으로 왕좌의 주인을 정하지 못한 혼란기를 틈타 독일 왕이자 신성 로마 제국 황제 자리를 차지한 것이었다. 이후 합스부르크 가문은 자신의 텃밭이라 할 스위스를 완전히 굴복시키고자 했다. 그러나 스위스인들은 결코 호락호락하지 않았다.

신성 로마 제국 황제 루돌프 1세가 1291년 7월 사망한 직

---

17 윌 듀런트, 박혜원·왕수민, 『문명 이야기 4-2』 민음사, 2014.

후 스위스 산악 지역에 위치한 세 개 주, 우리·슈비츠·운터발덴의 지도자들이 뤼틀리에 모여 동맹을 결성한다.

이 선언의 첫 번째 조항을 보자. "우리·슈비츠·운터발덴 사람들은 그 공동체 안팎에서 폭력이나 불의를 자행하는 세력에 대항해 서로 간의 원조를 보장하고자 모든 수단을 동원하기로 한다."

오늘날 스위스는 '뤼틀리 선언'이 이뤄진 1291년 8월 1일을 독립기념일로 자축하고 있다. 실러의 희곡에서 이 장면은 이렇게 묘사된다. "약자들도 단결하면 강해집니다. (⋯) 폭군의 권력에도 한계가 있는 법입니다. 억압받는 자가 어디서도 권리를 찾을 수 없다면, 짊어진 짐이 참을 수 없을 만큼 무겁다면 (⋯) 어떤 다른 방도도 소용이 없을 때 인간은 마지막 수단으로 칼을 잡을 수밖에 없습니다."

마침내 합스부르크 가문이 보기에 생쥐가 사자의 코털을 뽑는 일이 벌어졌다. 슈비츠 주의 군대가 합스부르크 가문의 영지인 아인지델른 수도원을 약탈한 것이다.

'생쥐'들의 도발에 분노한 합스부르크 가문의 레오폴트 공작은 오스트리아 지역의 기사단과 군대를 이끌고 스위스로 진격해 들어간다. 철갑 기사단만 해도 2천 명이 넘고 총 병력은 1만 명에 가까운 대군이었다. 이에 맞선 스위스 동맹군은 고작 2천 명에 불과했다.

합스부르크 군대는 기세등등했다. 갑옷도 제대로 갖춰 입지 못하고 창 하나 쥔 채 아장거리는 스위스 보병쯤 단번에 밟아버릴 기세였다.

그러나 왼쪽은 산, 오른쪽은 호수인 외길로 합스부르크군을 끌어들인 스위스 동맹군은 미늘창을 고슴도치처럼 세운 장창 보병대로 합스부르크 기병대를 기습한다. 산에 숨어 있던 복병들이 돌을 굴리고 나무를 던져 합스부르크 군대의 허리를 찌른 것이다.

합스부르크 군대는 중무장한 기병이 전속 돌진해 상대방 진영을 무너뜨리는 방식을 즐겨 사용했는데, 험한 지형과 스위스 보병들의 밀집 대형은 이 '충돌 전술'을 펼칠 기회를 봉쇄해버렸다. 철갑 기사단이 먼저 궤멸했고 그 뒤를 합스부르크 보병들의 시산혈해가 따라붙었다.

'중세(유럽)에서 가장 잔혹한 전투로 꼽히는' 모르가르텐 전투다. "스위스 보병은 가공할 위력을 지닌 도끼 창으로 베고 타격하여 투구를 쪼개면서 오스트리아 공국 기사들을 절반 가까이 죽였다."[18]

18 마이클 스티븐슨, 조행복, 『전쟁의 재발견』, 교양인, 2018.
19 베른하르트 슐링크, 박종대, 『귀향』, 시공사, 2013.

알프스 산맥을 넘는 스위스 용병들.

스위스의 승리가 단순히 지형에 힘입은 것만은 아니었다. 황제의 명령 이외에는 싸울 이유가 없었던 합스부르크 군대와 달리 스위스 동맹군은 "무엇을 위해 싸우는지 정확히 알고 있었다. 이 전쟁에서 지면 자유와 집, 가축, 여자와 아이들을 하루아침에 잃게 될 것이 뻔했다."[19]

● '작아도 매운맛'의 원천

스위스는 오늘날 세계에서 손꼽히는 부자 나라이지만 유럽에선 수백 년 동안 가난함의 대명사로 꼽혔다. 알프스 산맥의 첩첩산중에 자리 잡아 농사나 장사로 한몫 보기도 무망한 처지였던 스위스에서 '용병'은 일종의 특산품이었다. 불가사의한 전투력으로 휘황찬란한 기사들을 압도하는 스위스 농민병을 주변

국들이 눈여겨보고 군대로 끌어 쓴 것이다.

1527년 최절정기에 이른 합스부르크 가문의 신성 로마 제국 황제 카를 5세는 비위를 거스른 교황 클레멘스 7세를 응징하고자 군대를 일으켜 로마로 진격한다. 이때 교황을 호위하던 이들은 스위스 근위대였다. 스위스 근위대는 로마 방어전에서 수백 명을 잃고 189명이 겨우 살아남았다.

클레멘스 7세는 스위스 용병들에게 너희들은 할 만큼 했고 이만큼 해준 것도 고맙다며 살길을 찾으라고 했지만 스위스 용병대는 거절한다. "우리는 교황 성하를 지켜 드리겠다고 계약했고 그 계약은 아직 유효하며 그에 대한 신의를 저버릴 수 없습니다."

이 단단한, 하지만 소수의 병사들은 구름처럼, 거인처럼 몰려드는 신성 로마 제국의 대군을 막아선다. 그 와중에 147명이 더 쓰러졌지만 42명은 끝내 교황을 모시고 지하 통로로 탈출, 교황을 최후의 피난처인 산탄젤로 성까지 옮기는 데 성공했다.

그러나 "로마의 지금 모습은 지옥에서도 볼 수 없을 것(당시 로마 주재 베네치아 대사)"이라 할 정도로 로마는 초토화되었다. 결국 클레멘스 7세는 항복할 수밖에 없었다.

카를 5세는 막대한 보상금과 함께 로마 교황 근위대를 독일 용병으로 바꾸라고 강요했다. 클레멘스 7세는 마지못해 수용했지만 다음 교황 바오로 3세는 곧바로 스위스 근위병의 전통을 부활시켰다. 이 전통은 21세기인 오늘날까지도 이어지고 있다. 로마 교황을 수호하는 이는 수백 년간 스위스 용병이었다.

칼을 맞대고 싸우던 적이라도 돈만 더 주면 반대편으로 둔갑하기 십상이었고, 급료가 지급되지 않으면 순식간에 전의를 상실하고 전장 이탈을 다반사로 하던 용병의 시대였다. 그러나 스위스 용병들은 남다른 구석이 있었다.

용맹함도 용맹함이려니와 그 어떤 불리한 상황에서도 고용주를 배신하지 않았다. 스위스 용병에게 신의란 곧 스위스라는 모국의 국가적 신용도 그 자체였기 때문이다.

스위스 최대의 수출품인 '용병'의 품질에 하자가 있어선 안되었고, 용병 수입은 곧 스위스 본국의 생존 그리고 독립과 직결되는 문제였던 것이다.

1792년 프랑스 대혁명의 확산을 저지하려는 오스트리아와 프로이센의 군대가 프랑스를 침범한다. 바로 전 해 프랑스를 탈출하려다가 저지되었던 루이 16세와 왕비 마리 앙투아네트에 대한 분노가 폭발했고, 무기를 든 시민들이 루이 16세가 머물던 튈르리 궁전으로 몰려왔다.

프랑스인 근위대도 기가 질려 도망가는 판이었지만 스위스 용병대 786명은 꿋꿋이 분노한 시민들의 파도에 맞선다. 프랑스 국왕을 지킬 거라며 말이다. 정예 스위스 용병대의 반격에 시민군의 피해도 막심했고, 눈이 뒤집힌 군중은 스위스 용병들을 마지막 한 명까지 살해했다.

머지않아 다가올 최후의 끔찍함을 알고도, 타오르는 군중의 광기 앞에서 품을 희망 따위는 없다는 걸 넉넉히 이해하면서도 스위스 용병은 터무니없는 싸움을 멈추지 않았다. 그 이유는 전사한 스위스 용병 호주머니의 유서에서 찾아볼 수 있다.

"우리가 신의를 저버린다면 우리 후손들이 직업을 잃을 것이다."

스위스는 '작은 고추가 맵다'라는 속담에 걸맞은 역사를 지녔다. 오스트리아의 압제에 맞서 끝끝내 독립을 유지했고, 독립을 힘겹게 지키고자 대대로 고용주에 목숨을 맡기는 용병이 되었으며, 그 수입으로 나라 살림을 꾸려갈지언정 그 어떤 제국도, 그 어떤 정복자도 스위스를 정복하지 못했다.

이 '작아도 매운맛'의 원천은 자존감이었다. 어떤 압제도 자신들을 굴복시킬 수 없으며, 돈을 받고 싸울지언정 한 치의 비겁이나 불신의 여지를 개입시키지 않겠다는 자존감 말이다. 그 자존감에서 스위스의 독립의 근거가, 유럽 모든 나라가 인정한 스위스 용병대의 신의(信義)가 구축되었다.

대개 약자들이 가장 먼저 잃어버리는 건 자존감이다. 힘이 없는 우리가 저 강성한 이들을 상대로 무엇을 할 것인가 지레 낙심하고 어깨를 늘어뜨리는 게 약자들의 패턴이다.

세계사에 균열을 낸 결정적 사건들

모든 일이 상대와 비교되고, 그럴수록 자신이 더 초라해지며, 자신의 못난 행동조차 어쩔 수 없는 일로 합리화하고, 과거 일부 한국인들처럼 "엽전이 어쩔 도리가 있나" 탄식하며 자기비하의 소용돌이로 빠져든다. 그 와중에 지니고 있던 미덕조차 잃어가는 것이다. 자존감을 잃은 약자들의 뻔한 운명이다.

　　하지만 스스로를 포기하지 않는, 약하지만 비루하지 않고, 작지만 바스라지지 않는 자존감을 고수하는 약자는 그 어떤 위기에서도 용기의 빛을 발하고 패하더라도 굴하지 않으며, 타인들로부터 존중을 획득한다.

　　스위스인들이 역사에서 보여준 일이다.

3만 대군을 상대한
600명 영국군의 '영국인다움'

한국전쟁 설마리 전투의 영웅들, 글로스터 대대

2022년 9월 8일 세상을 떠난 영국 여왕 엘리자베스 2세는 1926년생이었다. 20세기의 역사적 증인이라 할 그녀는 공주 신분으로 자동차 정비병이 되어 제2차 세계대전에 참전한 바 있다.

그런가 하면 1952년 그의 아버지 조지 6세가 갑자기 세상을 떠난 뒤 여왕이 되었을 즈음에는 한국전쟁이 한창이었다. 당시 영국은 유엔에서 미국 다음으로 많은 군대를 한국에 파견했다. 엘리자베스 2세를 국가 원수로 모시던 영연방, 즉 오스트레일리아나 뉴질랜드, 캐나다군까지 합치면 수만 명이 듣도 보도 못했을 나라 한국에 와서 격전을 치렀다. 그 중에는 영국군 29여단 글로스터 대대도 있었다.

한때 압록강까지 진군했던 국군과 유엔군의 뒤통수를 호되게 후려친 중공군은 거침없이 북위 38도 선을 넘었다. 이 파상 공세 앞에서 유엔군은 북위 37도 선까지 후퇴하기에 이른다. 평택과 삼척을 잇는 37도 선 방어선이 붕괴된다면 상황은 절망적이었다.

실제로 미국의 해리 S. 트루먼 대통령은 중공군의 공세를 견디지 못할 거라 보곤 한반도를 포기하고 한국 정부를 해외로 옮기라고 지시하기까지 했다. 대륙을 잃은 국민당 정부가 타이완에서 명맥을 이은 사례를 답습하겠다는 것이었다.

이 명령을 전달하러 미 육군 참모총장 J. 로턴 콜린스 대장이 한국을 방문했을 때 미 8군 사령관 매튜 B. 리지웨이는 이렇게 대꾸한다. "펑더화이(중공군 사령관)가 사람의 바다를 만든다면 저는 불바다를 만들겠습니다."

곧이어 사활을 건 반격 작전을 개시한다. 보급선이 길어져 주춤하는 중공군을 월등한 화력으로 녹여버리면서 반격의 전기가 마련되었고 유엔군은 1951년 3월 서울을 다시 탈환한다. 그러나 전열을 가다듬은 중공군이 4월 춘계 대공세를 편다.

흔히 중공군의 '인해전술'을 사람 수로만 밀어붙이는 무모한 작전으로 오해하지만 실은 '파도 작전'이라고 봐야 한다. 파도처럼 약간의 시차를 두고 연이은 공세를 전개하면서 수비 진영으로 하여금 지치고 질리게 만드는 작전이었다.

하지만 1951년의 중공군 춘계 대공세는 흔히 이해하는 '인해전술' 쪽에 가까웠다. 유엔군 진영을 향해 무려 70만 명에 달하는 대군이 덤벼들었으니까 말이다.

삼국시대 이래 경기도 파주 감악산에서 임진강에 이르는 지역은 전략적 요충이자 격전지였다. 신라와 고구려는 이 일대에서 여러 차례 사활을 건 전투를 치렀다. 한편 감악산 인근에는 사서(史書)에 여러 차례 등장하는 신라의 요새 칠중성의 흔적이 남아있다.

삼국뿐만이 아니다. 고구려 멸망 후 한반도 전체를 탐내는 당나라와의 혈투도 이 지역에서 벌어졌다. 감악산 서쪽의 설마치(雪馬峙) 고개는 당나라 장군 설인귀가 말 타고 도망갔다는 전설에서 유래한 지명이라고 한다.

1951년 4월, 칠중성과 설마치 고개가 위치한 이 전략적 요충지에서 또 한 번 대격전이 펼쳐진다. 주변을 통제할 수 있는 가장 높은 고지인 감악산을 잃은 후 영국군 29여단의 다른 대대들과 유엔군은 후방으로 물러섰다.

하지만 29여단 소속 글로스터 대대는 설마치 고개가 있는 설마리(雪馬里)에서 중공군에게 포위된 채 절망적인 방어전을 치른다. 고립된 영국군 600여 명을 향해 달려든 건 중공군과 북한군의 3만 대군이었다.

　여기서 잠깐 이야기를 샛길로 옮겨보자. 1912년 저 유명한 타이타닉호가 침몰할 때 선장은 선원들에게 이런 명령을 내린 바 있다. "Be British!", '영국인답게 행동하라'는 뜻이다. 아수라장이 된 침몰선 위에서 영국인이라면 '영국인답게 행동하라'는 선장의 외침을 선원들은 어떻게 해석했을까. 망망대해에서 부서져 가는 배, 대자연 앞에서 한없이 무력한 인간들에게 어떻게 받아들여졌을까.

　영국인도 아닌 처지로 그 느낌을 완전히 이해하긴 어렵지만 대충 이런 뜻이 아닐까 싶다. "침착해라, 여유를 갖고 각자 할 일을 하라." 영국인의 국민성은 주로 '굳게 다문 입술(stiff upper lip)'로 표현된다. 좀체 감정을 드러내지 않고 위기에 직면해서도 덤덤해 보이(려 애쓰)는 걸 미덕으로 삼는다고나 할까.

　제2차 세계대전 당시 런던 대공습 때를 담은 사진 한 장을 본 기억이 선연하다. 폭격에 무너지는 집에서 여동생을 구했다는 한 소년의 사진이었다. 어른들도 혼이 나갈 것 같은 무서운 폭격을 받아내고도 여동생을 뒤로하고 늠름히 팔짱을 낀 채 입술을 굳게 다문, '뭐 이런 일로 사진을 찍고 그래요?' 하는 표정의 '영국인다운' 꼬마였다.

　1951년 설마리 전투에서 글로스터 대대의 영국군들은 정확히 '영국인다운' 용기를 보여준다.

| 1951년 설마리 전투를 치르고 살아남은 글로스터 대대의 점호.

● 위기 앞에서도 '영국인다움'

설마리 전투의 영국군들을 기록한 앤드류 새면의 『마지막 한
발』에는 그런 장면들이 지천으로 나온다. 중공군들이 코앞까
지 닥쳤을 때 영국군 참호 속에서 한 장교가 분연히 부르짖는
다. "글로스터여, 현재 위치를 사수하라. 부대의 명예를 지키자."
누군가가 이렇게 맞받는다. "부대의 명예는 개뿔! 그럼 난 나갈
래!" 그런데 이 외침에 한바탕 웃음소리가 퍼져 나갔다고 한다.
나가봤자 별수 없고, 사수해봤자 살 도리가 없는 상황에서도 영
국인들은 그렇게 웃었던 것이다.

한국전쟁 당시 국군이 가장 무서워했던 건 중공군의 나팔
소리였다. 중공군은 미군이나 기타 유엔군에 비해 화력이 약한
국군을 골라 공격을 퍼부었고 악전고투하던 국군에게 중공군

세계사에 균열을 낸 결정적 사건들

의 나팔 소리는 그야말로 묵시록에 등장하는 '재앙의 나팔' 같이 들릴 수밖에 없었다.

완전히 포위된 글로스터 대대에도 중공군의 나팔 소리가 들려왔다. 수만 명 사람의 바다에 포위된 글로스터 대대에게도 더 이상 음산할 수 없는, 불쾌한 소음이었다. 하지만 글로스터 대대원들은 '영국인다운' 해결책을 제시한다.

군악대장이 신호용 나팔을 들고 '후퇴'를 제외한 모든 신호의 나팔을 불어 젖히며, 중공군 나팔의 기를 죽이고는 영국군에게 익숙한 노래를 나팔로 연주해 우렁찬 합창 소리로 중공군 피리 소리를 침묵시켜버린 것이다.

노래를 따라 부르며 환호하던 영국군이 이내 '나팔 분 놈 누구냐'라며 저주할 정도의 맹공격을 당하며 속속 쓰러져 가긴 했지만 말이다.

고립된 채 사투를 벌이는 글로스터 대대를 구하기 위한 구출 작전이 전개되었지만 전부 실패로 돌아갔다. 더 이상의 구원군이 올 가능성이 없다는 소식이 전해졌을 때 대대장 제임스 칸 중령의 반응 역시 '이런 게 영국 사람이구나' 싶은 느낌을 선사하기에 충분했다. 그는 부하를 불러 담배를 꾹꾹 눌러 담으면서 말했다. 마치 남의 얘기처럼.

"그 왜 구원병 온다는 거 있잖아? 그거 못 온다나 봐."

글로스터 대대는 각자도생(各自圖生)의 탈출 작전을 결행한다. 예하 중대에게 '알아서' 살아남아 탈출할 걸 명령하면서 칸 중령은 이렇게 말한다. "나는 부상자와 함께 고지에 잔류하니 각자 안전하게 철수하기를 바란다."[20]

거창한 수사도 없고 일말의 감정도 없다. 극한 상황 앞에서도 끝까지 여유를 잃지 않는다. 굴복해야 할 순간에도 절망하지 않으며 포기하는 상황에서도 흔들리지 않는다.

글로스터 대대는 전멸에 가까운 피해를 당했다. 대대 병력 600여 명 중 죽거나 포로가 되지 않고 생환한 이는 67명(자료에 따라 숫자가 다르다)뿐이었다.

하지만 그들은 '영국인답게' 전투를 벌였고, 극한의 열세 속에서도 자리를 침착하게 지켰던 그들 덕분에 주변의 유엔군은 질서정연하게 후퇴할 수 있었다.

70만 대군을 밀어 넣어 유엔군을 포위·섬멸하려던 중공군의 계획 역시 맥없이 꺾여버렸다. 앞서 언급했듯 1951년 1.4 후퇴 직후, 미국은 한국 포기 계획을 세워두고 있었다. 위기를 겨우 넘기긴 했으나 중공군의 춘계 대공세가 유엔군 방어선을 무너뜨린다면 계획은 어김없이 다시 발동될 수 있었다.

---

20 <조선일보>, 2015년 6월 23일, '백선엽의 6·25 징비록'.

글로스터 대대는 거대한 중공군의 홍수를 막아선 모래 주머니이자 끝내 거인의 발을 걸었던 걸림돌로서 오늘날 한국의 은인 중 하나가 되었다. '현대전에서 단위 부대의 용기가 과시된 가장 뛰어난 사례'라는 글로스터 대대에 대한 제임스 밴 플리트 미 8군 사령관의 찬사는 결코 과장이 아니었다.

엘리자베스 2세 서거 당시 그를 추모하는 목소리와 함께 과거 영국 제국주의가 저지른 만행의 역사를 비판하는 목소리도 드높았다. 제국주의 시대 영국이 저지른 만행은 셀 수도 없고 일일이 열거하기조차 어렵다.

그 피해자와 피해자의 후손들에겐 'Be British'라는 말은 역겹도록 거부감이 드는 표현일 수도 있으리라. 영국 역시 제국주의의 선봉으로 약자들을 짓밟고 으스러뜨리고 그 시신을 들짐승에게 던져줬던 거인이었던 다음에야.

하지만 절망적인 상황, 터무니없이 막대한 규모의 중공군 바다에 무인도처럼 고립되었던 글로스터 대대원들이 압도적인 적 앞에서 보여준 여유, 모든 게 무너지는 상황에서도 자리를 지키고 끔찍한 중공군 나팔 소리를 낯익은 멜로디의 나팔 연주로 물리쳤던 영국군의 침착함에는 경의를 표하지 않을 수 없다.

'British'에 앞서 그 어떤 험난한 시련과 강력한 대적(大敵) 앞에서 약자와 소수들이 지켜야 할 전범(典範)을 제시하고 있기 때문이다.

아울러 글로스터 대대의 다윗 같은 전투가 70만 중공군의 예봉을 꺾어 대한민국의 생존에 일조했음에 새삼 감사하기 때문이다.

한편 '대한민국 국민의 취미는 국난 극복'이라는 말처럼 위기와 어려움을 맞아 열정과 용기는 충분히 발휘했으되, 여유를 갖거나 냉철함을 과시하는 일은 드물었던 우리를 돌아보면서 그들의 '영국인다움'을 부러워할 수밖에 없다.

문득 이런 생각에 잠겨 본다. 거대한 적(외적의 침략이든, 코로나 같은 질병 사태든, IMF 같은 국난이든)에 맞서는 절박한 순간 누군가 한국인답게 행동하라고 외치면 우리는 어떤 생각을 할까?

한국인답게 빨리빨리 움직이는 것? 생존 경쟁의 달인답게 어떡하든 살아남는 것? 사람이 태어나서 한 번 죽지 두 번 죽나 오기를 발동하는 것?

저마다 의견은 다를 것 같고 '한국인다움'의 의미를 한국인 태반이 공유하기란 어려울 것 같다. 그런 의미에서 우리도 '한국인다움', 즉 다 함께 공유할 수 있고 존중받아 마땅한 공동의 가치를 지니길 바란다.

어쨌든 엄청난 외침을 극복하고 강대한 대륙과 해양 세력 사이에서 우리 문화와 민주주의를 지켜온 '한국인답게!'

"나의 기타는 총, 노래는 총알" 이라고 외친 예술가

아옌데 열풍을 일으킨 가수, 빅토르 하라

대학 시절의 어느 날, '민중가요'들을 담은 노래집을 뒤적이다가 매우 고답적인 제목의 노래 한 곡과 마주했다. 〈노농(勞農)동맹가〉, 번안곡이라고 소개되어 있었지만 일단 한국에서의 흥행에는 실패한 노래였다. 제목도 가사도 식상했던 데다 한국어 가사와 가락이 영 들어맞지 않아 입에도 귀에도 들러붙지 않았던 까닭이다.

집회 장소에서도 거의 불리지 않았고 학생회관 복도에서도 들어본 기억이 전혀 없다. 그래서 별 노래 아닌가 보다 하고 곡을 알아볼 생각도 없이 덮어버렸는데, 정말이지 크나큰 오해였다. 그 노래는 칠레의 가수이자 '누에바 칸시온(스페인어로 '새로운 노래')' 운동의 기수 빅토르 하라의 〈벤세레모스〉였다.

빅토르 하라는 1932년 칠레에서 가난한 소작농 아버지와 칠레 남부의 원주민인 마푸체족 혈통의 어머니 사이에서 4형제 중 막내로 태어났다. 어머니로부터 음악적 재능과 정서를 물려받은 그는 신학교에 입학했는데 그곳의 규율에 쉽게 적응하지 못했던 것 같다.

"하라는 자신의 육체를 부정하는 금욕적 의무만은 도저히 견딜 수 없었다. 육체적 사랑을 느낄 때마다 하라는 샤워기 아래서 발가벗은 몸을 때리며 형벌을 주어야 했다."[21]

하라는 상당히 자유분방하고 기성 사회가 만들어놓은 틀에 얽매이기 싫어하는 사람이었다. 이후 그가 가정을 꾸린 과정만 봐도 '빅토르 하라 신부님'이 되지 못한 건 차라리 자연스럽다.

영국 출신의 무용가 조앤 앨리슨 터너는 칠레의 무용가 파트리시오와 사랑에 빠져 칠레로 온 이방인이었다. 그녀는 칠레의 대학에서 안무를 강의했고 하라는 학생이었다. 즉 그들은 스승과 제자 사이였다.

하지만 하라는 당돌하게도 이 안무 선생을 마음에 담았고,

---

21   〈가톨릭일꾼〉, 2020년 1월 6일, '오늘의 성인'.

그녀가 남편으로부터 버림받아 상심에 빠졌을 때 꽃다발을 들고 찾아가 구애한 끝에 그녀와 맺어진다. 이런 사랑꾼에게 신부 노릇이란 종달새가 침묵을 강요받는 것보다 더 어려운 일이었으리라.

'세계에서 남북으로 가장 긴 나라'라고 불리는 칠레에서도 인디오들은 극심한 경제적 차별에 시달렸다. 하라는 그 고통 속에서 읊조려지는 인디오들의 토속 음악과 노래에 주목했다.

결혼 이전부터 하라는 노래로 사회 변화를 촉구하는 '누에바 칸시온' 운동의 활동가였고, 조앤과 결혼한 이후 연극·무용 등 더욱 다양한 장르까지 섭렵하며 예술로 억압받는 이들의 단결을 호소했다.

> "나는 사랑이 어떤 일을 해낼 수 있는지, 진정한 자유가 무엇을 해낼 수 있는지, 행복한 인간의 힘이 어떤 결과를 일궈낼 수 있는지 봤다. 이 모든 이유로, 그리고 무엇보다 평화를 바라기 때문에, 나는 슬픔이나 행복의 감정에 돌파구를 만들어줄 내 기타의 나무통과 줄이 필요했다."

여기서 잠깐, 칠레의 상황을 들여다보도록 하자. 사연 많고 아픔 넘치는 남아메리카(남미) 대륙에서 칠레는 약간 특이한 역사적 전통을 지닌 나라다.

남미의 많은 나라가 겪은 정치적 혼란으로부터 상대적으로 자유로웠고 일찌감치 민주주의 선거 시스템을 작동시켜 왔기 때문이다.

칠레는 '남미의 일본'이라는 별명이 붙을 만큼 남미에서 정치 경제적으로 앞서가는 나라였고 이웃 국가들에게서 시기와 원망을 사는 강력한 국가였다. 북쪽의 이웃 페루와 볼리비아는 칠레와의 전쟁에서 참패해 수도를 함락당하거나 해안 영토를 잃고 내륙국으로 전락하는 아픔을 겪은 바 있다.

이렇듯 남미에서 잘나가는 나라였음에도 불구하고 극심한 빈부 격차와 사회적 불평등은 다른 남미 국가들과 마찬가지로 '매우 심각' 수준이었다.

농민들은 지주의 수탈에 시달렸고 인디오들은 차별 대우에 울분을 터뜨렸다. 가난한 사람들이 제대로 된 의료 혜택을 받지 못하고 속수무책 쓰러지는 경우는 칠레 전역에서 흔했다. 이런 현실에 분개한 의사이자 정치인이 역사의 전면에 등장한다. 바로 살바도르 아옌데.

칠레에는 이미 합법화된 공산당이 존재했지만 아옌데는 사회당을 창당하는 데 앞장섰다. 그는 소련의 세계혁명 전략을 추종하는 공산당이 아닌 칠레의 현실에 맞는 사회주의 정당을 추구했다.

이를테면 프롤레타리아 주도의 폭력 혁명이 아니라 선거로 사회주의 정당이 집권할 수 있다고 여겼고, '프롤레타리아 독재'가 아닌 의회 정치를 통한 사회주의를 주창했다.

1952년, 1958년, 1964년 6년 임기의 대통령 선거에 줄기차게 출마했지만 쓴 잔을 들이킨 아옌데는 1970년 다시 한번 출사표를 던진다. 하라는 1964년 이래 아옌데와 그의 당 '인민연합'의 열렬한 지지자였다.

노벨 문학상에 빛나는 시인이자 칠레 공산당 후보였던 파블로 네루다의 양보까지 받아내며 좌파 연합인 '인민연합'의 후보로 나선 아옌데를 위해 만든 노래가 글머리에서 이야기한 〈벤세레모스〉였다. 빅토르 하라는 〈벤세레모스〉를 뜨겁게 부르며 기나긴 국토의 칠레 전역에서 아옌데 열풍을 불러일으켰다. '벤세레모스'는 '우리 승리하리라'는 뜻의 스페인어다.

조국의 깊은 시련으로부터 민중의 외침이 일어나네
이미 새로운 여명이 밝아와 모든 칠레가 노래 부르기 시작하네
불멸케 하는 모범을 보여준 한 용맹한 군인을 기억하며
우리는 죽음에 맞서 결코 조국을 저버리지 않으리
우리는 승리하리라, 우리는 승리하리라
수많은 사슬은 끊어지고, 우리는 승리하리라, 우리는 승리하리라

우리는 파시즘의 비극을 이겨내리라

농부들, 군인들, 광부들 그리고 이 땅의 모든 여성과 학생,

노동자들이여

우리는 반드시 이룩할 것이다. 영광의 땅에 씨를 뿌리자

사회주의의 미래가 열린다, 모두 함께 역사를 만들어 가자

이룩하자, 이룩하자, 이룩하자[22]

아옌데는 마침내 대통령 선거에서 승리를 거둔다. 세계 최초로 선거를 통해 사회주의 정권이 탄생한 것이었다. 칠레 민중의 환호를 받으며 등장한 이 초유의 정권은, 중남미 국가들에 막대한 영향력을 행사하던 미국과 다국적 기업은 물론 칠레의 기득권층에게도 눈과 목에 돋아난 쇠가시와도 같은 존재였다.

미국 정부는 아옌데 정권이 등장하자마자 바로 정권 제거 공작에 착수했고, 중산층 이상의 칠레 시민들도 아옌데의 사회주의 정부에 끊임없이 반대했으며, 좌파 내부의 분열도 심상치 않았다. 이 위태로운 상황에서도 아옌데 정권이 지속적인 지지를 얻으며 나라를 운영해 나가자 미국과 칠레의 군부는 특단의 수단을 가동한다. 쿠데타였다.

---

22 위의 기사.

세계사에 균열을 낸 결정적 사건들

| 베트남 전쟁을 반대하는 헬싱키 시위에 등장한 빅토르 하라.

● "나의 기타는 총, 노래는 총알"

1973년 9월 11일 칠레 육해공군은 쿠데타를 일으켰다. 공군 비행기가 자국의 대통령 관저를 폭격하는 가운데, 아옌데는 기관단총을 들고 관저를 사수하다가 목숨을 잃었고 쿠데타군은 자신들을 거스르는 시민들을 집단으로 살해하거나 체포해 끌고 갔다. 빅토르 하라도 포함되어 있었다.

쿠데타군 장교들 역시 하라를 알고 있었다. "나의 기타는 총, 노래는 총알"이라며 사람들의 열기를 돋우던 예술가. "예술가란 진정한 의미에서 창조자여야 한다. 그럼으로써 그 본질 자체로부터 혁명가가 된다."[23]라며 바닥의 사람들을 일깨우고 일으키던 다윗을 어찌 골리앗들이 몰라볼 리 있겠는가.

쿠데타군의 살기 어린 총부리가 그를 겨냥하고, 죽음을 피하지 못할 걸 직감하던 순간 그가 읊조린 시의 일부는 이랬다. "오, 신이여, 이것이 당신이 만든 세상입니까? 7일 동안 당신이 행한 기적과 권능의 결과입니까? 노래하기란 얼마나 어려운 일인가. 공포를 노래해야 할 때는."

그 역시 두려움을 알았다. 하지만 노래의 돌팔매를 치켜든 칠레의 다윗은 살기등등한 군인들의 총 앞에서 매 맞아 퉁퉁 부어오른 입으로 노래했다. 벤세레모스, 벤세레모스.

쿠데타가 일어나고 며칠 뒤 하라는 무려 40여 발의 기관단총 세례를 받고 죽었다. 그의 손목은 부러져 있었다. 기타 현을 부드럽게 때로는 힘차게 튕기던 그의 손이 얼마나 미웠으면 그랬을까.

그리고 하나 더, 그의 노래가 쿠데타를 주도한 사람들을 얼마나 두렵게 만들었기에 그렇게 잔인할 수 있었을까.

그의 이념이 사회주의였는지 다른 무엇이었는지에 대해선 관심이 없다. 그가 지금은 연기처럼 사라지고 해괴한 형태로 남은 현실 사회주의를 신봉했었는지 아닌지 역시 논의의 가치가 없다.

---

23 조안 하라, 차미례, 『빅토르 하라』, 삼천리, 2008.

분명한 건 그를 무엇이라고 부르든, 그는 불평등한 사회 구조에서 괴로움 당하고 불만을 터뜨리는 사람들과 함께 있었다는 점이다.

그는 불평등을 완화하고 해소하고 나아가 소멸시키려고 끊임없이 싸웠던, 불리하고 턱없는 싸움일망정 인류 역사에서 끊이지 않고 나타났던 소수 '다윗'의 일원이었다.

또 당연하게도 불평등 구조의 상위에 있는 사람들은, 보통 사람들은 덤벼들 엄두도 못 내는 황금 갑주와 철갑 투구와 냉혹한 강철검으로 사람들을 위압하는 골리앗들은 다윗들을 귀찮아 하고 불온시하며 없애고 싶어 했다. 하라는 그들 앞에서 기타와 노래로 돌팔매줄을 꼬았고 물맷돌을 비끄러맸으며 혼신의 힘을 다해 던졌다.

"내 기타는 돈 많은 자들의 기타도 아니고/ 그것과는 하나도 닮지 않았지/ 내 노래는 저 별에 닿는 발판이 되고 싶어/ 의미를 지닌 노래는 고동치는 핏줄 속에 흐르지/ 참다운 진실을 노래하면서 죽어갈 자의 혈관 속에서"[24]라고 노래했던 그를 '돈 많은 자들' '진실이 불편한 사람들'이 죽이는 것도 모자라 손목을 분질렀던 건 어쩌면 자연스러운 일이었다.

---

[24] 빅토르 하라의 노래 〈선언〉 중에서.

돌팔매를 휘두르는 다윗에게 골리앗이 "내가 네 시체를 새와 들짐승에게 먹이로 주겠다"라고 노래했듯이.

하나 덧붙이자면 하라를 증오한 또는 저어한 사람들은 어마어마한 부자나 다국적 기업 또는 '미제국주의'만은 아니었다. 칠레의 중산층, 즉 소꼬리 정도의 기득권은 지니고 닭의 머리는 된다고 자부하던 이들, 쥐꼬리 정도로 먹고사는 사람들과 쥐의 머리 정도 되는 사람들은 쥐구멍에서 살면 된다고 여기던 이들 역시 그들이 지닌 알량한 부와 지위에 영향을 미칠까 봐 아옌데에게 반기를 들었다.

"구리 광산에서 일하던 광부들은 '미국계 회사 노동자' 신분에서 공기업 직원으로 바뀌면 급여가 줄어들까 우려해 연일 반대 데모를 벌였다."[25]

누구에게나 자신의 건 소중하다. 아옌데에게 저항한 구리 광산 노동자들에게도 자신의 권리는 소중했을 것이다. 그러나 자신의 것만을 위해 남의 것에 관심이 엷어질 때, 내 권리를 위해 남의 권리를 무시할 때, 나의 또는 우리의 '소중한' 가치는 잿빛으로 퇴색하고 세상을 짓누르는 탐욕의 사슬 한 자락으로 전락하게 마련이다.

---

25 <서울경제>, 2007년 9월 11일, '권홍우의 오늘의 경제소사'.

그런 모습은 우리 주변에서도 얼마든지 목격된다. 수년 전 학교 청소 노동자들의 시위가 공부에 방해된다고 그들에게 민형사 소송을 제기한 모 명문대 학생들은 한 예에 불과하다.

'시험 보고' 들어온 내(우리)가 누리는 권리는 마땅히 나(우리)에게만 주어져야 하며, 그 외의 사람들에 대한 '차별'은 당연하다는 생각 역시 비슷한 류에 속할 것이다.

만약 우리 곁에 빅토르 하라가 살아온다면 그가 향할 곳은 짐작하기 어렵지 않다. 만약 그가 모 명문 대학에서 벌어진 일을 봤다면 주저앉고 기타를 둘러메 농성장으로 들어가 청소 노동자들의 손을 잡고 노래했을 것이다. '비정규직'의 한을 토로하는 이들과 함께 어깨를 걸고 외쳤을 것이다. "일어나 당신의 손을 보소서. 우리가 손을 맞잡고 성장하게 하소서."(빅토르 하라의 노래 〈노동자를 위한 기도〉 중)

누군가는 그 노래에 감동해 눈물을 흘리겠지만 어떤 이는 다시금 그의 손목을 부러뜨리고 싶은 충동에 시달리리라. 그 상반된 힘의 줄다리기 속에서 역사는 나아갈 바를 결정해왔고 앞으로도 그럴 것이다.

우리 대부분은 줄다리기의 중간 부분에 집결해 있다. 때로는 이쪽으로 때로는 저쪽으로 힘을 쓰면서. 어느 쪽으로 힘쓸지는 우리의 결정이며, 그 작은 결정들이 모여 역사를 이룬다.

'똥물' 뒤집어쓴 처참한 몰골을
필름에 아로새긴 용기

◇　　◇　　◇

동일방직 여성 노동자들과 사진사 이기복

1876년 강화도 조약으로 개항된 항구는 세 곳이었다. 동해안의 원산, 일본과 가까운 부산, 그리고 서울의 관문 인천이었다. 이렇듯 인천은 첫 개항지였고 일본을 비롯한 열강의 배와 사람들이 가장 많이 드나들었던 항구다. 당연히 개화도 빨랐고, 수도 서울을 겨냥한 상품들의 유입도 분주했으며 공장들도 일찌감치 들어섰다.

유명한 '인천 성냥공장' 경우가 그렇다. 압록강 등지에서 실어온 목재들이 인천항에 들어온 뒤 성냥개비로 바뀌어 수도권으로 뿌려지는 패턴이었기에 인천 성냥공장의 명성은 오랫동

　　　　세계사에 균열을 낸 결정적 사건들

안 드높았던 것이다.

일제는 인천에 대규모 군수공장을 지었다. 생산된 완제품을 철도로 항구의 배에 간단히 실을 수 있었으니 인천은 안성맞춤의 공장 부지였다.

이렇듯 개항 이래 근 한 세기 동안, 수도 없는 사람들이 인천 바닥에 굴러와 몸뚱이가 부서져라 일하며 가족을 먹여 살리고 꿈을 키웠다.

한국 경제가 급성장했던 1960~70년대에는 특히 그랬다. 경인가도에 즐비했던 공장들마다 수천수만 명의 노동자들이 득실거렸다. 그 가운데 '동일방직'이라는 이름의 공장이 있었다.

동일방직의 원래 이름은 동양방적으로, 일제의 군수공장 중 하나였다. 해방 이후 적산(敵産, 미 군정이 일제 강점기 당시 일본인이 설립한 기업 및 소유한 부동산, 반입했다가 가져가지 않은 동산 등을 총칭해 부른 이름)으로 한국인 기업주에게 불하되어 동일방직으로 이름을 바꾼 것이다.

방직 공장 성격상 노동자의 대부분이 여성이었다.

"1972년 전국섬유노조 동일방직지부 조합원은 1,383명이었다. 그 가운데 1,204명이 여성이었다. 그런데도 조합 간부는 회사 말 잘 듣는 기술직 남자들이 독차지하고 있었다. 그런 상황에서 부녀부장이던 주길자가 한국에서 처음으로 민주적인 여성 지부장으로 선출되었다. 사건이었다. 노동조합은 자주적이고 민주적으로 바뀌어갔다."[26]

1960~70년대 오빠나 남동생을 공부시키기 위해 여동생이나 누나들이 학업을 포기하는 건 결코 기이한 풍경이 아니었다. 오빠·남동생의 대학교, 고등학교 진학을 위해 초등학교 또는 중학교만 졸업하고 공장으로 직행하는 소녀들이 즐비했고, 하다못해 초등학교에서도 반장은 당연히 남자가 맡아야 하던 시대였다.

남존여비(男尊女卑)가 상식이었고, 대부분의 회사에서 여자 관리자는 눈 씻고 찾아봐도 거의 보기 힘들었던 시대이기도 했다. 아무리 여성 노동자가 많다고 해도 노동자 수가 천 명을 넘어가는 공장에서 여성 노동자가 노동조합 지부장으로 선출된 건 '누추한' 남자들의 비위를 긁을 소지가 있었다.

좀 객쩍은 옛날 이야기 하나를 곱씹어 보자. 한때나마 중국의 황제를 꿈꿨고 조선에도 오래 나와 총독 행세를 했던 위안스카이는 조선 여자와의 결혼을 고민하는 부하에게 이렇게 충고했다고 한다.

---

26 박준성, 『박준성의 노동자 역사 이야기』 이후, 2009.

세계사에 균열을 낸 결정적 사건들

"결혼해라. 조선 여자들은 똑똑하고 뛰어나다. 조선 남자들보다 백 배 낫다. 조선 남자들에게 한 가지 재주가 있다면 그 똑똑한 여자들을 바보로 만드는 재주다."

120년도 더 전, 변발을 한 건방진 외국인의 짓궂은 소리를 귀담아들을 이유는 없겠지만 힘차게 코웃음을 치면서도 한쪽 발이 저려오는 것도 사실이다.

우리 역사가 여자들에게 얼마나 모질었는지, 남자들이 얼마나 지질하게 굴었는지에 대해선 우리 역시 잘 알지 않는가. 또 그를 떠올리다 보면 얼굴 한편이 발갛게 달아오르지 않는가 말이다.

동일방직의 남성 노동자들은 그 못난 '조선의 남정네' 중에서도 특출하게 지질한 존재였던 것 같다. 여자들한테 밀린 게 '싸나이' 명예에 똥칠이라도 했다고 본 건지, 그들은 여성 노동자들이 주도하는 노조에 사사건건 발을 걸고 딴지를 퉁겼다.

여성 노동자들은 자신보다 별로 나을 것도 없는 처지이면서도 매사에 삐딱한 남자 동료들부터 완고한 회사 나아가 노조를 불온시하는 정부의 탄압에 이르기까지, 어마어마한 거한(巨漢)들과 맞상대해야 했다.

그러던 중 1978년 2월 21일이 왔다. 이날은 노조 대의원 선거일이었다. 여성 노동자들은 밤을 새거나 일찍 나와 투표를 준비했다. 그런데 날이 채 밝기도 전인 새벽 5시 30분, 소스라치게 놀라 지르는 여자들의 비명이 공장 곳곳에서 터져 나왔다.

회사 편에 선 남성 노동자들이 노조가 준비해둔 투표함을 몽둥이로 박살내버리고 노조 사무실의 모든 기물을 부수며 나동을 부린 것이다.

그래도 투표함을 지키겠다고, 투표를 해야겠다고 달려오는 여성 노동자들 앞을 웬 물통을 든 대여섯 명의 남자들이 가로막았다. 그들은 저마다 고무장갑이나 가죽장갑을 끼고 있었다. 물이라도 뿌리려는 걸까, 여성 노동자들은 멈칫했다.

'대치'라고 하기에도 짧았던 잠깐의 침묵은 남자들의 날카로운 욕설과 함께 깨졌다. 그리고 남성 노동자들은 우악스러운 기세로 여성 노동자들에게 달려들었다. 장갑을 낀 손을 물통에 넣어 틀어쥔 건 황망하게도 인분(人糞), 즉 똥물이었다.

이날의 과거를 돌이킬 때마다 생물학적 남자로서의 수치심을 발동시키는 이 지질한 남자들은 여성 조합원들에게 똥물을 뿌리고 끼얹을 뿐만 아니라 옷을 들춰 집어넣거나 강제로 입을 벌려 들이붓기까지 했다.

부모를 죽인 원수도 아니고, 재산을 통째로 들어먹은 사기꾼도 아니며, 매일같이 한데 어울려 일하고 밥 먹고 인사 나누던 직장 동료들에게 그렇게 한 것이다. 가히 인간이 인간에게 가할 수 있는 최대의 모욕 현장이었다.

세계사에 균열을 낸 결정적 사건들

그 끔찍한 난동이 벌어지는 동안 현장에 나와 있던 경찰 둘은 멀거니 구경만 했다. 어디 구경뿐일까. 전 중앙정보부 직원 최종선 씨에 따르면 동일방직 노조 대의원 선거를 앞두고 서울의 중앙정보부는 중앙정보부 경기지부를 제치고 현장에 직접 출동해 동일방직 노조 와해 공작을 진행하고 있었다. 즉 똥물 테러는 공권력의 노동조합 와해 시도 과정에서 벌어진 추악한 해프닝이었던 것이다.

● 힘없는 이들의 양심과 용기

한번 상상해보기 바란다. 갑자기 힘센 누군가 달려들어 나를 제압하고 내 입에 똥을 집어넣는다면, 내 옷을 헤집고 똥물을 뿌린다면 무슨 생각이 들지. 또 어떤 느낌일지.

불쾌감을 넘어 인간으로서의 자존심이 무너지지 않을까. 그를 뿌리치지 못하는 내 허약한 몸뚱이를 저주하며 자괴감에 몸부림치지 않을까.

동일방직 여성 노동자들 역시 그랬다. 수백 번 씻어도 지워지지 않을 역한 냄새에 구역질을 거듭하며 땅바닥을 데굴데굴 구르며 통곡했다. 세상에 어찌 이런 일이 있을까.

신고를 받아야 할 경찰은 초지일관 가해자 편이고, 호소해볼 만한 언론사는 정부의 통제하에 있었다. "이런 법이 어디 있습니까." 외치고 싶어도 모든 법은 똥을 먹인 편에 서 있었다.

"똥을 먹고 살 순 없다"라고 악쓰며 울부짖던 여성 노동자들의 머릿속에 하나의 단어가 스친다. '증거!' 증거를 남겨야 한다. 어떻게 귀결되든 이 만행을 세상에 알릴 건지는 남겨야 한다. 그러나 카메라가 귀하디귀한 시절, 똥 범벅이 된 자신들의 모습을 담을 카메라를 구하는 것도 보통 일이 아니었다. 그때 누군가 외친다. "우일영상 가서 아저씨 불러와!"

우일영상은 동일방직 여성 노동자들이 '영원한 추억과 우정'을 남기고자 즐겨 찾던, 공장 근처의 동네 사진관이었다. 무슨 일이 일어났는지 제대로 설명조차 하지 못하고 꺽꺽거리는 노동자들의 절박한 외침에 붙들려 우일영상 주인 이기복 씨는 카메라를 들고 동일방직 노조 사무실을 찾았다.

그는 처참한 광경을 보고 입을 벌린다. 세상에 이럴 수가. 똥 범벅이 된 자신을 찍어 달라는 여성 노동자들의 아우성 속에서 이기복 씨는 떨리는 손으로 동일방직 여성 노동자들의 처참한 몰골을 필름에 아로새겨 나간다.

그렇게 기록한 사진 속 여공의 표정을 들여다본다. 여덟 팔자로 다문 입은 금세라도 흐느낌으로 미어터질 것 같고, 똑바로 앞을 응시하지 않는 눈은 부끄러움과 분노가 범벅이 된 빛을 쏘아낸다. 부르쥔 주먹이 덜덜 떨리고 있다는 건 누가 봐도 넉넉히 짐작할 수 있다.

푸른 작업복에 뭉텅이로 박힌 똥물은 1978년 대한민국 역

똥물을 뒤집어쓴 동일방직 여성
조합원들. ©동일방직복직투쟁
위원회

사에 퍼부어진 오물로서, 냄새나는 똥물로서 오늘도 싯누렇게
빛나고 있다.

역으로 그 똥물 세례에도 굴하지 않고 버티고 서서 자신들
을 역사의 기록으로 남긴 사진 속 노동자는 늠름하게 빛난다.
잔인하면서도 졸렬했고 사악하면서도 지질했던 독재와 악질
자본, 그리고 그 하수인들보다 더 당당했다.

이 당당함은 똥물 세례를 받은 쪽보다 퍼부은 쪽이 더 지독
한 냄새를 풍기게 만들었다. 그렇게 사진 한 장은 오감을 자극
하는 역사의 한 페이지에 박제된다.

'지역 차원이 아닌 중앙 차원에서' 동일방직 노조 박살을 기

획·연출한 중앙정보부와 그 외 끄나풀들이 똥물 냄새에 둔감할 리 없었다. 곧 이기복 씨의 사진관에 살기등등한 정보기관원들이 들이닥친다.

유신 정권 시절의 중앙정보부란 나는 새도 무더기로 떨어뜨리고 사람 하나 곤죽 만드는 일쯤은 손톱 깎기보다 쉽게 했던 치들이라는 걸 이기복 씨라고 몰랐을까. 동네 사진관 주인에겐 저승사자 이상으로 무서운 존재들이었을 것이다.

그러나 사진관을 천직으로 삼아 그 후로도 25년을 같은 자리에서 일하게 되는 무던한 사진사 이기복 씨는 이 골리앗 같은 중앙정보부원들 앞에서 침묵의 용기와 '진실한 거짓말'의 미덕을 발휘한다.

"필름이 없습니다. 노조원들이 다 가져갔습니다."
"이 사람이, 당신 거짓말하면 어떻게 되는 줄 알지."
"예, 압니다. 그런데 없는 걸 어떡합니까."

후일 이기복 씨는 이렇게 회고한다. "(공장에 뛰어갔을 때) 10여 명의 여공들이 똥물을 뒤집어쓰고 있었고 노조 사무실과 사무장실 천장과 벽에 온통 똥물이 묻어 있었습니다. 또 몇몇 여공들은 바닥에 누워 울고 있었습니다."

얼마나 참담한 광경이었을까. 평소 정치 따위에는 전혀 관심 없고 데모라면 고개부터 흔드는 이라도 발을 구르며 분노하기에 충분한 모습이었으리라.

하지만 정작 자신에게 매서운 칼끝이 향했을 때 그동안 품었던 분노를 드러내기란 얼마나 어려운지를, 작게나마 발 내디뎌 그 분노를 100분의 1이라도 표현하기란 얼마나 힘든지를 우리는 잘 안다. 사람이 공포 앞에서 얼마나 작아지는지는 군이 언급할 필요가 없으리라.

그러나 대단한 용사도, 기상 드높은 호걸도 아닌 뭉툭하고 평범한 대한민국 장삼이사의 한 사람 이기복 씨는 그 공포를 이겼다.

거인을 쓰러뜨려야만 용사가 아니다. 거인 앞에서도 인간으로서의 자존심을 지키고, 인간으로 해야 할 바를 지키는 용기를 낸다면 누구든 용사가 된다. 그리고 역사 속에 등장하는 수많은 다윗들의 하나로 등재되는 것이다.

역사는 '위대한 업적'과 '결정적 사건'으로 넘쳐난다. 하지만 누군가의 위대함은 결코 한 사람의 걸출함만으로 이뤄지지 않는다. 물론 역사를 바꾸는 영웅들도 존재한다. 하지만 그들의 위대함은 그보다 훨씬 많은 누군가의 하찮은 손과 발에 의해 끌어 올려진 것이며, 더욱 많은 사람이 공들여 닦아놓은 길 위에서 돋보이게 마련이다.

동시에 '결정적' 사건에 이르는 도상은 수없이 많은 사람이

도전하고 싸우며 짜낸 피와 살과 눈물들로 포장되어 있다.

그렇듯 역사는 차마 이것만은 참지 못하고 일어선 사람들, 차마 그들을 외면하지 못한 사람들, 한없이 작아 보이나 더할 수 없이 위대한 인간들이 몸으로 써 내려간 기록의 합이다. 그 대부분은 보잘것없고 대단한 역량도 없고 하루 벌어 하루 먹고 살던 가난하고 힘없는 사람들이었다.

그렇기에 그들이 치켜든 용기와 양심은 더욱 위대하다. 어떤 위인전 속 위인들의 역사적 선언, 결단만큼이나 찬란하다. 동일방직의 여성 노동자들, 그리고 사진사 이기복 씨도 마찬가지였다.

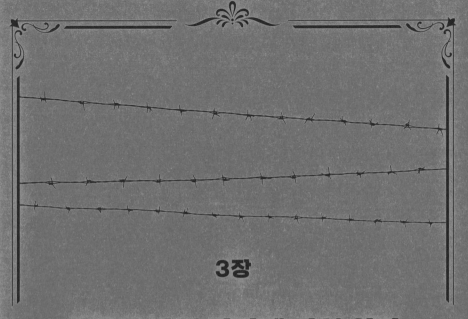

3장

한목숨 바쳐 강자에 맞선 약자

|결의|

300년 송나라 문관 정치가
거둔 장렬한 유종의 미

◇ ─── ◇ ─── ◇

송나라에 은혜 갚은 신하들의 애산 전투

중국 송나라 때를 배경으로 한 소설 『수호지』에는 특이한 인물이 한 명 등장한다. '소선풍'(小旋風, 작은 회오리바람)이라는 별명의 시진이다.

후일 의적들의 모임인 양산박의 지도자가 되는 송강 등 여러 호걸이 시진에게 신세를 지는데, 범죄자가 그의 저택에 숨는다 해도 관리들이 감히 쳐들어가지 못했기 때문이었다. 시진의 시씨 가문은 송나라 태조가 '반역의 죄가 아닌 한 죄를 묻지 않는다'라는 단서철권(丹書鐵券)을 부여받은 집안이었다.

한국에서 인기가 높았던 타이완 드라마 〈판관 포청천〉에서 포청천은 지위 고하를 막론하고 법대로 처벌하며 정의를 구현하기로 유명했다.

그중 한 에피소드에선 산천초목을 벌벌 떨게 했던 포청천조차 살인과 강간을 일삼는 한 악당을 처벌하지 못해 괴로워하는 대목이 등장한다. 바로 그 범인이 시씨 가문 사람이었기 때문이다. 포청천은 끝내 문제의 악당을 처벌하지 못했고 하늘이 내린 벼락에 맞아 죽는 것으로 처리된다. 포청천조차 어쩌지 못했던 시씨 가문의 특권은 도대체 어디서 온 걸까.

시씨 가문은 송나라 이전의 5대 10국 시대에 섰던 후주(後周)라는 나라 황실의 후예였다. 959년 후주 왕조에서 어린 황제 시종훈이 3대 황제로 즉위하자 휘하의 절도사였던 조광윤이 반란을 일으켰고 어린 황제로부터 황제 자리를 양보(선양, 禪讓)받아 960년 제위에 오른다. 송(宋) 왕조의 시작이다.

오랜 중국 역사에서 자기 자리를 빼앗긴 황제의 여생이 다복했던 예는 극히 드물다. 무기력하게 천수를 누린 이도 있으나 5대 10국의 혼란기에서 망국의 황제는 대개 비참하게 죽임을 당하는 게 '국룰'이었다.

그런데 송 태조 조광윤은 잔인한 전례를 폐기하는 조치를 취한다. 그는 후대 황제들이 반드시 지켜야 할 사항을 돌에 새겨 궁중 깊숙이 둔다. 이른바 '석각유훈(石刻遺訓)'. 이 유훈의 핵심은 두 가지였다.

"후주의 황족이었던 시씨에 대한 보복을 금지하고 항상 우대하라. 신하들의 충언을 유심히 듣고, 설령 황제의 뜻과 다르다고 함부로 벌하고 죽이지 말라." 이 원칙하에서 후주의 황족 시씨들은 송나라가 지속되는 내내 안전하면서도 긍지에 넘치는 세월을 보낼 수 있었던 것이다.

선비를 우대하고 황제의 뜻과 다르다고 해서 그들을 함부로 처벌하지 말라는 유훈도 꽤 충실히 지켜졌다. 당나라가 각 지방의 병권을 쥔 절도사들의 발호로 망했고, 송나라를 세우기 전에 조광윤 자신이 후주의 절도사였던 만큼 무관들을 견제하고 과거제도로 선발된 사대부들에게 힘을 실어주는 문치주의를 확립했다.

이는 송나라 역사 내내 변함이 없었다. "사대부를 함부로 죽이지 않는다"라는 원칙도 나름 잘 지켜졌다. 중국 왕조에서 흔히 볼 수 있는 게 피비린내 나는 신하들의 숙청과 옥사(獄事)지만 송나라 역사에선 그다지 눈에 띄지 않는다.

개혁 정치가 왕안석이 신법(新法)을 실시하며 개혁 드라이브를 걸고, 신법당과 구법당이 격렬한 권력 다툼을 벌여 한쪽이 실각하는 와중에도 좌천되거나 벼슬에서 밀려났을 뿐 목숨까지 빼앗는 사태는 드물었다.

물론 이런 '선비 우대'는 부작용도 컸다. 문치주의를 표방한 송나라는 그만큼 국방력이 약화되어 이웃 나라에 막대한 공물을 바치며 평화를 구걸하는 일이 잦았다. 거란이 흥성할 때도 내내 밀려다니다가 공물을 바치느라 허리가 휘었고, 여진족이 세운 금나라에게 북중국을 빼앗긴 건 물론 황제가 사로잡혀 오늘날의 만주 지역으로 끌려가는 일(정강의 변)도 겪는다. 송 왕조 자체가 끝장난 셈이었지만 황족 하나가 양쯔강 이남에서 송의 명맥을 이으니 남송(南宋)이다.

현 황제와 그 부친인 전 황제가 모조리 적국으로 끌려가고 제국의 수도가 탈탈 털리던 난리판에서 눈에 띄는 장면 하나가 있다. 나라가 무너지는 아수라장 속에서도 송나라 황실은 시씨 가문을 살뜰히 챙겨 피신하도록 도왔다는 것이다.

남송 역시 경제적, 문화적으로 세계 최고 수준을 자랑했으나 무력은 여전히 허약했다. 드물게 북벌(北伐)을 시도했지만 성공하지 못했고, 금나라와 대치하는 선에서 평화를 유지했다. 그러나 머지않아 남송은 금나라와는 비교도 안 되는 세계사적 거인과 맞닥뜨린다.

바로 칭기즈칸의 몽골 제국이었다. 러시아부터 고려까지 당시 알려져 있던 세상의 태반을 제압한 몽골 제국은 금나라도 멸망시켰다. 이때 송나라는 몽골과 손을 잡고 공동 작전을 펴 누대의 원수 금나라를 무너뜨리는 데 성공한다.

송나라 황제 이종은 금나라 마지막 황제 애종의 두개골을 태묘에 바치며 '정강의 변' 당시 금나라에 끌려가 비참한 여생을 보낸 북송 황제 흠종과 휘종의 한을 풀었노라 선언했다. 하지만 그다음이 문제였다.

작은 성공을 이룬 이들이 빠지기 쉬운 함정은 자신감이다. 송나라 조정에선 금나라를 멸망시킨 김에 옛땅을 수복하자는 주장이 힘을 얻었고 황제마저 동조했다. 송나라 군대는 옛 북송의 수도인 개봉과 낙양 등을 목표로 북상하지만 한때 100만 인구를 자랑하던 개봉은 몽골군의 학살과 약탈로 폐허가 되어 있었다. 소득이 전혀 없는 군사 행동이었다.

몽골군은 송나라군의 동태를 낱낱이 지켜보고 있었다. 송나라의 명백한 약속 위반이었다. 결국 얻은 것 하나 없이 몽골에게 전쟁의 빌미만 제공하고 말았다. 송나라 북벌군은 몽골군에게 각개격파되거나 자멸했고 남송은 수세로 돌아섰다. 이윽고 1235년 몽골 제국의 제2대 칸 우구데이가 본격적인 남송 공격을 단행하면서 이후 수십 년을 끈 '몽골-남송 전쟁'이 시작된다.

세계를 제패한 후 화북의 경제력과 인구까지 곁들여진 몽골 대군을 상대할 나라는 전 세계를 통틀어 거의 없었다. 우구데이, 몽케, 그리고 쿠빌라이 등 몽골의 칸들이 국력을 기울여 남송을 여러 차례 공격했다. 남송은 사력을 다해 막아냈지만 워낙 힘의 격차가 컸다. 난공불락을 자랑하던 요새들이 하나둘 떨어졌고, 용감한 장군과 병사들은 도처에서 쓰러지거나 침략자들에게 두 손을 들었다.

| 중국 광둥성 장먼 신후이에 위치한 애산 전투 기념 공원 입구 전경.

● 몽골과 마지막 승부를 벌인 '애산 전투'

1276년 원나라 군대는 마침내 남송의 수도 임안에 육박했고 어린 공제는 항복한다. 하지만 그래도 송나라의 충신들은 포기하지 않고 다른 어린 황족들과 함께 몸을 피한다. 누구라도 황제로 세워진다면 송나라는 망한 게 아니었다. 그렇게 세운 황제가 단종이다.

하지만 열 살도 채 되지 않은 어린 황제는 피난 생활의 고초를 견디지 못하고 시들어 죽고 만다. 원나라 대군은 닥쳐오는데 어린 황제는 죽고 땅과 인구는 거의 빼앗겼다. 반격의 희망은 어디에도 없었다. 돌팔매를 위한 물매마저 잃어버리고 오른팔

　　　　　　　　세계사에 균열을 낸 결정적 사건들

마저 부러진 다윗의 신세라고나 할까.

그러나 기진맥진한 채 한 줌밖에 남지 않았을망정 송나라 사람들은 맥없이 쓰러지지 않았다. 재상 육수부는 이렇게 외치며 사람들의 용기를 북돋운다.

"옛사람들은 일여(一旅, 약 500명) 일성(一成, 사방 10리의 땅)만 있으면 중흥에 성공했다. 문무백관이 있고 사졸들이 수만 명인데 어찌 나라가 아니겠는가."

1278년 4월 송나라의 충신들은 일곱 살 난 조병을 황제로 모시고 오늘날 마카오 근처에 있는 애산이라는 곳에 집결한다. 이 애산 전투를 앞두고 매우 감동적인 역사적 장면이 벌어졌다. 대대로 송나라 황실의 보호를 받았던 시씨 가문 사람들이 이 절망적인 전투에 참여하고자 모여든 것이다. "송나라 300년의 은혜를 갚겠습니다"라며 말이다.

남송 의병들의 의기는 드높았지만 애초에 될 싸움이 아니었다. 구름처럼 몰려드는 원나라 함대 앞에서 남송의 저항군들은 전 함대에 진흙을 뒤집어씌우고 서로를 꽁꽁 묶는다. 『삼국지』의 적벽대전에서 방통이 화공(火攻)을 성공시키고자 조조를 꼬드겨 함대를 서로 얽어매게 만든, 이른바 연환계(連環計)처럼.

그렇게 배를 묶는다는 건 거대한 불쏘시개를 만드는 격이었지만, 다른 한편으로는 누구도 몸을 빼서 도망갈 수 없다는 절망적인 몸부림이었다. 배에 바른 진흙은 불화살을 조금이라도 막아 저항의 시간을 늘리려는 것이었다. 그야말로 결사의 각오.

불꽃 같은 전투가 벌어졌다. 남송의 최고위층부터 말단 병사들까지 혼연일치가 되어 싸우는 가운데 남송의 마지막 황제 조병 역시 배 위에 있었다. 곧 마지막 재상으로 기록될 육수부는 관복을 갖춰 입고 황제에게 유교 경전 강의를 했다고 한다. 원나라군이 황제를 포위하는 최후의 순간이 다가오자 육수부는 어린 황제를 안고 바다에 뛰어들었다.

애산에 모인 남송의 황족, 귀족, 시씨 가문 사람들, 그리고 몽골의 지배를 거부한 군인과 백성들은 꿋꿋하게 싸우다가 모두 전사한다. 전투가 끝난 뒤 바다에 떠오른 시신만 10만여 구였다고 한다. 세계 역사에 수많은 승리와 패배가 있었지만 애산 전투만큼 장렬한 종말은 찾아보기 힘들 정도다.

후세 사람들은 "살아서 송나라의 신하였으니 죽어선 송나라의 귀신이 되겠다(송나라 장군 범천순)"라고 외치며 싸운 송나라 사람들의 일편단심, 그리고 애산에서의 최후를 비감하게 기린다. 그런데 정작 궁금한 건 마지막 순간까지도 포기하지 않았던 송나라 사람들의 충성심의 연원이다. 지리멸렬 몰락해 갔던 송나라 황실이 적지 않은 사람들의 용기와 의기를 끌어모을 수 있었을지에 관심이 가는 것이다.

그 비결은 다름아닌 '신뢰'였다. 동서고금 어디에서건 권력을 둘러싼 역사는 배신과 음모로 넘쳐난다. 철석같은 다짐이 종

세계사에 균열을 낸 결정적 사건들

잇장만도 못하게 산산이 찢겨 흩어지는 일이 예사고 권력과 승리 앞에서 한 입으로 두 말은커녕 열 갈래, 스무 갈래 거짓말과 빈말과 흰소리가 난무했던 게 중국과 세계의 역사다.

하지만 장장 300여 년간 절대 권력의 황실이 조상의 약속을 잊지 않고 지켜낸 송나라였기에, 죽으니 사니 해도 이것만은 지키겠다는 다짐을 끝끝내 유지한 나라였기에 송나라의 충신들은, 시씨 가문 사람들은 역사에 남을 항전으로 송나라 황실이 보여준 '신뢰'에 응답했던 게 아닐까.

> "사대부들이 최후까지 혈전을 벌이며 송 황실을 위해 목숨을 바친 일은 송 황실이 300년간 사대부를 우대한 것에 대한 최선의 보답이었으며 송대 문관 정치가 거둔 유종의 미 그 자체였다."[27]

중국 대륙과 한족(漢族)이 이민족에게 완벽하게 정복된 건 이때가 처음이었다. 그래서 극단적인 한족중심주의자들은 "애산 이후 중국은 없다"라고 강변하기도 했다.

하지만 무너지는 과정에서 빛나고 몰락하는 암흑 속에서 더

---

27 진정, 김효민, 『중국 과거 문화사』 동아시아, 2003.

선명했던 송나라 사람들의 의기, 그리고 그 의기의 원천이 되었던 송나라 황실의 신의(信義)는 중국인들의 기억 속에 오히려 선명하게 남았다.

『대송제국 쇠망사』에서 저자 자오이가 이렇게 말하고 있는 것처럼 말이다. "송대의 진정한, 독특한 정신이 중국이라는 세계의 장기적인 통일과 안정 구도를 다졌다." 그는 이렇게 덧붙인다. "한당(漢唐) 이후에는 한당이 없었지만 송 이후 중국은 영원한 중국이다."

애산 전투는 용감한 약자들의 위대한 패배였다. 신뢰와 가치로 뭉친 약자들의 패배는 때로 세상없는 강자의 승리보다 큰 위력으로 역사에 흔적을 남긴다. 여기서 문득 엉뚱한 질문이 스스로에게 날아든다.

우리들의 대한민국이, 대한민국 정부가 "이것만은 지키겠다"라고 내밀었던 가치는 무엇이었을까. 그 약속은 얼마나 성실하게 지켜졌을까. 그리고 우리는 정부에 대해, 우리의 가치에 대해 어느 정도의 믿음을 갖고 있을까.

"내가 쓰러진다 해도
여기서 본 걸 기억해 주시오"

$\diamond$ — $\diamond$ — $\diamond$

남북전쟁 당시 흑인들로 구성된 매사추세츠 54연대

미국의 남북전쟁이 한창 치열하게 벌어지던 1862년 9월 22일 에이브러햄 링컨 대통령은 노예 해방을 선언한다. 이는 '예비 선언'이었고 1863년 1월 1일 정식으로 포고한다. 그런데 선언 을 읽어 내려가다 보면 이런 대목을 발견할 수 있다.

"적합한 조건을 갖춘 자는 미군에 입대해 각 요새, 진지 및 기타 부서와 모든 선박에 배치될 수 있음을 알린다. 정의 실현 을 위한 확고한 믿음과 헌법에 의해 보증되며 군사적 필요에 따 른 이 선언에 전능하신 하느님의 은총과 인류의 신중한 판단이 함께하길 기원한다."

미국의 남북전쟁은 애초에 '노예 해방 전쟁'으로 시작된 게 아니었고 노예 해방을 위한 성전(聖戰)도 아니었다. 오히려 북부의 산업 자본가와 남부의 대지주 간의 경제적 이해 갈등의 뿌리가 더 깊다.

링컨 대통령 개인은 노예 제도를 혐오했지만 "노예를 해방하지 않아야 연방을 지킬 수 있다면 그렇게 하겠다"라고 공언할 만큼 연방 수호에 모든 걸 걸었고, 연방을 탈퇴한 남부에 대한 응징이 곧 전쟁의 시작이었다.

북부인들이라고 해서 흑인들의 자유에 목숨을 걸 만큼 열정적이었던 건 결코 아니었다. 노예 제도 자체는 혐오할망정 흑인들과 자신들이 평등하며 더불어 살아야 한다는 사실을 받아들이는 사람들은 적었다.

경제적으로, 군사적으로 북부가 압도적인 우위를 점하고 있었음에도 불구하고 남군의 저항은 만만치 않았다. 북군은 전쟁 초기 여러 번 치명적인 패배를 겪었고 수도 워싱턴이 위협받는 사태에 직면하기도 했다.

병력 소모도 엄청났다. 전쟁으로 점철된 미국 역사에서 가장 많은 희생자를 낳았던 게 바로 남북전쟁이다. 링컨으로선 전쟁의 명분을 부각시킴과 더불어 남부의 경제적 기반인 노예 제도를 뒤흔들고 북군의 힘을 강화할 획기적인 조치가 필요했다. '노예 해방 선언'의 노림수 중 하나였다.

세계사에 균열을 낸 결정적 사건들

배경이 어찌 되었든 링컨의 노예 해방 선언의 의미는 결코 작지 않다. 흑인들은 물론 노예 제도를 인간으로서, 기독교인으로서 수용하기 어려운 범죄로 여겨 온 일부 백인들도 열렬히 환호했다. 그중 하나가 매사추세츠 주지사 존 앨비언 앤드루였다.

그는 열렬한 노예 폐지론자이자 무장투쟁을 통해서라도 노예들을 해방시키겠다며 봉기를 일으키고, 연방군과 끝까지 맞서 싸우다가 사형당한 존 브라운의 옹호자이기도 했다. 노예 해방 선언 지지의 일환으로, 앤드루는 '흑인 연대'를 창설하기로 결심한다.

이에 따라 자유인이 된 지 오래였던 북부의 내력 있는 흑인 가문 자제부터 남부의 목화 농장에서 갓 도망친 노예까지, 자유와 해방을 위한 전의(戰意)에 불타는 흑인들로 구성된 매사추세츠 54연대가 창립된다. 하지만 그 시작은 창대하고 유의미했을망정 현실의 벽은 만만치 않았다.

잠깐 오늘날로 돌아와 보자. 인종차별이 야만적인 행위라는 교육을 받았고, 역사 속에서 '조센징'이니 '구욱'이니 하는 인종차별의 멸칭을 들으며 살았던 한국인들조차 자기 동네의 이슬람 성원 공사 자체를 막으려고 발버둥 치던 모습을 떠올려 보자. 하물며 노예 제도가 수백 년 동안 엄존했던 미국에서, 보통 사람들이 흔쾌히 '흑인 미군'을 수용할 수 있다면 오히려 그게 더 이상할 것이다.

흑인 부대는 출발부터 "제대로 싸울 수나 있을까?" 하는 의심과 "검둥이들을 노예로 부려선 안 되겠지만 우리와 동등할 수는 없다"라는 냉소와 "검둥이들 주제에 무슨 군인이야. 식량이나 나르고 땅이나 파면 되지!" 하는 차별에 직면해야 했다.

과감하게 연대를 창립한 앤드루 주지사 역시 54연대의 지휘관만큼은 백인이 맡아야 한다는 조건을 수용할 수밖에 없었다. 지휘관을 할 흑인 장교 자체가 없었으니 어쩔 수 없는 선택이었겠지만.

이때 앤드루 주지사는 "피부색에 대한 천박한 편견보다는 확고한 반노예제 신념을 가진 장교를 임명하기로"[28] 결심한다. 그의 선택은 역시 투철한 노예해방론자였던 프랜시스 조지 쇼의 아들 로버트 굴드 쇼 대령이었다.

당초 쇼 대령은 이 임무를 꺼려 했다고 한다. 그가 싸워야 할 대상이 남부의 군대만은 아니라는 걸 아는 이상 당연한 망설임이었다. 장구한 역사적 유산인 인종차별의 벽에 맞서는 건 기본이었다.

그때껏 누구도 경험해보지 못한 임무, 즉 흑인들을 훈련시켜 전투에 나서게 한다는 막중한 부담감에다가 1862년 12월

---

28 마크 C. 칸즈 외, 손세소 외, 『영화로 본 새로운 역사』 소나무, 1998.

남부 연합 대통령 제퍼슨 피니스 데이비스가 선언한 바대로 흑인 병사와 그들을 지휘하는 백인 장교는 '비열한 반란 선동'을 이유로 체포되는 즉시 처형당할 거라는 협박도 이겨내야 했다.

54연대장으로 취임한 쇼 대령은 맹훈련을 거쳐 흑인 부대원들을 정예병으로 성장시킨다. 출정 준비를 마친 후 보스턴 거리를 보무당당하게 행진하며 시민들의 환호를 받는다. 하지만 그들의 첫 번째 적은 역시 남군이 아니라 뿌리 깊은 차별의 그림자였다.

쇼 대령이 앤드루 주지사에게 보낸 편지 중 일부다. "워싱턴에서 흑인 부대 봉급을 삭감한다는 지시를 받으셨을 줄 압니다. 다른 부대와 나란히 함께할 수 있다고 생각하며 입대한 연대원들에게 중대한 영향을 미칠 수 있습니다. 제 의견으로는 봉급을 전액 지불하지 못한다면 퇴역시키는 게 맞습니다."

참전 직후 그의 연대원들은 전투 현장이 아니라 노동 현장에 집중 투입되었다. "흑인 주제에 무슨 전투" 하는 편견의 소산이었다. 또 남군 근거지 소탕을 위해 남부 민간인 마을에 불을 지르고 약탈하라는 등의 잡스러운 임무를 맡는다.

쇼 대령은 또 한 번 분노한다. "약탈이나 방화는 우리 연대에 적합한 일이 아닙니다!" 그렇게 그는 상관들에게 전투에 참가하게 해 달라고 졸랐고 점차 그 기회를 얻어나간다.

전공을 탐하는 군인이어서도 아니고 노예주에 대한 복수심에 불타는 흑인 부대이기 때문도 아니었다. "인권이란 인간다운 삶을 살기 위해 '싸울 수 있는 권리'의 다른 이름"(문학평론가 고봉준)이라는 말처럼 그들의 전투는 인류를 오래도록 짓눌러 온 노예 제도의 불의와 잔혹함에 대한 도전이었고, 인종차별이라는 거대한 독(毒)나무의 줄기에 생채기라도 내고 싶은 절박한 의지였다.

● "마침내, 빌어먹을 해병이 되었군"

마침내 54연대는 최고의, 동시에 최악의 기회를 맞는다. 남북전쟁 종전 때까지도 함락되지 않을 만큼 난공불락이었던 와그너 요새 공략 임무를 맡게 된 것이다.

54연대 이야기의 전말을 담은 영화 〈영광의 깃발〉에서 요새를 향해 돌격하기 직전, 쇼 대령은 종군 기자에게 편지를 맡기며 한마디를 남긴다. "내가 쓰러진다 해도 여기서 본 걸 기억해주시오."

영화 속 명장면 가운데 하나. 뻔한 죽음으로 향하는 흑인들을 묵묵히 바라보던 백인 병사 중 하나가 우렁차게 소리를 지른다. "해치워라 54연대!" 곧이어 백인 병사들의 환호가 54연대를 뒤덮는다.

백인 병사들이 마음으로 흑인 병사들을 응원하고, 흑인들을 '전우(戰友)'로 또 동등한 군인으로 받아들이는 순간이었다. 긍

세계사에 균열을 낸 결정적 사건들

| 54연대의 포트 와그너 요새 전투 전경도.

지와 긴장이 범벅이 된 얼굴로 54연대는 환호 속을 행진한다.

이윽고 54연대는 다윗처럼 용맹스럽게 골리앗처럼 버티는 와그너 요새를 향해 돌격해 들어간다. 그러나 험난한 지형과 남군의 포화는 그들의 용기를 매정하게 가로막았다.

수많은 병사가 쓰러지는 가운데 선봉에 서서 돌격하던 쇼 대령 역시 남군의 총탄에 심장을 꿰뚫리고 만다. 돌격이 끝난 뒤 남군 병사들은 흑인 병사들의 시신을 구덩이에 던져 넣었다. 그중에는 발가벗겨진 쇼 대령의 시신도 있었다.

전투 중 전사한 고급 장교의 시신은 수습해 돌려주는 게 당시 불문율이었다. 그러나 남군 장교는 쇼 대령의 시신 양도를 요청하러 온 북군 장교에게 내뱉는다. "검둥이들과 같이 묻었소." 남군 장교로선 쇼 대령을 모욕하고자 했던 말이었다. 즉 "그는 그가 사랑하는 짐승들과 같은 부류요"라는 뜻을 표현하고 싶었던 것이다.

그러나 이 소식을 들은 쇼 대령의 아버지는 말한다. "용감하고 헌신적인 병사들에게 둘러싸여 누워 있는 그곳이야말로 더 성스럽고 안락한 안식처가 아니겠는가."

54연대의 분투 이후 약 20만 명에 달하는 흑인이 참전했고 그중 4만여 명이 전사한다. 하지만 54연대의 분투로 군대 내에서의 흑백 차별이 사라진 건 절대로 아니었다. 54연대는 쇼 대령의 전사 이후로도 제대로 된 봉급을 받지 못했다.

와그너 요새 전투에서 네 번이나 총탄을 맞으면서도 끝내 군기를 떨어뜨리지 않고 지켜낸 윌리엄 하비 카니 상사는 무려 37년 뒤에야 의회 명예 훈장을 받을 수 있었다.

노예 제도는 역사의 뒤안길로 사라졌지만 알다시피 차별의 문제는 150년이 지난 지금도 언제든 덧날 수 있는 상처로 인류의 심장에 남아있다.

역사에서 골리앗 같은 강적을 거뜬히 이기는 소년 다윗 같은 예는 사실 드물다. 맥없이 쓰러져 '공중의 새들과 들짐승들의 밥'이 되는 경우가 훨씬 더 많고 일반적이다.

세계사에 균열을 낸 결정적 사건들

하지만 누군가 다윗의 용기를 내지 않는다면, 그리고 골리앗처럼 거대한 세력과 맞서 싸우지 않는다면 우리가 역사를 돌아볼 까닭도 없을 것이다.

쇼 대령과 54연대의 흑인 병사들은 전투에서 이기지 못했지만 단단한 돌팔매를 던지고 죽어갔다. 골리앗을 쓰러뜨리진 못했으나 돌팔매 자국은 뚜렷이 남아 뒷사람들의 과녁이 되었다. '자유를 지키는' 미합중국 군대에 합류하고 동등한 국가 구성원으로 인정받고자 흑인들은 그 후로도 결연하게 노력했다.

1876년 제정된 '짐 크로우법', 즉 분리 차별법은 '평등하지만 분리된다'라는 해괴한 논리로 무려 1965년까지 엄존했다. 사회적 의무를 수행하고 권리를 향유하는 '시민'을 인종에 따라 합법적으로 분리할 수 있었던 것이다.

1914년 제1차 세계대전이 발발했을 때 수만 명의 흑인들이 자원 참전했다. 그러나 그들은 반세기 전 매사추세츠 54연대 선배들 이상으로 극심한 차별을 겪었다. 전투 병과에는 참여가 제한되었고 해병대와 항공대에는 접근조차 할 수 없었다. 심지어 전투에 투입할 경우 다른 나라 군대에 '대여'되기도 했다. 백인 미군들은 흑인들과 함께 싸울 수 없다고 우겼다.

노스캐롤라이나 출신의 윌리엄 헨리 존슨은 소속 부대와 함께 프랑스군에 배속되어 프랑스군 군복을 입고 독일군과 싸웠다. 그는 독일군의 기습에 맞서 적군 네 명을 죽이고 포로가 된

전우를 구출하는 용맹을 과시했다. 실탄이 떨어져 육박전을 벌였기에 온몸에 부상을 입었을 만큼의 투혼이었다.

"프랑스 정부는 헨리 존슨에게 무공십자훈장을 수여했다. 하지만 미국은 그에게 어떤 훈장도, 부상 군인에게 수여하는 퍼플하트 훈장도 주지 않았다. 프랑스군 작전에 투입됐다는 게 공식 이유였지만, 진짜 이유는 피부색이었다."[29] 존슨은 죽은 지 70여 년이 흘러서야 퍼플하트 훈장을, 그리고 2015년 세상을 떠난 지 한 세기 가까이 지나서야 명예 훈장을 받았다.

1941년 6월 25일 미국 프랭클린 D. 루스벨트 대통령은 '대통령 행정명령 8802호'에 서명했다. "정부 기관과 연방 사업자들은 국가 방위사업에서 인종, 종교, 국적에 따른 고용 차별을 할 수 없다"라는 것이었다.

더욱이 그해 12월 일본군의 진주만 기습으로 미국이 본격적으로 전쟁에 뛰어들자 흑인들에게도 '나라'를 위해 싸울 권리와 기회가 '법률적으로는' 확실히 주어진 것이었다.

미 육해군 가운데 흑인에게 가장 늦게 문호를 개방한 건 해병대였다. 루스벨트의 고용 차별 금지 선언 때 해병대 사령관 토머스 홀컴은 일갈했다. "백인 해병 5천 명과 검둥이 해병

---

29 〈한국일보〉, 2021년 7월 15일.

25만 명 가운데 어느 쪽을 지휘할 거냐고 누가 물으면 나는 단연코 백인 부대를 택하겠다." 참으로 꽉 막힌 인간, 진정코 거대한 편견의 벽.

그래도 1942년 6월 흑인 해병대가 창설된다. 하지만 그들이 군인이 되는 과정은 70년 전의 54연대보다 더 험난했으면 험난했지 평탄하진 않았다. 해병대에 자원한 흑인들은 기차에 실려 '몽포드'라는 지역에 도착했는데 말이 훈련소지 일체의 건물이 없었다고 한다. 나라 위해 싸우겠다고 온 흑인들은 '훈련하면서 건물을 짓는' 악전고투를 치러야 했다.

그렇게 2만 명의 흑인 해병이 배출되었고 태평양 전선 곳곳에서 복무했다. 그들은 주로 가장 빛을 보지 못하면서, 가장 위험하면서, 가장 귀찮은 임무에 투입되었고 일본군만큼이나 싫은 동료 백인 병사들의 눈길과 입놀림과 주먹질에 시달려야 했다. 그래도 그들 중 일부는 죽기 전 국가로부터 보은을 받을 수 있었다.

2012년 미국 해병대 사령관 제임스 F. 에이머스 대장은 이들 흑인 해병대의 기억을 되살리고 생존자들에게 의회 금메달을 수여했다. 70년 만에 공적을 공식 인정한 것이었다. 이때 금메달을 수여받은 조지프 스미스의 기묘하지만 절절한 수상 소감은 여러 사람의 마음을 울린다. "마침내, 빌어먹을 해병이 되었군."[30] 통렬한 반어법 속에 담긴 한과 기쁨의 뒤범벅이라고나 할까.

조지프의 옆에는 그로부터 약 150여 년 전 죽어간 매사추세츠 54연대의 쇼 대령 이하 흑인 병사들과 제1차 세계대전에 참전해 전사하거나 공적을 인정받지 못하고 사라져 간 흑인들이 나란히 서서 기뻐하고 있었을지도 모른다.

"그래! 조지프 자네는 빌어먹을 해병이 되었군!" "이봐! 조지프, 자네는 그래도 공을 인정받았잖아. 나는 사람들이 이름도 기억하지 못한다고." "어쨌든 축하하네, 조지프!" 하고 떠들면서 말이다.

아마도 쇼 대령은 이렇게 말하며 미소지었을 것이다. "내가 말했잖나. 내가 쓰러진다 해도 여기서 본 걸 기억해 달라고."

결국 기억이 세상을 움직인다. 아울러 오늘날 우리 곁에서 골리앗과 대항해 싸우는 사람들은 없는지 살펴보자. 그리고 그들을 기억하자. 그들 역시 우리에게 이렇게 말하고 있을 수도 있으니까. "우리가 쓰러진다 해도, 우리를 기억해주시오."

---

30 <경향신문>, 2012년 7월 27일.

세계사에 균열을 낸 결정적 사건들

세계사 최대 '빌런'에 저항한 이는 평범한 노동자

히틀러 암살을 시도한 게오르크 엘저

세계사 최대의 '빌런'을 꼽는다면 누구일까. 누구도 그를 옹호할 수 없고, 그 일면조차 긍정적으로 평가하기 조심스러운 대상. 누구나 그 악행에 치를 떨고, 상대방을 그에 빗대는 것조차 최대의 모욕으로 여겨지는, 최악의 구제불능 말이다.

사람에 따라 다른 답이 나오겠지만 대체로 한 사람의 이름 앞에선 명함을 내밀기 어려울 것 같다. 바로 나치 독일의 총통 아돌프 히틀러다. 히틀러와 그의 추종자들이 저지른 반인륜적 범죄는 새삼 설명할 필요가 없을 것이다.

더해 우리가 고개를 가로저으면서도 꼼꼼히 돌아봐야 하는 역사는 당시 독일 국민들이 히틀러에게 보냈던 열광적이고 압도적인 지지가 아닐까 한다. 세계사 최악의 빌런은 그 국민들로부터 세계사를 통틀어 보기 힘든 사랑과 성원을 받았던 것이다.

독일의 수백만 청소년이 거의 의무적으로(상당수는 자발적으로) 가입했던 히틀러 유겐트, 즉 히틀러 소년단의 맹세를 읽다 보면 누군가에 대한 정치적 지지와 존경심이 위험한 맹목으로 쉽게 빠져들 수 있다는 사실을 절감한다.

"나는 독일국의 지도자이자 수상인 아돌프 히틀러에게 충성과 용기를 맹세합니다. 우리는 죽을 때까지 당신과 당신이 선택한 상관에게 복종할 것을 굳게 약속합니다."

임마누엘 칸트와 게오르크 빌헬름 프리드리히 헤겔의 나라, 세계에서 손꼽히는 과학자들을 배출하고 요한 볼프강 폰 괴테와 루트비히 판 베토벤의 예술혼을 빚어냈던 나라 독일의 국민들은 불가사의한 광기에 사로잡혀 '하일 히틀러'를 부르짖었다.

물론 모든 독일인이 히틀러에게 열광한 건 아니었다. 히틀러의 전쟁에 반대하고, 나치의 폭력에 분노하는 사람들은 소수일지언정 분명히 존재했다. 절대다수의 독일 국민으로부터 "자신들의 생활과 세계를 위협하는 존재이자 전시하에선 자국 독일의 패배를 도모하는 반역자" 취급을 받으면서도 "아무에게도 알릴 수 없는 고독한 현실에 투신한"[31] 골리앗 앞의 다윗 같은 사람들은 어김없이 있었다.

책 『히틀러에 저항한 사람들』에 따르면 히틀러에 대한 암살 시도만 해도 40건이 넘었다. 톰 크루즈 주연의 영화 〈작전명 발키리〉의 주인공 클라우스 폰 슈타우펜베르크 대령의 히틀러 암살 기도는 특히 유명하다.

슈타우펜베르크 대령에겐 동지들이 많았다. 그를 반(反)히틀러 조직에 끌어들였다는 헤닝 폰 트레슈코프 대령은 이렇게 얘기하곤 했다. "독일과 세계를 사상 최대의 범죄자들로부터 해방시키기 위해선 몇 사람이든 허물이 적은 사람들이 목숨을 걸고 행동해야 한다."

1944년 6월 노르망디에 연합군이 상륙했고 복수심에 불타는 소련군은 동부전선의 독일군을 무찌르며 밀고 들어왔다. 히틀러를 죽이지 않아도 독일의 패배는 명약관화한 상황에 이르렀다.

절치부심 히틀러를 죽일 기회를 노리던 트레슈코프 대령 역시 동부전선으로 차출되면서 손수 히틀러를 없앨 기회를 놓치고 만다. 그 대신 거사를 결행하기로 한 이는 슈타우펜베르크였다. 이때 슈타우펜베르크가 트레슈코프에게 묻는다. "독일의 패망이 확실한 마당에 히틀러 암살이 무슨 의미가 있겠는가."

---

31 쓰시마 다쓰오, 이문수, 『히틀러에 저항한 사람들』 바오, 2022.

어차피 전쟁은 독일의 패배로 끝날 것이고 히틀러는 전범으로 처벌받을 것이다. 그리 까마득한 미래도 아니고, 머지않아 그렇게 될 것이다. 그런 판에 자신과 소중한 동지들과 무고한 가족들의 생명과 안위를 다 걸고 히틀러를 암살해야 할 이유가 있는가 하는 질문이었다.

이에 트레슈코프가 한 대답은 절망적인 가능성에 개의치 않고 대의를 위해 목숨을 바쳐온 사람들의 전범(典範)과도 같았다. "실제 목적(암살)은 문제가 아니다. 차라리 그것보다도 세계의 역사 앞에서 독일의 저항운동이 목숨을 걸고 결정적인 행동으로 나아갔다는 것이 중요하다. 그 밖의 것은 어떻게 되든 아무런 문제가 아니다."[32]

영화 〈암살〉 속 안옥윤의 명대사를 떠올릴 수 있을 것이다. "(악질 친일파와 일본군 사령관) 둘을 암살한다고 독립이 되는 건 아니지만, 알려줘야지. 우리는 계속 싸우고 있다고."

트레슈코프와 슈타우펜베르크 역시 침략 전쟁에 가담한 군인이었음은 분명하다. 트레슈코프는 폴란드에서 아동 유괴 등 전쟁 범죄에 가담한 혐의도 있다. 하지만 그들은 '폰'이라는 귀족 칭호가 들어간 명문 집안 출신들에 잘 교육받은 엘리트들이

---

32 위의 책.

었으며 독일에 대한 애국심에 불탔다.

　명문 출신의 엘리트들인 만큼 히틀러 따위에게 유린되는 독일을 바라보며 모욕감을 느끼고 조국을 도탄에서 구해야 한다는 책임감을 지니게 된 건 어쩌면 당연한 수순이었으리라.

　그런데 '세계사 최대의 악한' 히틀러를 죽이려던 사람 가운데는 슈타우펜베르크류와는 완전히 동떨어진 세상을 살았던 사람도 있었다. 게오르크 엘저가 바로 그다.

● 중요한 건 "무엇을 느꼈느냐"

독일이 폴란드를 침공하고 영국과 프랑스가 독일에 선전포고하면서 제2차 세계대전의 막이 오른 두어 달 후인 1939년 11월 8일, 독일 뮌헨에선 이른바 '맥주홀 봉기 16주년'을 기념하는 행사가 열렸다.

　맥주홀 봉기란 1923년 11월 8일 뮌헨의 뷔르거브로이켈러 맥주홀에서 일어난 히틀러와 나치당의 쿠데타 시도를 말한다. 이때 맥주홀에선 독일 11월 혁명(독일 제2제정의 종말과 바이마르 공화국 수립의 계기가 된 사건) 5주년 기념식이 열리고 있었다.

　당시 우파가 장악하고 있던 바이에른 지방정부 요인들도 함께하고 있었는데 히틀러는 나치 돌격대를 동원해 맥주홀을 포위하고 바이에른주 정부의 해산과 과도 정부 수립을 선포했다. 하지만 쿠데타는 어설펐고 정규군이 동원되면서 맥없이 끝나

1939년 11월 8일, 독일 뮌헨의 뷔르거브로이켈러 맥주홀에서 있었던 '맥주홀 봉기 16주년 행사' 폭탄 테러 직후의 모습.

버렸다.

히틀러는 체포되어 감옥에 들어가는데 여기서 그의 악마적 사상을 담은 『나의 투쟁』을 저술한다. 바야흐로 영국, 프랑스와 전쟁이 터진 상황에서 히틀러가 독일 전역의 관심을 끄는 유력한 정치인으로 떠오르는 계기가 된 '맥주홀 봉기 16주년 행사'는 히틀러로선 빼놓을 수 없는 이벤트였다.

히틀러는 뮌헨을 찾아 특유의 광기 서린 열변으로 청중의 환호를 받았다. 본디 그는 비행기를 타고 이동할 계획이었는데 유독 그날 뮌헨에 안개가 자욱하게 껴서 이륙이 불가능했기에 계획보다 빨리 연설을 끝내고 연단을 떠났다.

그런데 그가 행사장을 떠난 지 13분 뒤 행사장에서 무시무시한 폭발이 일어났다. 행사가 끝난 뒤였음에도 불구하고 여덟 명이 죽고 수십 명이 부상당했다. 누가 봐도 명백한 히틀러 암살 음모였다. 나치 당국은 영국 정보부의 음모라고 확신했다.

그런데 사건 당일 한 독일인 목수 게오르크 엘저가 스위스 국경을 몰래 넘으려다가 세관에 체포된다. 처음에는 별 것 아닌 사건이었으나 그의 소지품 속에서 폭발 장소인 맥주홀이 담긴 엽서와 폭탄 제조 과정 스케치 등 관헌들의 눈이 충혈될 만큼 충격적인 증거물들이 발견되면서 상황은 급반전한다.

"도대체 당신 정체가 뭐야. 왜 이런 걸 갖고 있어." 가혹한 추궁이 이어졌고 엘저는 또 한 번 관리들을 경악시킨다. "내가 맥주홀에 폭탄을 설치했소."

나치는 당황했다. 그는 독일 내에서도 나치 지지세가 드높은 지역 출신이었고, 명문에 엘리트는커녕 초등학교만 겨우 나와 평생 목수 일만 하며 산 사람이었다. 공산당에 가입한 적은 있지만 혁명 이론 같은 것에는 별 관심이 없었고, 알코올 의존자였던 아버지의 빚을 갚느라 허덕이며 살았다. 그야말로 독일인 장삼이사 중 하나가 자그마치 '총통'을 암살할 목적으로 시한폭탄을 만들어 터뜨리다니 믿을 수 없었던 것이다.

나치는 끝까지 엘저가 영국 정보부의 끄나풀이라고 우겼다.

히틀러는 말할 것도 없고 전쟁이 끝난 뒤에도 많은 독일 국민들은 그가 거대한 공작의 일각일 뿐이라고 여겼다. 그러나 결국 밝혀진 진실은 엘저의 단독 범행이었다.

대관절 이 목수는 왜 수천만 독일인이 '구세주'라 여기던 히틀러를 죽일 마음을 먹게 된 걸까. 여기에 대한 엘저의 진술은 단순하지만 명확하다.

"1938년 가을 이후로 전쟁을 피할 수 없는 게 아닌가 하는 생각이 들었습니다. 그렇다면 필사의 각오로 노동자들의 고통스러운 처지를 개선하고 전쟁을 막아야겠다고 생각했습니다. 생각 끝에 현재 국가 지도부를 배제하지 않는 한 독일의 상황은 바뀌지 않을 거라는 결론에 이르렀습니다. 그런 결심을 하기 전까지 공장에서 화약이나 기계 부품을 훔칠 생각은 없었습니다."

조직에 가담한 것도 아니었고 도움을 줄 동지들도 없었다. "저 사람은 다시 전쟁을 일으킬 것이고 나는 그것을 막아야 한다"라는 단순한 신념 하나로, 이 우직한 목수는 히틀러 암살을 홀로 계획하고 실행에 옮긴다. 그는 히틀러의 연설이 예정된 맥주홀을 수십 번 잠입해 기둥 속을 긁어내고 그 안에 폭탄을 채웠다. 히틀러가 연설하는 시간에 맞춰 폭탄 타이머를 장착했다.

수천만 인류의 생명을 앗아갈 악마적 인간을 꿰뚫어 봤던 엘저가 히틀러 암살을 결심할 즈음, 히틀러와 그 하수인들이 전쟁을 향해 질주하던 1930년대 말, 독일군의 긍지 높은 엘리트

세계사에 균열을 낸 결정적 사건들

장교들 일부도 히틀러를 제거할 쿠데타 계획을 세우고 있었다.

하지만 망설임과 우려 속에 계획은 차일피일 미뤄졌고 결국 제 발 저린 가담자들이 발을 빼고 손을 떼면서 끝내 수포로 돌아가고 말았다. 또 전쟁이 벌어지자 히틀러 암살을 꿈꾸던 장교들은 히틀러의 충성스러운 수하로, 전 유럽에 나치의 깃발을 휘날리는 전위대로 전락하고 말았다.

하지만 초등학교만 겨우 나온 목수, 그 이전에는 폭탄을 만져본 적도 없던 엘저는 전쟁을 막기 위해선 히틀러 등을 해치워야 한다는 일념으로 거사를 준비하고 실행에 옮겼던 것이다.

정직하고 용감했던 독일군 장교 슈타우펜베르크와 트레슈코프, 그리고 그와 함께했던 독일인들은 자신들이 받은 교육과 경험, 상식에 어긋나는 나치 정부와 히틀러에 반기를 들었다.

슈타우펜베르크 대령의 마지막 외침은 "영광스러운 독일이여, 영원하라"였다. 히틀러의 독일은 결코 '영광스러운' 독일이 아니었기에 그의 외침은 절박한 것이었다.

그런데 히틀러를 죽여서라도 전쟁을 막아야 한다는 확신을 갖고, 누구의 도움도 받지 않은 채 군인들이나 엘리트들보다 앞서서 홀로 행동으로 옮긴 이가 평범한 노동자였다는 사실은 시사하는 바 크다.

우리는 뭔가 해보려는 사람들에게 곧잘 "네가 뭘 안다고 그러느냐"라며 타박할 때가 있지 않은가. "네 주제에 무슨 그런 말을 하며, 뭘 할 수 있다고 그러느냐"라며 타박하는 경우가 많지 않은가.

하지만 역사 앞에 용감했던 이들을 돌아보면 중요한 건 얼마나 아느냐보다는 무엇을 느꼈느냐의 문제다. 엘저가 느낀 건 참혹한 전쟁을 다시 되풀이할 수 없으며, 그 전쟁을 불러올 사람을 나라도 죽여야 한다는 역사적 책임감이었다.

엘저는 교육을 받을 기회는 적었지만 나치의 폭력성에 분노했고, 고향 사람들이 한마음 한뜻으로 오른팔 들어 내미는 나치식 경례를 할 때 혼자 팔짱을 꼈다. 그리고 다가오는 전쟁의 냄새를 누구보다 역겨워했다. 그 결과 이후 수천만 명의 목숨을 앗아갈 전쟁의 책임자들을 정확하게 짚어냈다.

그가 자백한 목표물은 히틀러, 그의 부하 파울 요제프 괴벨스, 그리고 히틀러의 공군 사령관이자 후계자를 자처하던 헤르만 괴링이었다. 세계사 최악 빌런의 시대, 수천만 독일인이 최면에 걸린 듯 '총통 만세'를 부르짖고 마지막 순간까지도 독일과 히틀러를 동일시했던 암담한 나날에도, 당시에는 미약했을지언정 오늘날 우리에게 창대한 빛으로 남은 '세계사의 다윗'들은 얼음 속 흐르는 물처럼 꾸준히 움직이고 있었다.

세계사에 균열을 낸 결정적 사건들

마피아 수백 명을 기소했지만
목숨을 잃은 법조인들

--- ◇ --- ◇ --- ◇ ---

마피아와의 전쟁 이끈 열혈 검사들

한동안 아내는 OTT 플랫폼에서 '추억의 명화'들을 끼고 살았다. 이젠 까마득한 옛날 영화들이 되어버린, 소싯적에 봤던 영화들이 마치 처음 보듯 신선하고 새롭다는 것이다.

1990년대, 1980년대를 돌이켜 섭렵하더니 1970년대 나온 영화 〈대부〉 1·2·3까지 정주행하는 역사를 일궜다. 진작에 본 영화들이 분명한데 하나도 기억나지 않으며, 새삼스레 배우들의 연기도 눈에 들어오는데 더해, '마피아'의 진면목도 새삼 알게 되었다고 들떠서 얘기한다.

알다시피 〈대부〉는 이탈리아 시칠리아에서 미국으로 이민

온 콜레오네 가문이 대를 이어 마피아 조직을 운영해가는 이야기다. 그런데 영화에선 정작 '마피아'라는 단어가 등장하지 않는다. 마피아가 영화 제작진에게 마피아라는 단어를 쓰지 말라고 협박했기 때문이다.

영화의 대본은 마피아의 검열을 거쳐야 했고 제작 과정 역시 마피아의 그림자로부터 자유롭지 못했다는 뜻이다. 어쨌든 '마피아'라는 단어의 대안으로 사용된 게 영화에서 끊임없이 등장하는 '패밀리(family)'다.

영화에 나오는 대로, 그리고 자신들을 다루는 영화에조차 음산한 그림자를 드리울 만큼, 마피아는 미국의 지하 세계를 장악한 건 물론이고 여러 영역에서 불가사의할 만큼의 영향력을 발휘해 왔다. 마피아의 본고장이라 할 이탈리아(특히 남부 이탈리아)에서도 마찬가지였다.

마피아 세력은 막대한 뇌물과 끔찍한 폭력을 두루 휘두르며 악의 제국을 건설하고, 정교하면서도 끈적끈적한 인적 네트워크를 구축했다. 마피아 제국의 통제에 저항하거나 벗어나려는 이들에겐 가차 없는 복수와 응징이 뒤따랐다. 목이 잘리거나 목구멍에 총알이 박히거나 기관단총 난사로 벌집이 된 사람들이 누대에 걸쳐 수도 없이 많았다.

일반 양민들만 희생자였던 건 아니다. 마피아는 막대한 돈과 커넥션으로 공권력을 주무르고 언론과 사법부, 정치인들까

세계사에 균열을 낸 결정적 사건들

지 수중에 넣고 위세를 부렸던 반면, 자신들의 '친구'가 되길 거부하는 경우 상대를 가리지 않고 공격했고 잔인하게 살해했다. 그들 '패밀리'의 일원이 되면 막대한 뇌물과 '빽'이 부여되었지만 그렇지 않은 경우는 창졸간에 내밀어지는 기관단총 총구를 볼 각오를 해야 했다.

그러나 이 절박한 시험 앞에서도, 잔인하게 유서 깊은 범죄의 거인들 앞에서도 용기를 잃지 않고 마피아의 범죄를 증거한 다윗들은 항상 있었다. 이탈리아의 조반니 팔코네 검사와 그의 친구 파올로 보르셀리노 판사가 대표적이다.

이들은 '검사'로 표현되기도 하고 '판사'라고 불리기도 한다. 한국과 달리 이탈리아 검찰은 행정부가 아닌 사법부 소속이고, 판사라는 말은 종종 수사판사(사실상 검사)를 아우르는 의미로 쓰이기 때문이다.

팔코네 검사는 1980년 이탈리아의 시칠리아에 부임한 후 마피아를 상대로 야심만만한, 그러나 위험천만한 전투에 나선다. 역시나 마피아의 힘은 강했다. 마약 담당 검사로 일하던 팔코네는 마피아에 맞서던 선배 및 동료 법관과 경찰관들의 잇단 희생을 참담하게 지켜봐야 했다. 팔코네 자신도 다르지 않았다. "결혼식 때는 보복을 피하기 위해 가족도 참석하지 못하고 사진 한 장 찍지 못한 채 비밀 결혼을 해야"[33] 했을 정도였다.

한 나라의 공권력 수호자의 목숨조차 쉽게 앗아가고 명색이

법을 집행하는 검사들이 마피아의 복수가 두려워 비밀리에 결혼식을 올려야 하는 이 황망한 형국 속에서도, 팔코네를 비롯한 다윗들은 하잘것없는 법과 정의의 돌팔매를 놓지 않았다.

팔코네의 소꿉친구인 보르셸리노 판사 역시 그 일원이었다. 그들은 누가 먼저 죽든 남은 이는 끝까지 마피아 퇴치에 노력할 걸 약속했다고 한다.

마피아에는 '오메르타(Omertà)'라는 침묵의 규율이 있다. 조직의 비밀을 누설할 경우 본인은 물론 가족까지 무자비한 복수를 당한다는 불문율이다. 팔코네와 보르셸리노는 마피아 파벌 간 내분의 틈을 파고들어 중요한 증인을 확보한다.

토마소 부셰타라는 마피아 단원이었다. 마피아 내부의 끝없는 유혈과 음모에 환멸을 느끼고 자살을 기도했던 그를 팔코네가 필사적으로 설득해 사상 최초로 '오메르타'를 깨는 데 성공한다. 자신이 알고 있는 걸 털어놓기 전 부셰타는 팔코네에게 이런 경고를 남긴다.

"팔코네 판사님(검사님) 경고 하나 하겠습니다. 이 재판 이후 당신은 유명해질 겁니다. 그러나 당신은 신체적으로나 직업적으

33 곽한영, 『청소년을 위한 법학 에세이』 해냄, 2020.

로 파멸하게 될 겁니다. 당신은 오늘 코사 노스트라(시칠리아 마피아)에 당신의 목숨과 맞먹는 계좌 하나를 개설했다는 점을 명심하십시오."[34]

경고를 하는 부셰타나 받는 팔코네나 그 경고의 의미와 역사를 모르지 않았다. 그 경고가 아니더라도 자신의 선배, 동료들의 처참한 최후를 지켜봐 온 팔코네는 자신에게 닥칠 위험을 충분히 예감하고 있었다.

그럼에도 불구하고 팔코네 검사는 마피아라는 거인의 심장을 향한 정의의 돌팔매를 멈추지 않는다. 오메르타를 깬 부셰타의 증언을 근거로 '아바테 조반니 외 706명', 즉 무려 707명에 달하는 마피아 보스와 조직원을 기소한 것이다.

● 마피아 344명에게 내려진 형량 2,665년

이들을 기소하기까지도 천신만고였지만 재판 또한 쉽지 않았다. 마피아는 국가 권력을 두려워하는 집단이 아니었다. "돈세탁을 체계화해 이탈리아 경제의 40%에 이르는 지하경제에 투자망을 구축하고 정치가들에 대한 대규모 뇌물 공세를 벌이고

---

34   마리 자겐슈나이더, 이온화, 『재판』 해냄, 2003.

그들이 미는 입후보자를 의회에 진출시켜 반마피아 입법을 원천 봉쇄하고, 그것도 불가능하면 마피아 퇴치에 열성적인 요인들을 암살하는 폭력 공세에 나서 법을 집행할 팔다리를 잘라 버리는[35] 실로 가공할 집단이었다. 재판 자체의 안위조차 장담할수 없었다.

마피아 재판은 이탈리아의 국가적 행사로 나아간다. 재판은 "구치소 안에 특별히 튼튼한 벽으로 건설한 8각형 벙커 형태의 법정에서 이뤄졌다. 미사일 공격에도 끄떡없도록 설계된다. 무장한 마피아가 쳐들어 오거나 폭탄으로 벽을 부순 뒤 법정에 난입해 보스와 조직원을 구출하는 일을 막기 위해서였다."[36]

이 '초대형 재판(Maxiprocesso)'을 방해하고자 마피아는 온갖 수단을 동원한다. 증인 토마소 부셰타의 두 아들은 아버지의 옛 동료 손에 목이 졸려 죽었고, 난다 긴다 하는 변호사들이 달라붙어 재판을 방해하고 한없이 늘어뜨렸으며, 마피아에 포섭된 정치인들이 벌이는 로마발(發) 방해 공작도 치열했다.

그럼에도 불구하고 팔코네는 344명의 유죄 판결을 끌어내는 데 성공한다. 그들에게 내려진 형량의 총량은 무려 2,665년

---

35 〈한겨레〉, 1992년 7월 24일.

36 〈중앙일보〉, 2020년 11월 26일, '채인택의 글로벌 줌업'.

| 조반니 팔코네 검사와 파올로 보르셀리노 판사.

이었다. 마피아라는 골리앗 최초의 참패였다.

그러나 마피아, 그리고 마피아와 결탁한 이들과의 투쟁을 멈추지 않았던 팔코네 검사에게도 비극이 닥쳐온다. 1992년 5월 23일 팔코네 검사는 마피아가 장치한 고성능 원격 조정 폭탄 테러에 목숨을 잃고 말았다. 주변에서 지진이 난 줄 알았다고 할 만큼 큰 폭발이었고 팔코네뿐만 아니라 그의 아내, 경호원들도 함께 흔적도 없이 사라졌다.

"누군가 먼저 죽으면 이어서 마피아와 싸우자"라고 맹세한 친구 보르셀리노 판사가 유업을 이었지만 정확히 57일 뒤 그 역시 마피아의 손에 폭살당하고 만다. 온 이탈리아를 뒤덮은 괴물 크라켄 같은 마피아를 상대로 고군분투하던 다윗들은 그렇게 쓰러졌다. 그러나 그들의 용기는 침묵하던 사람들의 분노를 깨웠다.

팔코네 검사 부부와 수행원들, 그리고 보르셀리노 판사의 장례식은 국장(國葬) 수준으로 치러진다. 대통령과 수상이 성당에서 열린 장례식에 참석은 했지만 "무슨 낯짝으로 여기에 왔느냐"라는 시민들의 분노에 막혀 정문으로 나가지 못하고 옆문으로 도망가는 수모를 겪었다.

수많은 사람이 장례식장에 모여 울음을 터뜨렸고 기립박수로 영웅들의 최후를 기렸다. "더 이상은 참지 않을 것이다!" 마피아에게 엎드려 상납금을 바치고, 그 범죄 행각이 못마땅하면서도 혹여 보복당할세라 입에 자물쇠를 채우고, 마피아와 공존하는 데 급급해하던 이탈리아인들이 들고일어났다. "살인마 마피아는 물러가라!"

두 법조인, 그리고 그들과 함께했던 이들의 희생이 숨죽였던 사화산(死火山)처럼 잠잠하던 이탈리아인들 가슴 속 분노의 마그마를 되살린 것이다. 그들의 죽음 앞에서 이탈리아인들은 새로운 삶에의 용기를 냈다.

마피아 두목의 재판정에서 예전에는 어림도 없던 증언에 나서는 이들이 줄을 이었다. 마피아가 뜯어가던 상납금 거부 운동, 즉 아디오피초(Addiopizzo) 운동도 불길처럼 번져갔다. 2년

세계사에 균열을 낸 결정적 사건들

후 반(反)마피아 공세에 지친 이탈리아의 마피아들이 활동 무대를 외국으로 옮기고 있다는 보도[37]가 나올 만큼 거악의 제국은 치명상을 입었다. 이탈리아를 쥐락펴락했던 두 메이저 정당, 기독교민주당과 사회당은 소속 의원 태반이 마피아와 결탁했다는 사실이 밝혀지면서 해산의 운명을 맞기에 이른다.

아무리 험한 절벽과 마주치더라도 누군가는 덤비고 길을 내고 버티고 뚫어내고 더 많은 사람이 그 뒤를 따른다. 급기야 누구나 활보할 수 있는 길이 열려 얼마 후에는 과거의 사연마저 아스라이 잊히는 과정이 인류의 역사다.

물론 외려 더 버거운 상대와 직면하는 불운한 도돌이표를 그리기도 하고, 의롭게 희생된 사람들이 받아야 할 보상을 엉뚱한 놈들이 가로채는 일도 속출하기도 한다.

이탈리아 정계 개편 후 어부지리로 정권을 장악한 인물이 '온 나라를 다 망쳐버렸다'라는 평을 드는 실비오 베를루스코니라는 황망한 아이러니.

하지만 그들이 겪어낸 과정은 여러 사람의 뇌리에 뿌리를 내리고 근육처럼 키워진다. 그래서 실패를 두려워하지 않는 또 다른 다윗들이 다시 그 위에 서게 만든다.

---

37 <조선일보>, 1994년 2월 9일.

그들의 활약으로 문이 열리고 길이 트이는 것이다. 비록 뜻을 이루지 못하고 처참하게 세상을 떠났을망정 이탈리아의 열혈 검사들과 동료들이 벌인 마피아와의 투쟁의 의미가 영원히 빛나는 이유다.

'마피아'는 이탈리아에만 존재하지 않는다. 기관총과 폭탄을 쓰지 않을망정 자신들의 이권을 지키고자 무슨 짓이든 가리지 않고, 거스르는 이들에게 무자비한 철퇴를 가하며, 그렇게 쌓아 올린 공포의 성벽 위에서 세상을 굽어보며 자기들끼리의 특권을 누리는 '패밀리', 우리말로 하면 '식구(食口)'들은 세상 어디에나 있고 우리 주변에도 능히 똬리를 틀 수 있다.

이 '마피아' 또는 '식구' 집단에 대한 두려움에 사로잡힐 때, 그들의 불법과 탈법에 눈감을 때, 그들의 횡포에 복종하고 그 힘에 굴복할 때 우리는 당장이라도 마피아가 판을 치던 시절의 남부 이탈리아 사람들 신세가 될 수 있다. 아니 벌써 부지불식간에 그렇게 되어 있는지도 모른다.

팔코네 검사의 기소장 중 한 구절을 곱씹어본다. 먼 나라 아닌 우리 주변의 마피아를 경계하는 마음으로 말이다. "이것은 폭력과 협박을 수단으로 죽음과 공포를 퍼뜨렸고 지금도 그렇게 하고 있는 마피아 조직에 대한 개관이다." 우리에겐 '개관'해야 할 대상이 없을까.

세계사에 균열을 낸 결정적 사건들

생을 걸고 민중을 격동시킨
열정의 혁명가

◇────◇────◇────◇

흔들리지 않는 열정의 꽃, 돌로레스 이바루리 고메스

1988년 4월 25일은 젊은 날의 기억 중 선명하게 아로새겨진 날이다. 왜 그리 정확히 기억하는가 하면 그다음 날이 1988년 실시된 13대 총선, 즉 4.26 총선이었기 때문이다.

이 총선 전날 지역의 한 유선방송에서 개표방송 테스트 도중 실제 개표 상황 같은 수치가 노출되는 실수가 일어났다. 가뜩이나 1987년 12월 실시된 대통령 선거가 '컴퓨터 조작에 의한 부정선거'라는 속설이 퍼지던 터라, 이 실수는 "마침내 부정선거 증거가 잡혔다"라는 확신으로 이어졌고 1988년 첫 '가두시위'가 결행된다.

그때껏 '범생이'로 살아오던 나는 그 시위에 참여하면서 생애 처음 대놓고 불법을 저지른, 즉 도로에 뛰어들어 시위에 가담한 날로 그날을 기억하게 된다. 물론 다음 날 '여소야대'의 결과가 도출되면서 부정선거론은 삽시간에 사라져버렸지만 말이다.

어쨌든 생애 첫 가두 시위를 기다리며 심하게 뛰는 심장을 부여안고 거리에 서 있는데 건너편에서 요란한 노래와 박수 소리가 들려왔다. 누군가 '동을 뜬', 즉 시위를 주동하고 대오가 형성된 것이다.

한 무리의 학생들이 대오를 지어 노래를 부르며 내가 서 있던 쪽으로 행진해 왔다. 그들은 박수를 치면서 생경한 노래를 불렀다.

"흔들리지 흔들리잖게/ 흔들리지 흔들리잖게/ 물가 심어진 나무 같이 흔들리잖게/ 와서 모여 함께 하나가 되자/ 와서 모여 함께 하나가 되자/ 물가에 심어진 나무같이 흔들리지 않게."

흑인 영가에서 비롯되었다는 이 〈흔들리지 않게〉는 세계 곳곳에서 저항가요의 성가(聖歌)처럼 불린 노래다. 영어 제목은 'We shall not be moved', 스페인어 제목은 'No nos Moveran'. 이 노래를 세상에 퍼뜨린 사람은 미국의 유명한 가수이자 평화운동가이자 인권운동가 조안 바에즈다.

'나에겐 꿈이 있습니다'로 시작하는 마틴 루터 킹의 명연설이 세계를 울린 1963년 워싱턴 대행진 행사장부터 베트남 전쟁이 한창이던 시절의 하노이, 내전이 불을 뿜던 보스니아의 수도 사라예보, 군부독재 정권이 기승을 부리던 아르헨티나, 가까이로는 2011년 전개된 '월 스트리트를 점령하라' 시위의 미국 뉴욕 거리까지 수십 년 동안 조안 바에즈는 저항의 목소리가 절실한 곳이면 어디든 나타나 청아한 목소리를 들려줬다. 그녀의 '노 노스 모베란(No nos Moveran)'은 청중들을 흔들리지 않는 하나의 마음으로 묶어 세웠다.

그녀는 스페인에도 갔었다. 스페인 내전 이후 수십 년간 스페인을 철권 통치했던 독재자 프란시스코 프랑코가 기어코 저승사자에게 끌려간 2년 뒤인 1977년이었다. 첫 방문이었다.

독재자는 죽었지만 민주화의 길은 요원했던 스페인에서 바에즈는 좌우익 양쪽에서 환영받지 못했다. 우익 쪽은 당연히 바에즈의 노래를 탐탁지 않아 했고 좌익 쪽은 바에즈가 상업적 쇼에 등장하는 걸 꺼렸다. 그런 가운데 무대에 오른 바에즈는 목청을 가다듬고 말한다.

"노래 한 곡을 아주 용감한 여성에게 바치고 싶습니다. 저 역시 정의를 위해 싸우는 병사입니다. 저는 총 없이 비폭력으로 싸웁니다. 그러나 많은 존경심을 가지고, 이 노래를 '라 파시오나리아'를 위해 부릅니다."[38]

바에즈는 그 곱고도 날카롭고, 아름다우면서도 당당한 목소리로 〈노 노스 모베란〉을 열창한다. 세계 곳곳에서 억압에 맞서 싸우고, 차별에 대항해 싸우고, 자유를 위해 투쟁하는 이들이 목놓아 불렀던 뜨거운 노래를 헌정 받은 '라 파시오나리아'는 과연 누구였을까.

우선 '라 파시오나리아'는 '열정의 꽃'을 뜻한다. 그리고 이는 스페인 내전 때 활약한 스페인의 공산주의자 돌로레스 이바루리 고메스에게 붙은 별명이다.

스페인 내전을 『스페인 내전』[39]의 부제를 빌려 표현해보자면 '20세기 모든 이념의 격전장'이었다.

가톨릭과 지주 세력, 파시스트와 국가주의자들이 보수 세력을 형성했고 공산주의자부터 무정부주의자, 사민주의자 등 여러 진보 세력이 엉성하게 손잡은 공화파 연합 '인민전선'과 대결했다.

1936년 총선에서 근소한 차이로 승리한 좌파 공화파 연합은 소선거구제 선거법 아래에서 압도적 의석을 차지한다. 득표율 차이는 1%도 되지 않았고 전체 득표는 445만여 표 대

38 안건모, 『삐딱한 책읽기』 산지니, 2017.
39 앤터니 비버, 김원중, 『스페인 내전』 교양인, 2009.

| 청중 앞에서 연설하고 있는 돌로레스 이바루리 고메스.

437만여 표로 10만 표 차이도 나지 않았지만 의석 수는 좌익 285석 대 우익 131석이었다.

보수 우익 진영은 이 결과를 수용할 생각이 없었고, 마침내 프랑코 장군의 지휘하에 반란을 일으킨다.

합법적인 선거로 집권한 공화파 정부와 그를 지지하는 스페인 국민들 역시 이 반란에 격렬하게 맞섰고, 당시 유럽을 뒤덮어가던 파시즘의 발호를 저어하던 외국인들, 스페인의 공화파 정부를 지지하는 공산주의자, 아나키스트, 심지어 자유주의자들까지 스페인으로 달려와 '국제여단'의 깃발 아래 프랑코군과 싸웠다.

미국의 작가 어니스트 헤밍웨이가 그랬고, 영국 작가 조지

오웰도 국제여단의 일원이었다. 본디 스페인 사람이긴 하지만 프랑스에서 활동하던 파블로 피카소도 귀국해 마드리드 공방전을 앞두고 참호를 팠다.

● "파시스트는 이곳을 통과하지 못한다!"

'라 파시오나리아'가 그 열정을 떨치기 시작한 건 스페인 내전이 터진 직후였다. 스페인의 젊은 여성 국회의원 돌로레스 이바루리 고메스는 열정적인 라디오 연설로 공화파를 지지하는 스페인 국민의 피를 끓게 만든다.

> "전 국토가 에스파냐(스페인)를 공포의 심연과 죽음으로 처박아 버리려는 잔혹한 야만인들에게 분노해 치를 떨고 있습니다. 하지만 그들은 통과하지 못할 것입니다. (…) 인민전선이여, 영원하라! 안티파시스트 연합이여, 영원하라! 민중의 공화국이여, 영원하라! 파시스트들은 통과하지 못한다!"

'너희는 통과할 수 없다', 즉 '노 파사란'의 구호는 공화파 군대와 시민들은 물론 향후 세계사의 고빗길에서 압도적인 적을 막아서는 이들의 이를 악문 주문으로 통한다.

"에스파냐, 단순히 한 국가의 이름만을 뜻하지 않습니다. 우리가 말하는 에스파냐는 케케묵은 인습에 사로잡힌 에스파냐

세계사에 균열을 낸 결정적 사건들

가 아니라 민주적인 에스파냐입니다. 우리가 말하는 에스파냐는 농부에게 땅을 주고 노동자들이 산업을 지배하는 사회이며, 사회보험을 도입해 노동자들이 늙어서 노숙자로 전락하지 않게 하는 곳입니다."

이렇게 열변을 토하는 열정의 여인은 스페인 공화파는 물론 스페인을 도우러 달려온 국제여단 성원들에게도, 외젠 들라크루아의 걸작에 등장하는 '민중을 이끄는 자유의 여신'과 같은 존재로 부상한다.

헤밍웨이의 걸작 『누구를 위하여 종은 울리나』에 등장하는 한 사람은 이렇게 말하고 있다. "그녀가 전하는 소식을 그 대단한 목소리로 들었을 때, 그 순간은 이 전쟁의 가장 위대한 순간 중 하나였네. 선과 진실이 마치 백성의 참된 사도에서 뿜어져 나오듯 그녀도 그랬어."

그러나 이렇듯 열렬히 일어섰던 스페인의 공화파 지지자들과 자신들이 옳다고 생각하는 가치를 지키고자 남의 나라 내전에 목숨을 걸었던 외국인들의 분투에도 불구하고 공화파는 끝내 패배하고 말았다.

그리고 스페인을 뒤덮은 건 잔인하기 그지없는 프랑코 장군의 철권 통치였다. 스페인은 내전 이후 근 40년간 암흑 같은 프랑코 독재 치하에 들어갔고 수많은 사람이 프랑코 정권의 무자비한 복수와 탄압에 희생되었다.

이바루리는 간신히 소련으로 탈출할 수 있었다. 스페인 공산당 서기장으로서 소련 정부의 보호를 받았지만 인생이 안온하지만은 않았다. 스탈린그라드 전투에서 전사한 아들 루벤을 비롯해 여러 자식을 앞서 보내야 했던 건 일각에 불과하다.

더해 그녀는 몸을 의탁하고 있던 소련 정부에조차 고분고분하지 않았다. 1968년 '프라하의 봄'을 짓밟은 소련군의 체코슬로바키아 침공 때 소련 공산당을 정면으로 비판한 것이다.

프랑코와 히틀러 그리고 소련 공산당 지도부에 이르기까지 그녀는 인생에 등장한 무수한 거인을 향해 '노 파사란'을 외친 셈이다. 흔들리지 않게, 물가에 심은 나무같이 흔들리지 않게.

독재자 프랑코가 죽고 민주주의가 서서히 회복되는 가운데 이바루리는 또 한 번 강렬한 열정을 드러낸다. "스페인으로 돌아가길 매일같이 꿈꾸며 간절히 바라고 있습니다. 소련인들은 내게 잘해줬지만 소련에서의 시간은 고통과 슬픔으로 점철되어 있었습니다."

민주화 도상에 있던 스페인 정부가 공산당을 합법화한 지 34일 뒤인 1977년 5월 13일 '라 파시오나리아' 돌로레스 이바루리 고메스는 무려 38년의 망명 생활을 끝내고 스페인으로 돌아온다.

그리고 그해, 41년 만에 치러진 총선에서 다시 한번 스페인 국회의원 명패를 획득한다.

세계사에 균열을 낸 결정적 사건들

내전 시작 전의 스페인을 41년 살았고 독재 치하 스페인을 38년 떠나 있었던, 늙었으나 싱그러운 '열정의 꽃'은 그렇게 다시금 붉은 카네이션(스페인의 국화)으로 피어난 것이다.

이후에도 위기가 없지 않았다. 최대의 위기는 역시 1981년 2월 23일에 일어났던 군부 내 극우 잔당의 쿠데타였을 것이다. 헌병대 중령이 이끄는 일단의 군인들이 수상 선출을 위해 모든 국회의원이 모여 있던 국회의사당에 난입했다.

자동소총이 난사되고 모두 엎드리라는 호령이 떨어졌을 때 거의 모든 의원이 책상 밑에 납작 엎드렸지만 두 사람만은 허리를 세웠다.

"내가 왜 당신들 명령을 들어야 하는가." 아돌포 수아레스 현직 수상과 이바루리의 후계자로 스페인 공산당 서기장이었던 산티아고 카리요였다.

이바루리보다 스무 살 어렸으나 스페인 내전을 함께 겪었고 40여 년간 망명 생활을 경험했던 공산당의 백전노장 카리요는 "노 파사란! 여기는 민의의 전당 국회다!"라고 외치듯 자리에 똑바로 앉아 쿠데타군을 노려봤다.

이후 국왕 카를로스 1세가 군복을 입고 방송에 출연, 결연하게 쿠데타 반대를 표명했고 'Again 1936'의 헛된 꿈에 부푼 군부의 반란자들이 체포되면서 쿠데타는 막을 내렸다.

아마 이 모습을 보면서 이바루리는 기쁨의 눈물을 흘렸을지도 모르겠다. 이후 스페인의 민주주의가 안착되는 것까지 지켜본 열정의 꽃은 1989년 11월 파란 많은 인생을 마감했다.

마지막 숨을 몰아쉬던 순간 이바루리는 프랑코군 공세로 결정적 위기를 맞은 마드리드 공방전의 어느 날을 떠올리지 않았을까.

1936년 11월 스페인의 수도 마드리드는 압도적인 프랑코군에 거의 함락될 지경이었다. 그때 이바루리는 "여성들이여, 끓는 물과 칼이라도 들고 저항하자!"라고 절규했고 그 호소에 호응해 수많은 여성까지 전투에 뛰어드는 총력전 끝에 공화파는 마드리드를 사수할 수 있었다. 프랑코는 그로부터 3년이나 마드리드 입성을 미뤄야 했다.

가난한 광부의 딸로 태어나 혼자 마르크스의 저작을 읽으며 각성한 열혈 여성, 오로지 목소리와 열정만으로 수많은 사람을 격동시킨 이바루리는 스페인 여성들의 해방자이기도 했다.

"파시스트의 반란은 스페인에 성의 평등, 여성의 해방을 가져왔다고 스페인 여성들은 말했다."[40]

이바루리의 장례식에 몰려나온 스페인 여성들은 '열정의 꽃' 돌로레스 이바루리 고메스가 1939년 스페인을 떠나는 국제

---

40 <한겨레>, 1989년 12월 12일.

여단 대원들에게 들려준 송별 연설을 읊조리며 작별을 고하지 않았을까.

"여러분! 어깨를 펴고 돌아가십시오, 여러분은 역사입니다. 여러분은 전설입니다. (…) 우리는 여러분을 잊지 않을 것입니다."

세월의 녹이 파고들지 못한
발광체를 향한 경의

파리 코뮌의 여걸, 루이즈 미셸

1980년 5월 광주를 일컫는 명칭은 매우 다양하다. 그 끔찍한 5월 이후 오랫동안 '광주사태'라는 애매한 이름으로 지칭되던 5.18은 제6공화국에 접어들면서 '광주민주화운동'이라는 공식 명칭을 얻었다. 하지만 그에 못지않게 '광주항쟁' '광주민중항쟁'이라고 부르는 사람이 더 많았으며, 1980년대 대학가에선 '광주 코뮌'이라는 이색적인 칭호를 얻기도 했다.

코뮌(Commune)은 '공동 생활을 함께 나누는 사람들의 작은 모임'을 뜻하는 중세 라틴어 'communia'에서 나온 단어로, 유럽의 중세 이래 시민들에 의해 민주적·자치적으로 운영된 정치

경제적 공동체를 뜻한다.

이 '코뮌'을 1980년 광주에 대입시킨 건 여러 의미가 있을 것 같다. 시민들 스스로 질서를 지키고 서로를 일으키면서 며칠 동안의 '대동 세상'을 이뤘던 그해 광주에 더해, 1871년 프랑스 수도 파리를 피로 물들인 '파리 코뮌'의 비장한 최후에서 5월 광주의 마지막 날을 연상했기 때문이 아닐까.

1871년 프랑스는 프로이센과의 전쟁에서 참패하고 황제 나폴레옹 3세는 퇴위한다. 이어 수립된 제3공화국 정부는 프로이센과 매우 굴욕적인 전후 협상을 벌인다. 알자스-로렌 등 접경 지역 영토가 독일로 넘어갔고 막대한 배상금도 물어야 했다. 프로이센군의 포위 공격을 받으면서도 끝내 항복하지 않았던 파리 시민들은 격렬히 반대했다.

제3공화국 정부가 파리의 의용군이라 할 국민방위군의 무장을 해제하려 들자 시민들이 반발해 봉기했고 정부군 장군 두 명이 살해당하는 사건이 벌어진다. 경악한 정부는 베르사유로 물러났고 파리 시민들은 1871년 3월 18일 '파리 코뮌'을 선포한다.

파리 코뮌은 '인민 주권'을 표방하고 여성과 노동 인권 향상을 파격적으로 추진했으며 가톨릭을 정치로부터 분리하는 등 '범좌파' 정부로서 파리 시민들의 열정적인 지지를 얻었다. 하지만 수도 파리를 빼앗긴 제3공화국 정부 입장에선 파리 코뮌이란 눈엣가시 같은 반란자일 따름이었다. 마침내 정부군이 1871년 5월 21일 파리를 포위 공격하며 파리 시내 곳곳에서 '피의 일주일'이 시작된다.

코뮌을 지지하진 않았지만 참여자들에 대한 가혹한 처벌에 반대했던 빅토르 위고는 코뮌에 가담한 한 소년의 이야기를 시로 읊으며 개탄했다.

한 소년이 정부군에게 잡힌다. 그가 스스로를 코뮌 지지자라고 밝히자 정부군 장교는 총살대에 세운다. 그때 소년이 어머니에게 시계를 전해주고 오겠다며 호소하자, 장교는 도망갈 핑계 한 번 구차하다고 낄낄대면서 보내준다. 하지만 소년은 어머니에게 시계를 전해주고 군이 돌아와선 비장하게 외친다. "나는 이곳을 떠나지 않을 것입니다."

이렇듯 자신과 자신이 속한 계급, 그리고 억눌린 사람들의 자유와 권리를 꿈꾸던 파리 코뮌의 지지자들은 압도적인 무력으로 쳐들어오는 정부군에 대항해 치열하게 싸웠다.

하지만 독일에 지긴 했어도 유럽 최대의 육군국 가운데 하나였던 프랑스 정규군과 제대로 훈련되지 않은, 빈약한 무장의 시민군은 상대가 될 수 없었다.

그래도 시민군들은 남녀노소 할 것 없이 그들의 이상과 정의를 위해 목숨 걸고 맞섰다. 그 가운데 루이즈 미셸이라는 여성도 있었다.

세계사에 균열을 낸 결정적 사건들

미셸은 프랑스 동북부의 브롱쿠르 성에서 귀족 집안 하녀의 사생아로 태어난다. 다행히도 무책임한 생물학적 아버지의 부모로 추정되는 성주 부부가 조부모 격으로 미셸을 돌봤고 꽤 높은 수준의 교육까지 시켰다고 한다. 성주 부부가 세상을 떠난 뒤엔 어머니와 함께 쫓겨나야 했지만 말이다.

이후 미셸은 교사가 되는데 이미 20대 때부터 범상한 사람이 아니라는 걸 대놓고 드러낸다. 틀에 박힌 수업이 아닌 자유로운 수업 방식으로 고리타분한 교육 관료들을 기겁하게 만든 건 시작일 뿐이었다.

나아가 그녀는 "남녀 교과과정과 교사 자격시험에 차등을 두어 여성을 남성보다 열등한 존재로 육성하는 제국의 교육정책에 분노했다. 루이즈는 성차별적이고 권위적인 학교와 충돌하면서 학교를 옮겨 다니다, 파리에 가서는 자신의 학교를 만들어 힘든 아동들, 특히 소녀와 여성 교육에 힘쓰게 된다."[41]

교사를 그만두고 파리에서 생활하던 그녀는 파리 코뮌이 들어서자 몽마르트르 여성위원회 위원장으로서 적극 참여한다. 여성들에게 투표권을 부여하진 않았지만 파리 코뮌은 당시 기준으로 보면 파격적인 여성 인권 정책을 펼쳤던 '정부'였다.

---

41 <여성신문>, 2021년 4월 18일.

미셸은 야간 교육 활동으로 시민들의 학습 욕구를 채우고 투쟁의 각오를 다지는 한편 노동자들을 위한 공동 식탁을 차리는 등 코뮌 활동에 열정을 쏟아붓는다.

그녀는 말했다. "모든 수업은 개방되었고 우린 학교에서 예술, 과학, 문학, 민중의 삶을 배웠다. 모두 저 낡은 세상으로부터 어서 빨리 달아나고 싶은 마음에 들떠 있었다."

마침내 정부군이 파리 시내에 진입하고 '피의 일주일'이 시작되었을 때 미셸은 서슴없이 무장투쟁에 뛰어든다. 진보적 정책을 펼쳤다곤 하지만 여성에 대한 편견은 여전히 심했던 코뮌의 남자 동지들과 함께 군복을 입고 장총을 든 미셸은 정부군에 대항해 필사적으로 싸웠다.

치열한 전투는 잔인한 복수를 낳는다. 동료의 죽음에 흥분한 병사에게 자비를 기대하기란 어려운 법이다. 격전 와중에 파리 코뮌 측 시민군도, 정부군도 인간의 극한을 보여주는 참혹한 살육전을 벌였다.

그 잔혹한 북새통에서 미셸이 살아남을 수 있었던 건 어머니 덕분이었다. 정부군이 투항하지 않으면 인질로 삼은 어머니를 죽이겠다고 협박하자 그녀는 무너져 내렸고 항복해 포로가 된 것이다. 코뮌 참여자 수만 명이 기소된 재판정에서 그녀는 판사에게 외친다. "자유를 향해 고동치는 모든 심장에게 한 발 납탄 이상의 권리가 있겠는가. 나를 사형시켜라."

세계사에 균열을 낸 결정적 사건들

1880년 뉴칼레도니아에서 망명
중이던 루이즈 미셸.

● "여자 주제에 무슨 총을"

여기까진 파리 코뮌을 지키고자 쓰러져 간 수많은 다윗들, 자신
의 권리와 자유를 위해 목숨을 걸었던 사람들과 별다를 게 없
다. 그런데 루이즈 미셸이라는 이의 진가는 오히려 그 후에 명
징하게 드러난다.

1873년 그녀는 코뮌 동료들과 함께 남태평양의 프랑스 식
민지 뉴칼레도니아로 추방된다. 칼레도니아는 영국의 제임스
쿡 선장이 처음 발견해 스코틀랜드의 옛 이름을 붙여 뉴칼레도
니아라고 명명했던 곳이다. 나폴레옹 3세가 이곳을 프랑스령으
로 삼았고 파리 코뮌 이후 수천 명의 관련자를 유형 보낸다.

프랑스인들은 뉴칼레도니아의 원주민 카낙족을 강력히 억압했다. "칼레도니아 열도 가운데 산악지대 10%를 보호구역으로 지정해 카낙족들을 밀어냈다. 프랑스인들은 원주민들을 노예화해 플랜테이션 농업에 사역시키거나 오스트레일리아, 캘리포니아, 캐나다, 칠레, 피지 등으로 송출했다. 유럽의 통치자들은 자신들이 만든 규정에 위반되면 서슴없이 원주민을 구속했고, 한때 2만 명이 기소되기도 했다."[42]

이곳에 유형 온 미셸은 여기에서도 '좋은 선생님' 노릇을 했다. 섬의 원주민이자 피지배 민족인 카낙족을 이해하고 친밀한 관계를 맺으며 그 아이들을 가르쳤던 것이다. 1878년 카낙족이 프랑스의 학정에 저항해 필사적인 반란을 일으켰을 때 섬에 머물던 코뮌 출신 유형자들은 예외 없이 프랑스 편에 선다.

"일부는 직접 무기를 들고 (프랑스를 위한) 전투에 참여하기까지 했다. 단 한 사람 루이즈 미셸만이 예외였다. 그녀는 코뮌의 추억이며 상징으로 소중히 간직해온 붉은 스카프를 잘라 카낙족 전사의 목에 매어주었다."[43]

---

42 〈아틀라스뉴스〉, 2020년 8월 20일.
43 신일용, 『아름다운 시대, 라 벨르 에뽀끄 1』, 밥북, 2019.

세계사에 균열을 낸 결정적 사건들

자유를 위해 목숨을 걸었던 전사들이 제국주의적 우월감에 사로잡혀 피지배 민족의 저항을 짓밟는 쪽에 가담하는 모습을 미셸은 도무지 이해할 수 없었고 이해하려 들지도 않았다. 그녀는 동료들에게 이렇게 묻고 싶었는지도 모르겠다.

"대관절 그해 5월 우리는 무엇을 위해, 왜 파리에서 그렇게 싸웠던가. 우리의 자유와 카낙족의 자유는 다른가? 그들은 우리보다 열등한가? 부르주아들이 우리를 멸시했던 것처럼?"

미셸이 살았던 모진 세상의 굽이마다, 길목마다 그녀에게 벅찬 골리앗들은 버티고 서 있었다. 귀족의 사생아라는 태생의 한계와 싸워야 했고, 완고한 교육정책을 머리로 들이받아야 했으며, 파리 코뮌조차도 여성 투표권을 인정하지 않았던 여성 억압적 현실과도 맞서야 했다.

"여자가 무슨 총을" 하며 고개를 흔드는 미덥잖은 동료 혁명가들 옆에서 막강한 프랑스 정부군에 총을 쏘며 맞서야 했고, 식민지의 무장 투쟁을 지지하면서 황망하게도 자신들이 혐오하던 지배자의 편으로 전락해버린 왕년의 코뮌 동료들과도 척을 져야 했다.

그녀는 죽을 때까지 총알 한 발을 머리 안에 두고 살았다. 그녀를 혐오한 암살자가 쏜 총알 두 발을 머리에 맞았는데, 한 발은 제거했지만 한 발은 빼내지 못했기 때문이다. 그녀는 자신의 생명을 위협한 원수에 대한 증오라는, 인간으로서 가장 이기기 어려운 감정의 골리앗조차 이겨냈다.

"그의 단순함과 과격함을 이용하는 자들이 진짜 악당들이죠. 그를 용서합니다."[44] 노하길 더디하는 자는 용사보다 낫고 자신의 마음을 다스리는 자는 성을 빼앗는 자보다 낫다는 성경 말씀이 옳다면 미셸은 그 순간 지상 최고의 용사였으리라.

모든 건 변하기 마련이다. 강철 같던 의지도 세월의 녹을 피하기 어렵고, 조금 더 편안해지고 약간이라도 더 누리고 싶은 마음은 왕년의 용기를 녹이기에 충분하며, 철석(鐵石)만큼이나 강고했던 정의감도 그때그때 달라지고 누그러들게 마련이다.

"서 있는 곳에 따라 풍경도 달라진다"라는 말처럼 상황의 변화는 사람들로 하여금 한때의 용기와 각오를 서슴없이 버리게 한다. 하다못해 골리앗 앞에서 그리도 용감하고 지혜로웠던 다윗이 늙어가면서 벌인 미련하고 어이없는 짓들은 성경에 적나라하게 기록되어 있다.

누구나 한때 용감할 수 있고 운 좋으면 한순간 역사의 한 페이지를 빛낼 기회를 얻는다. 그런데 일생 동안 스러지지 않는 발광체로 남는 사람은 극히 드물다. 루이즈 미셸은 그런 사람이었다.

---

44 위의 책.

세계사에 균열을 낸 결정적 사건들

그녀와 우정을 나눈 프랑스의 대문호 빅토르 위고는 이런 말로 그녀를 기렸다. "남성보다 위대하다." '남성'이란 곧 평범한 인간을 뜻하는 대명사였던 시대(지금도 영어 'man'이 넓은 의미로 '사람'을 의미하듯), 수많은 '보통 인간'들을 좀먹는 '세월의 녹'이 파고들지 못했던 루이즈 미셸의 인생에 대한 경의의 표현이 아니었을까.

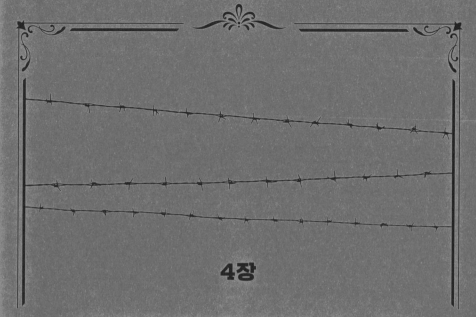

4장

지혜롭게 대처할 줄 알아야 한다

| 지혜 |

재능의 천재가 아니라
'태도'의 천재였던 위인

천년에 한 번 나올 사람, 칭기즈칸

1996년 미국 〈워싱턴포스트〉는 서기 1000년을 기점으로 이후 2000년까지 세계사 천년 속에서 가장 걸출한 업적을 남긴 인물로 칭기즈칸을 꼽았다.

근거는 이렇다. "인터넷이 발명되기 약 7세기 전 이미 지구상에 커다란 통신망을 연결했고 또 '관세 및 무역에 관한 일반 협정(GATT)' 못지않은 자유무역 세계를 건설했다."

이처럼 칭기즈칸은 인류 역사상 가장 거대한 제국을 이룬 인물이다. '팍스 몽골리카', 즉 몽골 지배 시기의 평화라는 표현이 나올 만큼 유라시아 대륙을 하나로 묶은 제국을 건설하고 통치하는 데 성공했다.

반면 칭기즈칸과 몽골 기마 전단의 말발굽 아래 수백 개의 나라와 도시가 잿더미가 되었고 수백만에 달하는 사람들이 목숨을 잃었으니 가히 "세계 종말을 향한 신의 채찍(당시 무슬림의 표현)"이라는 살벌한 평가도 그리 틀리진 않을 것이다.

역사 속에서 칭기즈칸은 확연한 명(明)과 암(暗)을 동시에 휘감은 거인이다. 그 이전에도 그 이후에도 그와 그 후손들 이상의 영토를 다스린 이가 없었고 그의 제국은 세계사의 분수령으로 우뚝 솟아 있으니 이만한 거인, 이만한 강자(强者)를 들기도 어려우리라. 하지만 그는 가장 허약한 인물에서 세계 역사상 최강의 인물로 거듭난 특이한 이력의 소유자이기도 하다.

이웃 부족의 음모에 아버지를 잃고 일가붙이들도 다 떠나버린 뒤 어린 테무친(칭기즈칸이 되기 전의 이름)은 그야말로 외로운 늑대 새끼에 불과했다. 적에게 맞아 죽지 않으면 굶어 죽을 걱정을 해야 했던 어린 테무친에게 들이닥친 '골리앗' 같은 적들은 하나둘이 아니었다.

그는 어떤 면에서 보면 다윗보다도 훨씬 멸시받고 더욱 위태로웠고 무엇보다 외로웠던 가련한 약자였다. "개와 쥐의 가죽으로 만든 옷을 입고 음식 역시 개와 쥐 아니면 죽은 짐승의 고기"(『페르시아 연대기』를 쓴 아타 말릭 주베이니의 기록)였다고 할 정도로 옹색했고 인근 부족들은 끊임없이 그를 위협했다. 세월이

세계사에 균열을 낸 결정적 사건들

흘러 청년이 되어도 상황은 나아지지 않았다. 숙적 메르키트족에게 갓 결혼한 아내 부르테를 빼앗길 정도였으니 오죽했으랴.

하지만 테무친은 그 모든 시련을 이겨내고 상당한 세력을 지닌 지도자로 성장한다. 1186년 주변의 추대를 받아 '칸' 칭호도 획득한다. 칭기즈칸의 1차 즉위라고 부른다. 그러나 이는 영광의 시작이라기보다 더욱 험난한 시련의 출발점에 가까웠다.

테무친이 어려웠던 시절 가장 힘이 되어준 의형제 자무카. 당장 그 자무카가 칭기즈칸으로부터 등을 돌린 것이다. 산 하나에는 호랑이 두 마리가 살 수 없는 법이었다.

자무카와 칭기즈칸은 1190년 각각 자신을 지지하는 열세 개 부대를 편성해 격돌하는데 '13익(翼) 전투'라고 부른다. 이 전투에서 칭기즈칸은 형편없이 패배했고 4년간 수수께끼 같은 공백기를 보낸다. 금나라로 가서 노예 생활을 했다는 말도 있고, 고려까지 도망 가서 지냈다는 말도 있다.

그렇게 깡그리 잊힐 정도로, 또는 본인도 기억하기 싫어 지워버렸을 만큼(의미 있는 시간이었으면 어떻게든 설명했을 텐데) 비루한 시간이었다고 보는 편이 옳으리라.

4년 뒤 칭기즈칸은 금나라 승상의 요구에 응해 후견인 노릇을 하던 케레이트족의 옹칸과 함께 타타르족을 공격하며 역사에 재등장한다. 당시 북중국을 지배하던 금나라는 몽골의 갈등과 내분을 조장하며 몽골고원을 통제했다. 칭기즈칸은 조상의 원수인 금나라의 용병 노릇으로 역사의 무대에 다시 모습을 드러낸 것이었다.

칭기즈칸은 다시금 강력해진다. 그의 가장 큰 무기는 포용력이었다. 신분과 혈연에 구애받지 않고 사람들을 끌어모았다. 자신을 쏘아 맞힌 적장이라도 능력이 있으면 서슴없이 받아들이는 칭기즈칸의 모습은 초원의 주민들에게 큰 울림으로 다가왔다. 13익의 전투 후 칭기즈칸을 편들었다는 이유로 몽골의 귀족이었던 치노스족 남자들을 글자 그대로 삶아 죽였던 자무카의 잔인함과 칭기즈칸의 포용력은 극명한 대조를 이뤘다.

몽골 전통대로 패배한 부족에 대한 학살을 자행하기도 했으되 살아남은 적대 부족을 노예로 만드는 대신 자기 세력의 일원으로 받아들이는 데 스스럼이 없었고, 개별적 약탈을 금지하고 전리품을 일괄 재분배했으며, 전사한 병사의 과부와 고아들에게도 그 몫을 나눠줬던 칭기즈칸.

군사적 재능은 자무카에 비해 떨어졌고, 휘하 부족의 역량은 옹칸 등 주변의 부족에 현저히 모자랐으나 허약했던 시절의 아픔을 잊지 않고, 어떤 상대든 자신과 함께할 수 있다면 주저 없이 받아들이는, "재능의 천재가 아니라 태도의 천재였다."[45]

---

45 홍대선, 『테무진 to the 칸』 생각비행, 2017.

세계사에 균열을 낸 결정적 사건들

한때 칭기즈칸을 압도했으나 점차 수세에 몰린 숙적 자무카는 케레이트족의 옹칸에게 들러붙어 칭기즈칸을 밟아버리자고 충동질한다. 옹칸 역시 칭기즈칸의 성장에 두려움을 느꼈기에 자무카에 부화뇌동한다.

칭기즈칸은 아버지의 의형제였던 옹칸의 변덕에 괴로워하면서도 그와 연대를 강화하고자 혼인동맹을 제안한다. 하지만 옹칸과 자무카는 이에 응하는 척하면서 칭기즈칸을 끌어들일 음모를 짜고 있었다.

결혼 축하 파티를 기대하면서 무리를 이끌고 오던 칭기즈칸은 카라칼디즈 사막 전투에서 다시 한번 괴멸에 가까운 패배를 당한다. 하지만 그는 위대한 '태도'를 잃지 않는다.

● 혈연, 인종, 종교를 초월한 결사체

부하들을 후위에 배치해 희생시키는 식으로 추격대를 피해 살아남는 게 아니라 부하들을 사방으로 흩어지게 한 뒤 자신은 소수의 본대만 이끌고 필사적으로 도망친 것이다.

부하들을 살리고자 스스로 표적이 된 칭기즈칸은 몽골의 동북쪽 끝이라 할 발주나 호수까지 달아났다. 주변에 남은 건 굶주리고 지친 전사 열아홉 명. 기독교·이슬람교·불교 신자에 칭기즈칸처럼 샤머니즘 숭배자까지 뒤섞인 이질적인 집단에 출신 부족도 각각 달랐다.

신분의 귀천 따위는 애초에 사라진 그들을 앞에 두고 칭기즈칸은 건배를 제안한다. 열아홉 명의 사내 역시 잔을 들며 충성을 다짐한다. 굶어 죽을 지경이던 그들에게 술이 있을 리 없었고 그들이 마신 건 발주나 호수의 흙탕물이었다. 이것이 몽골 역사의 전환점이 되는 '발주나의 맹약'이다. 인류학자 잭 웨더포드는 그 상황을 이렇게 묘사한다. "친족 관계, 인종, 종교를 떠나 결집한 몽골 민족의 다양성을 상징적으로 보여주는 (…) 개인적 선택과 헌신에 기초한 근대적 시민 결사체."

'발주나의 맹약' 이후 칭기즈칸의 군대는 불가사의하게 부활한다. "칭기즈칸과 함께하고픈 몽골 사람들은 모여라." 초원 곳곳으로 전령들이 내달리면서 유장하게 칭기즈칸의 포고를 전하자 휘하에 있던 이들은 물론 칭기즈칸과 싸웠으나 그의 통치 방식을 선망했던 부족들도 활을 차고 말에 오른다. 부족 간의 이권 다툼으로 날을 지새고, 혈통에 따라 요지부동으로 정해지던 기존 질서에 저항하는 '약자'의 연합군이 형성된 것이다.

칭기즈칸의 군대는 이후 완전히 달라진다. 우선 부족 중심의 부대 편제부터 뜯어고쳤다. 부족을 가리지 않는 단일 대오로 군사를 천 명, 만 명씩 10진법으로 편성해 통제부의 지휘를 받는 효율적인 몽골 군단은 그렇게 탄생한다.

마침내 테무친은 초원 최대의 세력을 자랑하던 케레이트족의 옹칸과 자무카를 격파하고 1206년 명실상부한 칭기즈칸으

테무진이 칭기즈칸으로
선포되는 장면.
라시드 앗 딘의 <집사>
사본 속 삽화.

로 추대된다. 칭기즈칸의 2차 즉위라고 부른다.

이후 내전의 소용돌이 속에서 단련되고 '칭기즈칸이 원한다면 물불을 가리지 않는' 병사들이 뿜어내는 몽골의 에너지는 유라시아 대륙 사방으로 폭발한다.

강자나 지배 세력은 현재의 자신을 일궈온 과정이 성공적이었기에 자신이 지켜온 관성에 충실하고 '지금 이대로'의 모습을 선호할 수밖에 없다. 또 상당 부분 들어맞을 때가 많다.

강자는 질서를 부여하고 그를 어지럽히거나 그에 맞서 저항하는 약자들을 '전통적인' 관성으로 제압한다. 약자들은 대개 가혹한 탄압 속에 무릎을 꿇거나 괴멸되지만, 종종 강자들의 질서를 뒤엎는 새로운 시스템의 주인공이 되어 또 다른 역사의 서막을 열기도 한다.

외롭고 약했던 아이 테무친을 칭기즈칸으로 탈바꿈시킨 건 무쇠 같은 팔이 아니라 열린 귀였고, 천재적인 군사 재능이 아니라 겸허함이었으며, 검은 뼈니 흰 뼈니 하며 귀한 핏줄 따지던 몽골의 전통을 뒤엎고 귀족이든 말단 병사든 전리품에 공동의 권리를 주고 전사자의 아내와 아이까지 챙긴 리더십이었다. 칭기즈칸의 일생을 그린 소설 『조드』의 저자 김형수의 말처럼 말이다.

> "여러 종족을 아우르면서 칭기즈칸은 다름을 차별하는 게 아니라 다름을 차별하는 행위를 처벌했습니다. 가장 가까운 심복은 평민과 종이었죠. 폐쇄적 관계에 머물지 않는 포용의 정신이 세계 정복을 가능하게 만든 힘이 된 것입니다. 칭기즈칸의 삶을 한 마디로 규정하자면 가장 외로웠던 자가 가장 많은 사람을 모아낸 것입니다."[46]

---

46 <경향신문>, 2012년 2월 26일.

한번 주의 깊게 주변과 세상을 들여다보자. 현재 우리를 다스리는 지배적 질서는 무엇이고, 누가 바위 같은 관성에 달걀을 던지고 있는지. 그리고 어디에서 새로운 질서의 씨앗이 싹트고 있는지. 아마도 그 조짐을 발견하기란 쉽지 않을 것이다.

서두에서 말했듯 칭기즈칸은 천년을 통틀어 손꼽히는 위업 (그 학살과 파괴의 악업은 일단 차치하고)을 이룬 사람이니까 말이다. 하지만 칭기즈칸이 당시 몽골 사회가 빚어낸 '태도의 천재'였듯 우리가 사는 세상 속에서도 장구한 세월에 걸쳐, 역사적 경험을 거쳐 '태도의 천재'가 만들어지고 있을지도 모른다.

수백 년 암흑기 이전,
짧은 평화를 누렸던 때

포르투갈에 맞선 은징가 음반데의 용맹함

유럽 대륙의 가장 서쪽에 있는 두 나라, 스페인과 포르투갈은 바다로 새로운 세상을 열었다. 포르투갈은 아프리카 대륙을 돌아 인도로 가는 항로를 개척했고 스페인은 1492년 크리스토퍼 콜럼버스의 신대륙 발견에 이어 페르디난도 마젤란 함대를 후원, 세계 일주 항해에 성공하는 등 위업을 달성했다. 진정한 의미의 '세계사'의 시작이라 할 '대항해 시대'의 개막이었다.

하지만 경계선 없는 대서양에서 두 나라는 일찌감치 부딪칠 수밖에 없었다. 양국은 옥신각신한 끝에 당시 교황 알렉산데르 6세의 중재로 구대륙의 끝 카보베르데섬과 신대륙의 시작이라

할 히스파니올라섬 사이의 대서양을 '서경 43도 37분' 기점으로 분할하고 서쪽은 스페인이, 동쪽은 포르투갈이 차지한다는 합의에 이른다. 1494년에 맺은 토르데시야스 조약이다.

이 조약에 따르면 포르투갈의 세력권은 아프리카 동쪽 인도양과 인도와 극동에 이르는 광대한 지역과 남아메리카의 일부, 즉 오늘날의 브라질 해안까지 포괄하고 있었다.

덕분에 포르투갈은 후일의 브라질을 식민지로 만들 단초를 가질 수 있었고 아프리카를 돌아 인도로 가는 항로의 독점권을 지킨다. 그런데 이 기나긴 항로를 유지하려면 중간 보급과 선원들의 휴식을 위한 근거지가 필수적이었다.

포르투갈은 아프리카 대륙 남단의 동쪽과 서쪽 해안 일부를 점령하고 식민지화한다. 오늘날 아프리카 남서쪽 해안의 앙골라와 남동쪽 해안에 위치한 모잠비크가 포르투갈어를 공용어로 쓰게 된 이유다.

'앙골라'라는 국명은 16세기 그 일대를 지배하던 아프리카인들의 나라 은동고(Ndongo)와 관련이 있다. 은동고 왕국의 국왕 호칭인 '응골라'에서 앙골라의 현재 국가명이 나왔기 때문이다. 이 은동고 왕국의 이름을 기억해두자.

서남부 아프리카 해안에 상륙한 포르투갈인들은 매우 '유용한' 무역 상품을 발견한다. 바로 노예였다. 포르투갈이 우선 상대한 나라는 콩고 왕국이었다. 콩고 왕국은 인근의 은동고 왕국을 복속시킬 만큼 지역의 강자로 군림하고 있었다.

콩고의 왕 은징가 아 은쿠우는 가톨릭으로 개종하고 스스로에게 '주앙 1세'라는 유럽식 호칭을 붙일 정도로 유럽 문화를 적극적으로 받아들였다. 아버지에 이어 아들 은징가 아 음벰바 역시 본인을 '아폰수 1세'로 지칭하는 독실한 가톨릭 신자였다.

포르투갈 선교사들에게 '콩고의 사도'로 불릴 정도였다면 짐작이 갈 것이다. 하지만 이 가톨릭의 사도는 자신에게 가톨릭의 복음을 전해준 포르투갈의 노예무역 때문에 골머리를 앓는다.

흑인 노예무역은 백인들의 노예사냥만으로 형성된 사업이 아니다. 노예무역에 종사한 백인들의 부도덕함을 옹호할 뜻은 추호도 없지만, 그들의 악업(惡業)만으로 노예무역이라는 세계사적 비극을 온전히 설명할 수는 없다.

흑인 노예를 대거 사들이고 다른 대륙으로 실어 날랐던 쪽은 단연 백인들이지만 노예들을 백인 손에 넘긴 이들, 즉 공급자는 대개 흑인 왕국의 지배자이거나 부족장 그리고 아랍 상인들이었다. 즉 '노예'는 사람이기에 앞서 자연스러운 교역 상품이었고 거래 관계자 모두에게 큰 부(富)를 안겨주는 노다지였다.

콩고 왕국 역시 예외가 아니어서 엄청난 노예 무역판을 벌이고 있었다. "왕국은 끊임없이 이웃 부족을 쳐들어가 노예를 획득했고, 노예 거래를 통해 얻은 수익을 왕실의 비용에 충당했다. 연간 12~15척의 포르투갈 배가 노예를 실어 날랐는데, 한

은징가 음반데 초상화.

척당 400~1천 명씩 실었다."[47]

처음에는 이웃 부족들을 끌고 갔지만 이웃 부족들이 없어진 뒤에는 콩고 본국 국민들도 노예 무역의 희생양으로 전락한다. 흑인 왕국이 흑인 장사를 하는 제 살 깎아 먹기 사업으로 망조가 든 것이다.

결국 콩고 왕 아폰수 1세는 1526년 포르투갈 왕에게 편지를 쓴다. "포르투갈 상인들은 끊임없이 우리 왕국의 국민을 끌

---

[47] <아틀라스뉴스>, 2020년 10월 27일.

고 갑니다. 왕족과 귀족까지 가리지 않습니다. 이러다가 우리 땅은 텅 비어버릴 지경입니다."

하지만 포르투갈과 노예 상인들은 아랑곳하지 않았다. 포르투갈을 향한 아폰수 1세의 저항은 무위에 그치고 콩고 왕국은 시들어간다. 이후 탐욕스러운 포르투갈은 콩고 왕국에 조공을 바치던 은동고 왕국에도 손을 뻗친다. 그런데 이 왕국에 걸출한 여성 한 명이 출현한다. 바로 은징가 음반데.

● 은징가의 비장의 카드, '세례명 안나'

노예 출신 후궁의 딸로 태어났지만 총명하고 영특해 아버지의 총애를 받았던 은징가 음반데는 당시로선 꽤 수준 높은 교육의 수혜자였다. 가톨릭 선교사들에게 포르투갈어도 습득했을 정도였다. 험난한 지형과 환경 탓에 오래도록 아프리카 서부 해안 지대에 머물던 포르투갈은 더 많은 노예를 찾아 내륙으로 침투하며 은동고 왕국을 위협했다.

이즈음 은징가는 이웃 나라에 피신해 있었다. 왕위에 오른 이복 오빠가 자신의 자리를 위협한다며 그녀의 아들을 죽이고 아이를 갖지 못하게 하는 형벌을 내렸기 때문이었다. 그런데 염치없게도 이복 오빠는 은징가에게 포르투갈군과의 협상을 명령한다. "네가 포르투갈 말도 잘하고 아는 사람도 많으니까."

여기서 잠깐 다른 길로 새보자면 유명한 매국노 이완용은

224   세계사에 균열을 낸 결정적 사건들

"세상에서 처신하기 힘든 처지의 세 가지 부류의 사람"을 얘기한 바 있다. 파산한 회사의 청산인, 빈궁한 가정의 주부, 그리고 쇠약한 국가의 재상이다.

자신도 그만큼 괴로웠다는 변명을 하고 싶었던 이완용의 가증스러운 속내는 그렇다고 치되 그가 언급한 세 부류의 사람들이 할 수 있는 일은 없고, 해야 하는 일은 많으며, 엄청난 눈치와 용기와 지혜를 발휘해야 하는 건 맞다. 그리고 그런 종류의 하나를 더 추가하자면 '약소국의 외교관'이 되겠다.

강한 척하며 상대방의 비위를 거슬러서도 안 되고, 너무 엎드리다가 상대방으로부터 별 볼 일 없다고 무시당해도 안 된다. 기가 죽어도 안 되지만 상대방의 비위를 거슬러서도 곤란하다.

고려 시대 대륙을 가로지르는 거친 여정을 거쳐 몽골 황제 쿠빌라이에게 직접 항복했던 고려 원종은 쿠빌라이를 만날 때 최대한 화려한 옷을 입는다. 여정에 찌들고 전쟁에 지친 나라 왕자의 남루함을 씻어낸 뒤 "관을 단정히 쓰고 소매가 넓은 자줏빛 비단 도포를 입고 물소 가죽 띠를 두르고 상아로 만든 홀을 들고" 쿠빌라이 앞으로 나아갔던 것이다.

시대와 장소를 뛰어넘어 은징가도 비슷했다. 그녀는 서양 옷 대신 은동고 왕국 특유의 화려한 전통 의상을 입고 협상장에 도착했다. 일종의 외교적 제스처였다. 자신은 서양을 이해하고 포르투갈 말을 할 줄 아는 '검은 숙녀'가 아니라 은동고 왕국의 사절이라는 걸 의상으로 드러낸 것이다.

이때 근사한 의자에 앉아 있던 포르투갈 지휘관은 은징가에게 방석 하나를 던져준다. 땅바닥에나 앉으라는 뜻이었다. 그러자 은징가는 시녀 한 명을 엎드리게 한 뒤 그 위에 걸터앉는다. 포르투갈에 결코 꿀리지 않겠다는 외교적 시위였다.

포르투갈의 무력은 이미 은동고 왕국을 압도하고 있었고, 은동고 왕국에게 협상 카드는 많지 않았다. 이때 은동고 왕국 같은 약자가 해야 할 일은 쉽게 내줄 수 있는 것과 내줄 수밖에 없는 것, 마지막까지 내줄 수 없는 것 등을 구분하는 작업이다.

은징가는 포르투갈에 대한 적대행위 중단, 영토 내 포르투갈 노예상 활동 허용 등 여러 조건을 받아들였지만 매해 공물을 바치라는 요구는 한사코 거절했다. "은동고를 당신들이 정복했다면 합당한 요구겠지만, 은동고의 왕인 내 형제는 당신들의 신하가 아니다." 아울러 그녀는 왕국 내 포르투갈 요새를 철수하라고 요구한다.

포르투갈이 선뜻 응할 리 없었다. 아쉬운 건 은동고지 포르투갈이 아니었다. 포르투갈이 쉽사리 넘어가지 않는 걸 본 은징가는 비장의 카드를 꺼낸다. "우리 조건에 동의한다면 나는 교리문답을 공부하고 세례를 받겠다." 당시 포르투갈인들은 악독한 노예 무역상인 동시에 신실한 가톨릭교도이기도 했다. '이교도를 개종시킴으로써 영혼을 구한다'라는 명목은 위선적이었을

지언정 그들은 성스러운 임무로 받아들였다.

스페인, 포르투갈인들이 흑인 노예로 눈길을 돌리기 시작한 건 그들이 남미 대륙에서 노예로 부리던 인디오들의 수가 격감한 탓도 있지만, 기독교로 개종한 인디오들을 노예로 부리는 것에 반대하는 이들의 주장이 힘을 얻었던 연유도 있었다.

유럽인들의 이 위선적인 틈새를 은징가는 명징하게 찌르고 들어간 것이다. 포르투갈은 여기에 넘어갔고, 그녀는 '안나'라는 세례명을 받고 심지어 포르투갈 총독의 이름을 딴 유럽식 이름을 받아 사용한다.

하지만 포르투갈은 합의를 지키지 않았다. 이에 오빠가 죽은 뒤(은징가가 독살했다는 설도 있음) 은동고 왕국의 왕을 자처한 은징가는 다시 저항에 나선다. 포르투갈의 야욕을 막아내기에 앞서, 그녀는 여러 난관을 뚫고 왕위부터 지켜내야 했다. 노예 출신 후궁의 자식, 심지어 여자가 왕위에 오를 수 없다는 남자들이 그 시절 아프리카에도 수두룩했기 때문이다.

포르투갈 군대와 꼭두각시가 된 동족들을 피해 이웃 나라로 피신하기도 했지만 정략 결혼을 감행하거나, 포르투갈의 라이벌로 부상한 네덜란드와 동맹을 맺는 등 갖가지 수단을 동원하며 은징가 여왕은 오뚝이처럼 되살아난다. 포르투갈군은 아프리카식 활과 백인들에게서 얻은 총을 쏘아대며 최전방에서 군대를 지휘하는 은징가 여왕의 용맹에 치를 떨어야 했다.

은징가가 노예 해방의 기치를 들고 싸운 건 물론 아니었다. 그녀 역시 노예를 풍부하게 소유한 아프리카 군주였고 자신의 백성들을 잔인하게 학살했다는 이야기도 전한다.

하지만 그녀가 여왕으로서 신무기를 앞세운 서양인들에 맞서 노예로 팔려나가는 백성의 수를 줄이고자 엄청난 노력을 기울인 건 분명한 사실이다.

심지어 잡혀간 노예들을 선동해 탈출시켜 백성으로 삼기도 했다. 은징가가 힘을 얻은 후 포르투갈이 손을 뻗친 지역에서 대서양을 건너는 노예들의 수가 현저히 감소했다는 기록 역시 엄연히 남아있다.

수십 년 동안 전쟁터를 전전한 은징가에게도 값진 평화가 찾아온다. 스페인 선교사들(포르투갈의 이익과 대척점에 서 있었다)이 바티칸의 중재로 왕권을 인정받는다면 포르투갈이 그녀를 괴롭히지 못할 거라며 여왕의 공식 개종을 제안한 것이다.

앞서 봤듯 은징가 여왕은 유럽인들의 아픈 곳을 잘 찌르고 가려운 곳을 찾아 긁어줄 줄 알았다. 강자에 맞서는 약자에게 필요한 건 용기와 더불어 눈치와 유연함이다. 은징가 여왕은 새삼 세례명 안나로 돌아가 그녀의 땅에서 태어난 아이들에게 세례를 줄 거라 약속한다.

1656년 일흔셋의 은징가 여왕은 무려 27년 전 적의 포로가 되었던 여동생과 재회한다. 동생과 재회하자마자 그녀는 바닥에 엎드려 몸에 흙을 문지르기 시작했다. 상대에게 경의를 표하는 전통 방식이었다.

자매와 감격적인 해후 속에 수십 년간의 전쟁은 마무리되었고, 은징가 여왕이 죽을 때까지 은동고는 짧은 평화를 누린다. 물론 그 후의 역사는 또 한 번 시궁창으로 향하지만 말이다.

몇 년 후 은징가 여왕이 죽었을 때 백성들은 그녀의 시신 앞에 쓰러져 몸에 흙을 문질렀다. 침략자들을 끈질기게 괴롭힌 불굴의 전사에게 보내는 경의였다고나 할까.

오늘날 은동고 왕국의 왕을 의미했던 '응골라'는 한 나라의 국명 앙골라로 남아있고, 그 나라 사람들은 은징가를 국민 영웅으로 추앙하고 있다. 수백 년 전 왕의 칭호를 근대적 국가 이름으로 정할 만큼, 후손들은 그녀를 열렬히 기억하는 것이다.

압도적인 적뿐만 아니라 동족 남자들 앞에서도 당당했고, 상대의 문화와 종교를 넉넉히 수용하되 그 탐욕스러운 발톱에 단호히 맞섰던 여왕의 역사는 수백 년 암흑기를 거쳐 그녀의 옛 땅에 살아 숨 쉬고 있다.

독립국으로 살아남은
에티오피아 리더십의 주인

❖ ◇ ◇ ◇

이탈리아를 격파한 에티오피아의 메넬리크 2세

이슬람 세력과 치열하게 다투던 중세 유럽 사람들은 이슬람 세력 저편에 사제왕(司祭王) 요한이 다스리는 강력한 기독교 국가가 있다고 믿었다.

처음에는 동쪽을 기대했으나 몽골군의 거대한 내습을 경험하며 꿈이 깨진 뒤에는 남쪽으로 시선을 돌린다. 북아프리카의 이슬람 제국 영토 아래 남쪽에 역시 사제왕 요한이 다스리는, 동맹만 맺으면 이슬람 세력을 걷어치울 수 있는 막강한 기독교 국가가 있다고 생각한 것이다.

희망봉을 돌아 인도로 향하는 바닷길을 발견했던 바스쿠 다가마의 항해 목적 중 하나는 '프레스터 존' 왕국을 찾는 것이었고 그는 포르투갈 국왕 주앙 2세의 신임장을 지니고 있었다. 그런데 남쪽의 프레스터 존은 환상만은 아니었다. 이슬람화된 이집트와 수단 아래 유서 깊은 기독교 국가가 존재하고 있었던 것이다. 바로 에티오피아다.

에티오피아는 세계에서 손꼽도록 기나긴 역사를 지니고 있다. 에티오피아의 시조로 일컬어지는 메넬리크 1세는 자그마치 구약성서에 등장하는 이스라엘 왕 솔로몬과 시바의 여왕 사이에서 태어난 이로 전해진다.

또 에티오피아는 아르메니아, 조지아에 이어 역사상 세 번째로 기독교를 국교로 선포한 나라이기도 하다. 그러나 이 오래된 기독교 국가 에티오피아도 같은 기독교인이되 십자가와 함께 총칼을 치켜들고 신앙보다 황금에 눈이 멀었던 유럽인들의 침략으로부터 자유롭지 못했다.

1855년 즉위한 후 강력한 중앙집권과 개혁 정책을 펼치던 에티오피아 황제 테워드로스 2세는 이집트의 공격을 받고 영국에 지원을 요청한다. 같은 기독교인으로서 무슬림에 맞서자는 취지였다.

그러나 이미 유럽 열강들은 종교 때문에 전쟁을 벌이는 시대를 일찌감치 마감한 뒤였다. 당시 러시아와 세계 곳곳에서 대립하며 '그레이트 게임'을 벌이던 영국은 에티오피아가 러시아에 밀착해 있다고 봤던 데다 이집트에 이권을 두고 있었으므로 테워드로스 2세의 요청을 거절한다.

또 어느 영국인 선교사가 출판한 책에 테워드로스 2세를 폭군으로 묘사한 게 테워드로스 2세의 귀에 들어갔고, 이에 분개한 테워드로스 2세는 그를 체포해 고문하는 한편 영국 외교관을 위시한 유럽인 전체를 감금하는 무리수를 뒀다.

영국은 당연히 군사적 대응에 나선다. 테워드로스 2세의 중앙집권 정책에 반발했던 지방 영주들은 별 저항을 하지 않았고 영국군은 파죽지세로 진격한다. 1868년 테워드로스 2세는 막달라 요새에서 항전하다가 전세가 기울자 자결하고 말았다.

생전 테워드로스 2세는 지역 세력을 제압하면서 쇼아 지방의 지배자 살레 마르얌이라는 젊은이를 인질로 잡아둔 바 있었다. 인질이긴 했지만 그가 마음에 들었던지 딸과 결혼시켜 사위로 삼았다.

하지만 살레는 탈출을 감행해 고향으로 돌아갔고 쇼아 왕국의 왕을 칭한다. 이후 테워드로스 2세의 자결 소식이 들려왔을 때 쇼아에선 축제가 벌어졌으나 살레는 골방에서 눈물을 흘렸다고 한다.

애초 에티오피아 점령에는 관심이 없던 영국군이 철수하자마자 에티오피아에선 치열한 내부 다툼이 벌어졌다. 그 결과 요하네스 4세가 제위에 오른다. 살레는 요하네스 4세와도 사이가 그리 좋지 않았다. 당시 제국주의 열강 대열에 끼려고 안달이던 이탈리아가 에티오피아 북부의 에리트레아를 점령하면서 요하네스 4세와 충돌했는데 살레는 되레 이탈리아와 긴밀한 관계를 맺었다.

둘 사이는 벌어질 수밖에 없었다. 요하네스 4세는 연이은 외침을 맞아 동분서주하다가 수단과의 전쟁 와중에 전사하고 만다. 이제는 살레가 나설 차례였다.

살레는 요하네스 4세가 지명한 후계자를 밀어내고 에티오피아의 제위를 차지한다. 그는 에티오피아의 창건자 메넬리크 1세의 후계자를 자처하며 스스로를 '메넬리크 2세'라 칭한다.

● "아프리카 오합지졸을 앞에 두고 이 무슨 망신"

메넬리크 2세는 테워드로스 2세처럼, 부족별·지역별로 갈라졌던 에티오피아를 하나로 아우르는 한편 근대화에 박차를 가한다. 그에게 가장 절실한 건 서구의 무기였다. 요하네스 4세로부터 미움을 살 만큼 이탈리아와 밀착했던 것 역시 무기를 구하기 위한 목적이었다.

테워드로스 2세도 그랬다. 여담으로 테워드로스 2세가 자살한 권총은 영국의 빅토리아 여왕이 선물한 것이었다고 한다. 그러나 메넬리크 2세는 테워드로스 2세와 다른 점이 있었다.

"기독교인으로서 이슬람 침략자들에 맞서는 우리를 도와야

하는 것 아니냐?"라고 철 지난 명분을 외치던 테워드로스 2세와는 달리 메넬리크 2세는 국제 정세에 민감했고 서구 열강의 움직임을 민감하게 살피고 대응했다. 무기를 구입하고자 프랑스와 러시아에 각각 접근하면서 그들 간의 갈등을 교묘히 이용했던 게 한 예다.

메넬리크 2세는 서구 열강들이 기독교적 양심 따위는 접어던진 지 오래며 호시탐탐 자신의 영토와 이익을 노린다는 걸 익히 알고 있었다. 메넬리크 2세는 말했다. "열강들이 아프리카를 나눠 가지려는 흑심을 품고 있는 한 나는 결코 무관심한 방관자가 될 수 없다."[48]

당시 유럽과 다른 대륙 간 무력 격차는 엄청났다. 1871년 신미양요 광성진 전투에서 조선군 수백 명이 쓰러진 반면 미국의 전사자는 단 세 명이었던 걸 상기해보자. 그 전투는 일방적인 폭격이 아니라 육박전이었다. 그런데 왜 이런 전사자 비율이 발생했을까.

문제는 화력뿐이 아니었다. 조선군의 칼과 창은 근대적 철강공업의 산물인 미군의 강철 군도(軍刀)와 부딪치자마자 휘어지고 부러져버렸던 것이다. 이런 현실에 관해선 에티오피아도 크

---

48 제레미 블랙, 박수철, 『역사를 바꾼 위대한 장군들』 21세기북스, 2009.

게 다르지 않았다.

이 사실을 누구보다 잘 알고 있던 메넬리크 2세는 국방력을 강화하고자 수단과 방법을 가리지 않는다. 심지어 유럽인들의 탐욕을 이용하기도 했는데 와중에 뒤통수를 심하게 얻어맞은 사람 중 하나가 유명한 프랑스 시인 아르튀르 랭보다.

19세기 후반 프랑스 상징주의 시의 선구자로 알려진 랭보는 시인이면서 모험을 즐기는 무역상 노릇도 했다. 그는 메넬리크 2세의 부탁을 받고 몇 달 동안 유럽에서 소총을 박박 긁어 배달하고 대박을 기대했지만 메넬리크 2세는 무기를 손에 넣자마자 안면을 바꿔버린다. 랭보가 프랑스 영사관에 제출한 하소연을 들어보자.

"모든 물건을 손에 넣더니 헐값에 넘기라고 제게 강요했습니다. 소매상에 팔아서도 안 되고 여차하면 물건을 해안가로 돌려보내겠다고 협박했습니다. 그것도 제 부담으로 말입니다."[49]

한편 19세기 후반에야 통일을 이룬 이탈리아가 뒤늦게 제국주의 국가 대열에 합류하면서 에티오피아와 악연을 맺는다.

---

49 뉴욕타임스, 오현아, 『작가님, 어디 살아요?』 마음산책, 2018.

이탈리아가 메넬리크 2세와의 담판으로 얻어낸 홍해 연안의 에리트레아는 이탈리아 왕국 최고의 해외 식민지였다.

1889년 이탈리아는 에티오피아와 우치알리 조약을 맺으며 에리트레아를 양도받는 대신 화승총 3만 정과 대포 등을 제공하기로 합의한다. 그런데 이 조약의 제17조가 문제가 된다.

에티오피아 쪽 문안에는 "에티오피아의 황제는 외국과의 교섭에서 이탈리아 정부의 중재를 요청할 수 있다"라고 쓰여 있는데 반해 이탈리아 쪽 문안에는 "중재를 요청해야 한다"라고 둔갑해 있었던 것이다. 이탈리아로선 에티오피아의 외교권을 박탈하는 '을사늑약'을 체결한 셈이다. 물론 떡 줄 사람 생각은 생각하지 않은 김칫국 마시기였지만.

메넬리크 2세는 이 내용을 알고 격노했고 1893년 조약 파기를 선언한다. 그러자 이탈리아는 기다렸다는 듯 2만 명의 군대로 에티오피아를 침공해 들어온다. 당시 에티오피아는 매우 어려운 상황이었다.

엄청난 기근에 우역(牛疫)까지 돌아 에티오피아인들이 키우던 소 대부분이 쓰러지는 절체절명의 상황에 최신 무기로 무장한 이탈리아군이 진격해왔다. 이 위태로운 내우외환(內憂外患) 앞에서 메넬리크 2세는 이슬람의 바다에 포위된 기독교 섬으로서 천년 넘게 버텨온 에티오피아인들의 자긍심을 되살려낸다.

세계사에 균열을 낸 결정적 사건들

"기근으로 인구의 3분의 1이 죽고 가축도 없고 식량과 물 부족은 심각했다. (…) (메넬리크 2세는) 적은 식량이나마 공평하게 분배했다. 모든 에티오피아인들이 하나가 되어 자발적으로 이탈리아와의 전쟁에 나서게 만든 것이다."[50]

메넬리크 2세가 밀어냈던 요하네스 4세의 후계자까지 메넬리크 2세에게 충성을 맹세하며 참전할 정도였다. 메넬리크 2세가 10만 명이 넘는 대군을 동원하지만 이탈리아인들은 자신들이 패배하리라고는 꿈에도 생각하지 않았다. 전근대적인 아프리카 군대 따위는 얼마든지 쓸어버릴 수 있다고 여겼으니까.

현지의 이탈리아군 지휘관 오레스트 바라티에리는 에티오피아 대군의 보급에 문제가 있다는 점을 간파하고 이를 이용하고자 본격적인 전투를 피하며 시간을 끌었다. 하지만 스스로 강력하다고 믿었던 이탈리아 본국 여론은 물 끓듯 들썩였다. "아프리카 오합지졸을 앞에 두고 이게 대체 무슨 망신이냐."

마침내 1896년 3월 1일 스스로를 골리앗 같은 거인이라 믿은 이탈리아군은 다윗의 후예를 자처하는 에티오피아군에게 돌격해 들어간다. '아드와 전투'의 시작이었다.

---

50   <사이언스타임즈>, '기후와 전쟁'.

메넬리크 2세가 아드와 전투에서
에티오피아 군대를 이끌고 있다.

메넬리크 2세의 에티오피아 군대는 분명 서구 열강에 버금
가는 근대적 군대가 아니었지만 이탈리아군에게 충분히 타격
을 줄 만한 전력을 지니고 있었다.

이탈리아 여단 하나가 에티오피아군에게 섬멸당했지만 두
번째 여단은 유리한 위치를 점하고 에티오피아군을 수세로 몰
아넣었다. 메넬리크 2세는 자신의 무력 기반, 즉 향후 지방 세
력을 위압할 수 있는 비장의 무기라 할 정예 근위대를 투입하는
승부수를 던진다. 결국 이탈리아군은 여단장 세 명 중 두 명이
전사하고 한 명이 포로가 되는 최악의 패배를 당하고 만다.

상호 수만 명의 병력을 동원한 회전에서 아프리카 흑인 군
대가 서구 열강 군대를 격파한 건 사상 처음 있는 일이었다. 그
때까지 유럽인들은 흑인들이 자신들을 이길 수 있다는 상상 자

세계사에 균열을 낸 결정적 사건들

체를 해보지 않았다. 망신을 당한 이탈리아인들이 분노를 폭발시키는 바람에 당시 이탈리아의 프란체스코 크리스피 수상과 내각은 총사퇴하는 지경에 이르고 만다.

메넬리크 2세가 이탈리아를 격파한 시기는 조선의 왕 고종이 궁궐을 버리고 러시아 공사관으로 거처를 옮긴 아관파천 즈음과 겹친다. 당시 조선과 이후 대한제국도 서구 열강의 각축을 이용한 외교전을 펼쳤고, 청나라와 일본 사이에서 눈치 작전을 전개했다. 메넬리크 2세처럼 근대적 무력을 확보하고자 엄청난 국방비도 들였다. 1900년경 대한제국의 국방비는 국가 예산의 3~40%에 달했다.

하지만 대한제국은 전쟁 한번 치르지 못한 채 망했고 에티오피아는 아프리카에서 라이베리아와 함께 단 두 곳의 독립국 중 하나로 살아남았다. 그 이유는 무엇일까. 바로 '리더십'의 차이였다.

시인 랭보를 바보로 만들었듯 서구 열강 앞에서 교활하게 이익을 챙길 줄 알았던 메넬리크 2세와 무기상들에게 밥 먹듯 사기를 당하고 국익보다 왕실과 척신들의 이익을 먼저 챙겼던 대한제국 지배자들의 차이는 컸다. 메넬리크 2세는 외세를 이용했지만 고종은 외세에 의지했다.

메넬리크 2세는 소수나마 서구 열강 군대에 맞설 정예병을 육성한 반면 조선의 군대는 일본, 청나라, 러시아 등 외국의 지휘를 번갈아 받으면서 단일한 무기 체계조차 갖추지 못한 어설 픈 군대가 되어갔다.

오래도록 분열을 거듭했던 민족과 백성들을 묶어 세워 목숨 걸고 직접 무장하고 전장에 나섰던 메넬리크 2세와 자국 백성 을 진압하고자 외국 군대를 끌어들이고 나라가 망한 뒤로도 편 안히 지냈던 대한제국 황제들의 간극은 말할 수 없이 크다.

대개 강자는 교만하고 약자는 그 허를 찾고자 혈안이 되기 마련이다. 하지만 강자의 허점이 쉽게 발견되는 것도 아니거니 와 찌를 곳을 제대로 짚어야 한다. 그 틈을 찾기 위해선 교활할 만큼 영리하고 뻔뻔할 만큼 지혜로워야 한다.

더해 실패하면 죽을 수도 있다는 걸 각오해야 하며 찌르는 손에 젖 먹던 힘까지 불어넣어야 한다. 메넬리크 2세는 그걸 해 냈고 고종은 그러지 못했다.

세계사에 균열을 낸 결정적 사건들

영국을 뒤흔든
'매치 걸스 스트라이크'의 전말

◇ ─── ◇ ─── ◇

브라이언트 앤드 메이 성냥 공장 여성 노동자들의 승리

요즘은 구경하기 힘든 물건이 되었지만 한때 성냥은 생활 필수품이었다. 1회용 라이터가 없던 시절 라이터는 선물용으로 애용되던 녹록지 않게 비싼 물건이었고, 주방에서 부엌에서 또 어두운 밤을 밝히고자 '가장 손 잘 닿는 곳에' 둬야 했던 게 성냥이었다.

그런데 우리가 흔히 알고 있는 성냥은 붉은 꼭지가 달린 '적린(赤燐)'이다. 적린이 개발되기 전 세상의 성냥 공장 노동자들은 대개 '백린(白燐)' 성냥을 만들었다. 그런데 이 백린 성냥은 노동자들에게나 사용자들에게나 결코 친절한 물건이 못되었다.

백린이라는 물질은 인화력(引火力)은 좋지만 그만큼 불을 쉽게 일으켰다. 백린을 잘못 다루다가 불이 나서 공장 하나가 홀랑 타버리거나 주택가 수십 채가 잿더미가 되는 일이 심심찮게 일어났다. 사용 과정의 위험성도 심각했지만 백린의 제조 과정은 더 문제였다. "백린 성냥은 제조 과정에서 독가스를 내뿜는데다 피부에도 심각한 손상을 입히는 등 인체에 치명적인 위험을 지닌 것이었다."[51]

한스 크리스티안 안데르센의 동화 「성냥팔이 소녀」는 너무나도 유명하다. 이런 성냥팔이 소녀들은 당시 유럽 각국 거리에 수없이 많았다. 하지만 그들은 대개 성냥을 파는 게 아니라 만들었다. 백린 생산 과정에서 몸이 망가진 소녀들은 간단하게 공장에서 쫓겨났는데 그때 그녀들에게 동정을 베풀 듯 쥐어준 게 성냥 몇 갑이었다.

그녀들은 빵 한 조각이라도 벌고자 거리에서 '성냥 사세요'를 외쳐야 했던 것이다. 안데르센의 고향 덴마크에서도 그랬고, 산업혁명의 선도 국가 영국에서도 마찬가지였다. 19세기 영국 성냥 공장의 노동 현실은 확실히 인간 세상보다 지옥 쪽에 더 가까웠다.

---

51 <한겨레>, 2019년 10월 19일, '최우성의 동화경제사'

"4~16세 소녀들은 공장에 출근하면 두 번의 짧은 휴식 시간을 제외하고 작업 중에 동료들과 잡담을 하거나 바닥에 앉아서 쉴 수 없었다. 규칙을 위반하면 무거운 벌금이 매겨졌고, 매를 맞기도 했다. 조금이라도 지각을 하거나 감독관 허락 없이 화장실에 다녀오다 적발되면 벌금을 내야 했다."[52]

이런 살인적인 노동 강도 속에 어린 여성 노동자들은 나무 막대기를 유독성 인 화합물에 담갔다가 뺀 후 일정하게 썰어 성냥갑에 넣었다. "백린(白燐)은 뼈에 쉽게 침착되는 성질이 강해 성냥 공장에서 오랜 기간 일하면 아래턱 부근에서 고약한 냄새와 함께 고름이 나오고 뼈 조직에 괴사가 일어난다. 결국 아래턱이 주저앉는 '인턱(phossy jaw)' 증상으로 얼굴이 흉측하게 변하면서 참혹한 죽음을 맞이하게 된다."[53]

백린의 치명적인 위험은 21세기에도 '백린탄'(白燐彈)의 이름으로 잘 알려져 있다. 발화점은 약 60도 정도로 낮기에 공기와 접촉하면 자연 발화하고 피부에 들러붙으면 2,700도 정도의 불이 꺼질 때까지 몸속을 파고 드는 '악마의 무기' 백린탄이 바

---

52 <경향신문>, 2018년 11월 22일, '강진구의 고전으로 보는 노동이야기'
53 위의 기사.

로 백린을 재료로 한 것이다.

19세기 중엽쯤 되면 백린의 위험성이 상당히 알려져 있었다. 1857년 미국의 외과 의사 러시모어 우드는 백린에 중독된 여성의 턱뼈 수술을 주제로 한 논문을 발표하면서 관심을 모았고, 『올리버 트위스트』의 저자 찰스 디킨스도 백린 성냥의 위험성을 주장한 바 있다.

백린의 위험성이 알려지고 인체에 거의 무해한 적린 성냥이 발명되면서 일부 나라에선 백린 성냥을 금지하기 시작했다. 1872년 핀란드가, 1874년에는 '성냥팔이 소녀'의 나라 덴마크가 각각 백린 성냥 제조를 중단시켰다. 하지만 당시 세계를 주름잡는 초강대국이라 할 영국에선 여전히 백린 성냥을 생산하고 있었다.

"백린 금지 조치로 자유로운 거래가 제한될 수 있다"라는 게 정부의 핑계였지만 결국 생산 단가의 문제였다. 적린 성냥 단가가 조금 더 비쌌기 때문이고, 새로운 설비를 장착하자면 비용이 들기 때문이었다. 수많은 노동자의 얼굴이 망가지건 말건, 독성에 시들어가건 말건, 백린은 꾸준히 생산되고 불티나게 팔렸다.

1887년 잡지 〈더 링크〉가 창간된다. 이 주간지를 창간한 사람은 애니 베전트였다. 그녀는 '사회주의자'로부터 '여성인권주의자' '식민지 해방론자' 등 여러 명함을 지닌, 즉 다양한 활동을 했던 사람이었다.

세계사에 균열을 낸 결정적 사건들

애초 〈더 링크〉는 1887년 일군의 실업자들이 런던 트라팔가 광장에서 시위를 벌이다가 군대와 경찰의 습격으로 사상자를 낸 '피의 일요일' 사건 이후 표현의 자유와 노동자의 권익 보호를 주창하고자 만들어진 단체의 기관지적 성격의 잡지였다.

1888년 어느 모임에서 베전트는 영국 유수의 성냥 공장 '브라이언트 앤드 메이'에서 일하는 여성 노동자들의 현실을 접한다. 상상도 못했던 현실에 충격을 받고 브라이언트 앤드 메이 공장의 노동자 취재에 나선 베전트는 참혹한 노동 강도와 경영진의 탐욕에 더해 노동자들의 생명을 갉아먹는 백린의 위험성을 절감한다. "더 이상 이 현실을 용납해선 안 된다."

1888년 6월 23일 베전트는 〈더 링크〉에 '런던의 백인 노예들'이라는 고발 기사를 싣는다. 기사 끝머리에서 그녀는 절규했다. "이 불행을 이용해 돈을 벌고, 의지할 곳 없는 소녀들의 굶주림에 빨대를 꽂아 재산을 늘리는 이들을 위해 특별한 지옥을 창조할 민중의 단테가 있다면!"(지옥의 참상을 묘사한 『신곡』을 쓴 단테 알리기에리를 빗댄 표현)

이 폭로가 파장을 일으키자 브라이언트 앤드 메이 공장의 경영진 역시 대응에 나선다. 그러나 그 대응 수준은 실로 유치하고 졸렬했다. 베전트에게 명예훼손 소송을 걸겠다고 으름장을 놓는 건 기본이고 자신의 공장 노동자들에게 해괴한 '서명' 용지를 내밀었다.

"베전트의 기사는 거짓이며 노동자들은 회사의 처우와 작업 조건에 만족한다"라는, 즉 베전트의 폭로의 진실성을 노동자들이 알아서 거부하라는 강요였다.

브라이언트 앤드 메이 성냥 공장 노동자들은 이 기막힌 요구를 완강히 거부한다. 그러나 이럴 때 회사는 항상 대책이 있다. 회사는 삐딱하고 눈엣가시였던 노동자 세 명을 골라 해고해버렸다.

그러나 실수였다. 더미로 쌓인 화약에 성냥불을 갖다 댄 격이었다. 베전트는 부르짖었다. "어떻게 사람이 이런 짓을 하고, 안락한 집에 돌아가 아내와 아이를 대하겠는가? 당신들의 딸을 당신 닮은 사람의 손아귀에 들도록 하겠는가?"

대답은 노동자들로부터 먼저 나왔다. 베전트는 익명의 편지를 받는다. "우리가 무엇을 견뎌야 했는지 아무도 모릅니다. 우리는 서명하지 않을 겁니다. 우리를 도우려는 당신이 곤경에 처하지 않길 바랍니다. 당신이 말한 건 진실이기 때문입니다."

이윽고 1888년 7월 5일 브라이언트 앤드 메이 공장의 여성 노동자 1,400여 명은 일손을 놓고 거리로 나선다. 영국 역사에 유명한 '매치 걸스 스트라이크(Match Girls' Strike)', 즉 성냥 공장 여성 노동자들의 파업이 벌어진 것이다.

세계사에 균열을 낸 결정적 사건들

'매치 걸스 스트라이크'에 나선
여성 노동자들. 몇몇은 인턱 증상
의 초기 징후가 보인다.

● 의로운 사람들의 용기 그리고 연대

대부분 '소녀' 티를 벗지 못했던 여성 노동자들은 앙상한 팔뚝
을 흔들며 거리에 나선다. 경찰이 가로막았지만 소녀들은 저지
에 가로막혀 쓰러지면서 울부짖었다.

그들의 외침은 영국인들의 양심을 흔들었다. 영국 여성운동
의 대모라 할 에멀린 팽크허스트, 작가 조지 버나드 쇼, 그리고
구세군 지도자 캐서린 부스 등 여러 명망가도 파업을 지지하고
나섰다.

'매치 걸'들의 절규는 시민들의 마음을 뒤흔들고 백린의 위
험성을 모르쇠 하던 정부 관계자들의 자리를 위협했다. 브라이
언트 앤드 메이 공장의 성냥 구입 거부 운동이 벌어지고 파업

기금이 쌓이기 시작했다. 파업 2주일 만에 여성 노동자들은 의미 있는 양보를 받아내고 파업을 끝낸다. 역사적인 승리였다.

승리라고 표현하긴 했으나 수락된 요구 조건은 오히려 너무나 당연한 것들이었다. 자주 발생하는 불량품 사고 때 벌금을 내는 제도를 폐지할 것, 작업 중 사용되는 고무줄 등 소모품들은 회사 비용으로 할 것, 해고자 복직 등이었다. 승리를 따내는 것도 혹독하고도 비정한 보수 언론의 융단폭격을 견뎌낸 뒤에 가능했다.

전등이 없던 시절 성냥은 생필품이었고, 영국의 성냥 제조사들은 정부의 세금 인상안을 철회시킬 정도의 막강한 영향력을 지니고 있었다. 그들은 '돈 벌 자유'를 위해 사람의 목숨과 건강을 썩은 성냥개비 버리듯 했다.

그들을 대변하는 〈더 타임스〉를 비롯한 주류 언론들 역시 베전트 등 파업 지지자들을 '현대 산업사회의 해충들'이라고 주장하며 그들이 세상을 위태롭게 한다고 격렬히 비난했다.

그들이 지키고자 하는 세상은 '매치 걸들의 지옥' 그 자체였지만, 그들은 자신들의 천국을 위해 지옥을 도외시하고 무시하고 없는 것으로 치부했다.

더 많은 이윤을 내고자 노동자들의 생명과 건강을 무시했던 역사는 19세기에 그치지 않는다. 21세기 한국에서도 해마다 2천 명 가까운 노동자들이 출근 후 집으로 돌아오지 못했다. 각

세계사에 균열을 낸 결정적 사건들

종 산재 사고로 목숨을 잃은 것이다.

몇 년 전 스물세 살의 여성 노동자가 밤샘 제빵 노동 중 기계에 빨려 들어가 숨지는 참사가 발생했을 때, 회사는 한 생명이 죽어간 현장을 천으로 덮고 동료 노동자들에게 작업 속행을 지시했다.

그들의 '돈 벌 자유'는 19세기 영국 성냥 회사의 자유만큼이나 잔인했다. 조문객에게 나눠주라고 빵 몇 박스를 유족들에게 갖다 안기는 무신경함 역시 브라이언트 앤드 메이 공장의 경영자들에 뒤지지 않았다.

성냥 회사와 한패였던 영국의 정치인들처럼, 수천 명이 산업재해로 목숨을 잃고 있는 나라의 대통령은 "기업 활동을 위축시키는 과도한 형벌 규정을 개선하라"고 지시했고 "처벌 수위가 높다"라며 법의 집행을 유예시켰다. 기업주에 대한 중대재해처벌법을 19세기 영국 언론처럼 '현대 산업사회의 해충'으로 몰아붙일 기세 또한 드높다.

이런 상황에서 1888년 영국을 뒤흔든 매치 걸스 스트라이크의 승리를 돌아보는 건 새삼 의미가 새롭다. 애니 베전트를 비롯한 의로운 사람들과 자신의 생명을 위협하는 막강한 자본에 맞서 싸웠던 10대 노동자들의 용기는 여전히 빛나지만 그 빛을 밝히고 퍼뜨린 건 런던 시민과 노동자들의 연대였다.

그들은 저마다 자신이 할 일을 찾았다. 애니 베전트가 연신

고발의 글을 발표하며 매치 걸들을 도왔고, 구세군 조직은 적린 공장을 세우고 노동자들에게 후한 임금을 주면서 새로운 대안을 만들었다.

공장을 세운 이유 중 하나는 백린 성냥 공장 경영자들이 공장에서 노동자들을 마음대로 부려먹지 못하자 가내수공업 형태로 외주화했고 외주를 받은 가난한 가정의 어린이들이 피해를 당하는 비극이 벌어졌기 때문이었다.

영국에서 백린 성냥 생산이 완전히 금지된 건 1908년이다. 매치 걸들의 파업 이후로도 20년이 흐른 뒤였다. 하지만 애니 베전트가 없었다면, 캐서린 부스 등 구세군들의 노력이 아니었다면, 경찰의 무지막지한 몽둥이 앞에서 앙상한 팔뚝을 들어 올리며 자신들의 요구를 외쳤던 다윗 같은 노동자들과 그들을 응원한 시민들의 박수가 없었다면, 백린이라는 골리앗은 더욱 오랫동안 영국인들의 곁에 남아 수많은 사람의 턱뼈를 분쇄했을 것이다.

우리 사회 태반의 사람들은 노동자다. 나 역시 그렇고 내 아들과 딸 모두 그럴 가능성이 크다. 곧 '우리'다. 런던 시민들에게 '매치 걸'들이 미처 들여다보지 못했던 '우리'였듯이 말이다. 강자에 맞선 '우리' 약자들에게 필요한 건 무엇일까.

"저는 이 부당함이
바로잡혀야 한다고 여깁니다"

---◆------◆------◆---

재난의 희생양 된 군인 명예를 살려낸 헌터 스콧

영화 〈죠스〉에는 상어잡이 어부 퀸트가 함께 배에 오른 말 많은 상어 전문가, 경찰서장 앞에서 자신이 겪었던 상어에 관한 공포 체험을 털어놓는 장면이 나온다.

퀸트는 태평양 전쟁에 참전했다가 승선한 배가 일본군 잠수함의 어뢰를 맞고 침몰하면서 구명조끼를 입고 바다를 헤맨 경험이 있다.

어부 퀸트 역을 맡은 로버트 쇼의 표정과 얼굴은 실제로 그 순간을 재연하듯 건조하게 담담한 어조 속에 끔찍한 풍경들이 물컹물컹 솟아나온다.

영화 속 회고담. "피 냄새를 맡고 상어가 몰려왔지. 상어의 눈은 검어. 마치 인형의 눈처럼 생명이 없는 눈 같지. 그 눈으로 빤히 쳐다보다가 갑자기 달려들지. 상어들은 가까운 사람부터 차례로 공격했고 물린 사람은 비명을 지르며 허우적댔지. 동료들은 하나둘 상어의 밥이 되었고 바다는 피로 물들었어. 가까이 있는 동료에게 다가갔는데 허리 아래가 없더군." 퀸트는 자신이 탄 배가 침몰한 날짜까지 댄다. "1945년 6월 29일이었지."

이 얘기 자체는 실화에서 비롯되었지만 침몰 날짜는 틀렸다. 퀸트가 탔던 배는 인디애나폴리스호라는 이름의 중순양함이었다. 이 배는 비밀 임무를 띠고 호위함 하나 없이 캘리포니아를 떠나 태평양으로 항진해 무사히 임무를 완수했다. 인디애나폴리스호는 귀환 시에도 비밀 딱지를 떼지 못하고 단독 항해를 하다가 일본군 잠수함의 밥이 되고 만다.

그 날짜는 일본군이 두 손을 들기 15일 전, 7월 30일이었다. 인디애나폴리스호가 맡았던 비밀 임무는 조립 전의 원자폭탄 수송이었다. 침몰 6일 뒤 히로시마에서 수만 명을 일순간에 죽였던 원자폭탄. 그 지옥의 물건을 운반한 대가를 치른 걸까.

언급했듯 인디애나폴리스호 항해는 기밀 사항이었다. 어뢰 피격 후 함장인 찰스 맥베이 대령은 구조 신호를 보내고 병사들을 탈출시켰다. 하지만 구조 신호는 어찌 된 일인지 접수되지 않았다. 생존자들 수백 명은 무려 4일 동안이나 구조를 받지 못

세계사에 균열을 낸 결정적 사건들

하고 바다에 떠다니다가 상어 떼의 습격을 받았다.

많은 이가 퀸트의 증언처럼 상어의 습격을 받으며, 또 남태평양의 뜨거운 햇살 아래 마르고 지쳐 죽어갔다. 배가 침몰한 직후 바다에는 900명이 넘는 인원이 아우성을 치고 있었지만, 우연히 지나가던 미군 비행기가 그들을 발견하고 구조대가 도착할 즈음 생존자는 316명에 불과했다.

이 참사로 미국 여론은 들끓었다. 전쟁 중 군함 한 척이 침몰하는 거야 큰 이슈가 아니었으나 '타이밍'이 극도로 좋지 않았다. 전쟁은 사실상 끝났고, 일본 본토를 언제 쓸어버리느냐의 문제만 남았다고 여유만만하던 즈음에 상상 이상의 대참사 소식이 전해졌던 것이다.

지옥 같은 전쟁터를 버텨낸 자식들의 금의환향을 기다리던 유가족들부터 승리에 일찌감치 도취되어 있던 평범한 미국 시민들까지 펄펄 끓어올랐다. "수백 명의 생때같은 젊은이들을 상어 밥으로 만들다니, 대관절 누가 책임자냐! 누가 이 사태를 책임질 거냐!"

함장 맥베이 대령은 배를 잃긴 했지만 임무를 게을리하거나 실수한 것 없이 최선을 다했고, 눈에 띄는 과오를 저지른 바도 없었다. 그러나 여론에 떠밀린 재판은 많은 걸 무시했다.

중순양함에 호위함 없는 단독 항해를 지시한 수뇌부의 실책도, 분명히 구조 신호를 보냈다는 맥베이 대령의 증언도, 인디애나폴리스호가 제시간에 임무를 맡은 해역에 나타나지 않았는데도 신경을 쓰지 않은 상황도, 일본군의 잠수함 활동 관련 정보를 인디애나폴리스호에 제때 제공하지 않은 사실도 깡그리 배척된 것이다.

미국 해군과 정부는 인디애나폴리스호의 재난이 찬란한 승리에 누가 될까만 두려워했고, 책임 추궁 과정에서 더 많은 진실이 밝혀질 걸 염려했다. 그러기 위해선 희생양이 필요했다. 모든 책임은 고스란히 맥베이에게로 돌아갔다.

당시 미군 해군 당국은 두 가지 과실로 맥베이를 기소하려 들었다. 첫 번째는 '적절한 시기에 배를 포기하지 않은 죄'였고 두 번째는 '지그재그 운항으로 적의 잠수함을 경계하지 않은 죄'였다.

첫 번째 혐의는 어뢰 피격 후 단숨에 침몰해버린 사건 성격상 스스로 생각해도 말이 되지 않았기에 슬그머니 거둬들였지만, 후자의 경우는 악착같이 적용하려 들었다. 심지어 군 검찰은 인디애나폴리스호를 격침시킨 일본군 잠수함장 하시모토 모치츠라를 증인으로 소환하기까지 했다.

이건 "9·11 사태를 수사하는 뉴욕시 검찰이 뉴욕시 소방청장을 처벌하기 위해 (사태를 일으킨) 비행기 납치범을 소환한 것만큼이나 말이 안 되는"[54] 일이었지만 하시모토는 담담하게 사실을 밝혔다. "지그재그 운항은 없었지만 무슨 기동을 했든 우리는 인디애나폴리스호를 격침시킬 수 있었습니다."

하지만 미군 검찰의 귀에 들어오는 말은 "(잠수함 회피를 위해) 지그재그 기동을 하지 않았다"라는 것뿐이었다. '어쨌든' 지그재그 기동을 하지 않았고 '그러니까' 유죄라는 논리를 세운 것이다. 태평양 전쟁 와중에 수백수천 척의 배가 침몰했지만 자신의 배가 침몰했다는 이유만으로 유죄 판결을 받은 사람은 맥베이 함장밖에 없었다.

애초 맥베이 함장의 군법회의 회부에 반대했던 체스터 윌리엄 니미츠 해군 사령관은 얼마 뒤 맥베이를 원상 복귀시키고 별도 달아준다. 맥베이는 소장(小將)으로 제대했는데 비슷한 군 이력을 쌓았던 동료 함장급들은 대개 중장 이상으로 전역했으니 완전한 '원상 복귀'는 아니었던 셈이다.

또 그는 평생 인디애나폴리스호에서 사망한 유가족들의 원망과 대중의 분노에서 벗어나지 못했다. 단일 함정으로는 최대의 희생자를 낸 무능한 함장, 이 비극의 원천적인 책임자라는 비난은 맥베이의 여생 내내 지속되었다.

인디애나폴리스호의 생존자들은 결코 함장을 비판하지 않았고 "나는 그때로 돌아가더라도 그의 배에 타고 그의 지휘를 받

---

54 〈워싱턴포스트〉, 2021년 6월 6일.

앉을 것"이라고 항변했지만 맥베이 함장에 대한 손가락질은 멎지 않았다. 1968년 맥베이 함장은 권총 자살로 생을 마감한다.

● 함장의 구조 요청 깔아뭉갠 사람들

그로부터 또 30여 년이 흐른 1997년, 미국 플로리다주의 열두 살 소년 헌터 스콧은 영화 〈죠스〉를 본다. 어부 퀸트의 서늘한 독백에 전율했던 소년은 실화라는 사실에 경악했고, 그 사건의 모델이 된 인디애나폴리스호 사건에 관심을 갖는다.

그런데 함장이 미국 해군 사상 거의 유일하게 자신의 배를 잃은 데 대한 책임을 지고 유죄 판결을 받은 사실을 이상하게 여기고 내막을 탐구하는 일에 뛰어든다.

부동(不動)의 사실로 인정되고 부정할 수 없는 상식(常識)의 반열에 오른 사건의 '진실'에 새삼 뛰어든다는 건 그 자체로 용기가 필요한 일이다. 사람들의 머리에 뿌리 내린 사실과 상식을 뒤집는 데는 처음 정립하고 납득시키는 일에 비해 몇 배의 공력이 들어가는 법이다. 더구나 '학교 역사 숙제'로선 "이럴 가능성도 배제할 수 없다"라는 정도의 리포트만 써내도 A 플러스는 받을 수 있었을 것이다.

그러나 스콧의 의지와 용기는 숙제를 넘어서고 있었다. "인디애나폴리스호의 침몰은 불가피해 보였다. 그럼 왜 맥베이 함장은 유죄 판결을 받았는가? 부하들은 이에 대해 뭐라고 할까?"

세계사에 균열을 낸 결정적 사건들

헌터 스콧의 활약으로 미 해군이 감추고 있던 역사가 드러
났고 맥베이 대령의 누명이 벗겨진다. ⓒUSA 투데이

스콧은 인디애나폴리스호 생존자들 150여 명과 연락하고
문서 수백 건을 분석한 뒤 '함장은 억울했다'라는 결론을 낸다.
그게 전부가 아니었다.

역사 숙제를 넘어서 스콧은 일종의 '역사 바로 세우기' 운동
을 스스로 전개하기 시작한다. 맥베이 함장의 무죄 탄원 운동을
벌이면서 의회에까지 나아가 진상규명을 호소했던 것이다.

인디애나폴리스호 생존자들과 함께 의회에 나타난 스콧은
부르짖는다. "1년간 인디애나폴리스호의 생존자들과 이야기
를 나눈 저는 마땅히 이 부당함이 바로잡혀야 한다고 여깁니다.
69세에서 92세에 이르는 이분들이 함장의 명예 회복 소식을
들을 수 있는 시간은 얼마 남지 않았습니다."

인디애나폴리스호의 승무원들이 눈물을 글썽거리며 듣고 있는 가운데 스콧은 역사적인 또는 역사를 만든 명연설을 계속 한다.

"이것은 맥베이 함장의 해군사관학교 생도 시절의 인식표입 니다. 보시다시피 이 인식표 뒷면에는 그의 지문이 남아있습니 다. 저는 항상 그를 기억하고자 이 인식표를 갖고 다닙니다. 나 이가 많든 적든 미국에선 한 사람이 변화를 가져올 수 있다는 믿음을 상기시키고자 이 인식표를 갖고 다닙니다. 나는 미 해군 함정 인디애나폴리스호의 수병들이 제게 전해준 명예의 횃불 을 이어가는 책임과 권리를 일깨우고자 이 인식표를 갖고 다닙 니다."

미국 의회까지 나서서 재조사를 한 끝에 경악할 만한 사실 이 여럿 밝혀진다. 우선 함장의 구조 요청은 명확한 사실이었 다. 그걸 접수해야 할 사람들이 한눈팔다가 요청을 깔아뭉갰다 는 사실도 새삼 밝혀졌다. "이 구조 신호는 일본군의 역정보"라 고 판단하고 무시해버렸다는 치명적 사실도 속속 드러난다.

마침내 10대 소년이 던진 돌멩이는 그릇된 채 굳어지고 무 책임한 오해의 벽으로 둘러쳐진 역사적 허위의 이마에 명중 한다. 그 육중한 '오류의 거인'은 속절없이 쓰러지고 말았다. 2000년 빌 클린턴 대통령이 맥베이 함장의 무죄를 선언한 것 이다.

세계사에 균열을 낸 결정적 사건들

기나긴 역사 속에서 발견되는, 또 우리가 일상을 살아가면서 만나는 골리앗들은 비단 사악하고 탐욕스러운 존재들만은 아니다. 부당하고 불의한 권력만도 아니고, 비인간적이고 폭력적인 제도와 이데올로기만도 아니다.

　상대하기 어려운 거인은 한없이 '정의로운' 여론일 수도 있고, 실로 '지당한' 분노일 수도 있으며, 무엇으로도 위로되지 않는 슬픔의 에너지일 수도 있다. 그 정의와 슬픔과 분노의 불길은 너무 뜨거워 쉽사리 접근할 수도 없고 저항하기도 어렵다.

　그런데 애당초 이 불을 냈거나, 책임이 여실한 사람들이 불길 앞에서 자신의 안위를 지키고자 엄한 불쏘시개를 대신 던져 위기를 넘기는 꼼수도 드물지 않게 벌어진다. 맥베이 함장이 바로 그런 케이스였다.

　당시 미국 해군은 높은 사람들의 보신과 '승리의 영광'을 위해 맥베이 함장, 불운한 것 외에는 어떤 혐의도 없던 군인을 십자가에 매달았다.

　헌터 스콧은 역사적 진실을 캐낸 동시에 미합중국 해군의 '공식 역사'와 싸웠고, 자신의 책임을 넘어 타인의 죄과까지 짊어진 채 명예형을 당한 군인의 명예를 회복시켰던 것이다.

　스콧이 발견했던 역사, 즉 비극의 책임자들이 비극의 책임을 모면하고자 희생양을 내세우고 자신은 뒷전으로 빠져버리는 일은 정도의 차이가 있을 뿐 부지기수로 일어난다. 가까이로는 세월호 참사와 이태원 참사 때 그랬다.

이태원 참사 당시 "경찰을 미리 배치함으로써 해결할 수 있는 문제는 아니었다"라면서도 "시위가 있었기 때문에 경찰 경비 병력들이 분산되었던 그런 측면들이 있다"라고 한 입으로 두 말한 행정'안전부' 장관은 그 후로도 오랫동안 자리를 지키고 있고 "(핼러윈은) 축제가 아니라 현상"이었다면서 "할 일을 다했다"라고 거짓말을 늘어놓은 용산구청장도 평온한데, 당일 현장을 뛰어다닌 소방관들과 파출소 순경들에게 책임이 물어지고 지옥 같은 밤을 지새우고 손을 덜덜 떨면서도 국민에게 침착하게 상황 설명을 했던 용산소방서장은 참사 며칠 뒤 입건되었다.

그 풍경을 보면서 어찌 인디애나폴리스호와 맥베이 대령을 떠올리지 않을 수 있었겠는가. 현장에서 죽을힘을 다한 이들에게 책임이 전가되는 풍경이 무슨 데자뷔처럼 펼쳐지지 않았던가.

동시에 절실해지는 건 미국의 10대 소년 헌터 스콧의 용기와 지혜일 것이다. 최대한 정확한 정보와 구체적 증언으로 사실을 재구성하고, 차제에 누군가를 화형대에 올려야 한다는 강박으로부터 벗어나 사실 그 자체를 밝혀내야 한다는 뜻이며, 희생양을 불사르며 '직성을 푸는' 것보다 사태의 진실과 책임을 명확하게 공유하고 파악하는 신중함이 비극의 재연을 막는 첩경이 된다는 의미다.

자국 해군의 무관심과 무신경 속에 남태평양에서 비참하게

세계사에 균열을 낸 결정적 사건들

죽어간 인디애나폴리스호의 수병들과 그보다 더한 무책임과 무대책 속에서 속절없이 스러진 세월호와 이태원 참사 희생자들의 명복을 빈다. 아울러 우리 역사에서도 헌터 스콧 같은 다윗이 끊이지 않고 나타나길 바라본다.

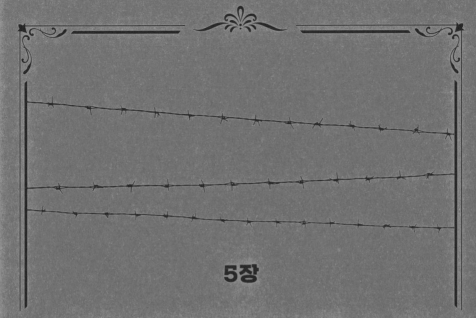

5장

신념을 지니면 아무도 막을 수 없다

| 신념 |

종교의 자유를 위해
최강대국에 맞서다

네덜란드를 자유로 이끈 오라녜공 빌럼

세계적 패권을 쥔 나라를 두고 '해가 지지 않는 나라'라는 표현을 쓴다. 제국의 어딘가에는 반드시 해가 떠 있을 만큼 영토가 넓디넓다는 뜻이다. 대항해 시대 이후 '해가 지지 않는 나라'는 실제로 출현하기 시작했다.

특히 19세기 영국은 '해가 지지 않는 나라'라는 표현에 걸맞은 대표적인 나라였다. 남극 대륙을 제외한 모든 대륙에 식민지를 뒀고 유니언잭(영국 국기)이 펄럭이던 땅이 최대 3,670만 km^2에 달했던 것이다.

하지만 '해가 지지 않는 나라'의 원조는 대항해 시대를 주도

했던 포르투갈과 스페인일 것이다. 포르투갈이 인도 일부와 동티모르, 신대륙의 브라질을 차지하고 중국 땅이었던 마카오에 똬리를 튼 게 1557년의 일이었고 스페인 역시 필리핀을 차지하고 1571년 마닐라에 통치기관을 설치했으니까. 필리핀이라는 이름 또한 스페인의 '해가 지지 않는 나라'를 이룩한 왕으로부터 비롯된 것이다. 바로 펠리페 2세다.

아메리카와 아시아, 유럽 곳곳에 영토와 식민지를 거느리고 라이벌이라 할 포르투갈의 왕위까지 계승한 스페인 국왕 펠리페 2세의 위세는 그야말로 하늘을 찔렀다.

"스페인은 암소를 길렀고 유럽은 그 우유를 마셨다.' 독일 계몽주의의 선각자로 통하는 17세기 법학자 겸 철학자인 사무엘 폰 푸펜도르프의 말이다. 여기서 암소란 아메리카 대륙을 칭하며 우유란 은을 말한다. 한 학자의 계산에 따르면 1545년에서 1800년 사이 아메리카의 은 생산량은 13만t에 이르렀는데 그 가운데 10만t이 유럽으로 왔다."[55]

필리페 2세는 막대한 부에 빠져 허우적거리는 사치스럽고 게으른 군주가 아니었다. 오히려 궁에 틀어박혀 수많은 서류를 검토하며 스페인 통치에 관심을 기울이는 성실한 왕이었다.

---

55 <월간중앙> 2019년 11월호, '조홍식의 부국굴기'.

"문서 속에 파묻혀 있을 때만 편안함을 느꼈다. 그 어떤 비서보다도 글 쓰는 속도가 빨랐고 장부에 무엇이 쓰여 있는지 훤히 알았으며, 많은 양의 문서들을 일일이 검사하느라 눈은 늘 충혈되어 있었다."[56] 그의 별명은 '서류왕' '신중왕(愼重王)'이었다.

이런 필리페 2세는 황망하게도 재위 기간 중 네 번이나 국가 파산을 선언한다. 세계 최대의 부국 왕이 빚쟁이들에게 "줄 돈이 없다"라며 '배를 쨌다'는 것이다. 그것도 네 번씩이나.

이 사태의 원인은 다름 아닌 필리페 2세의 신앙심이었다. 그의 신앙심은 독실(篤實)하다 못해 독랄(毒辣)했는데, 신교도들을 탄압하고 끊임없이 전쟁을 벌여 화수분 같던 신대륙의 부(富)조차 탈탈 털어먹었던 것이다.

그래서 필리페 2세는 스페인의 황금시대를 대표하면서도 우울한 퇴장의 길을 연 왕으로 평가된다. 세계 최대의 부국을 경제 파탄으로 몰아넣은 펠리페 2세의 전쟁 이력서 가운데는 수십 년 동안 계속된 '네덜란드 독립전쟁'을 빼놓을 수 없다.

일찍이 상공업이 크게 발달해 경제적 번영과 함께 높은 수준의 자치권과 정치적·종교적 자유까지 누렸던 네덜란드 지역은 스페인으로선 놓칠 수 없는 알짜배기 땅이었다. 하지만 펠리

---

56   이강혁, 『스페인 역사 다이제스트 100』 가람기획, 2012.

페 2세의 극렬한 신교도 탄압과 강력한 통제는 네덜란드인들의 반발을 불러일으켰다.

펠리페 2세의 아버지 카를 5세도 독실한 가톨릭 신자로서 신교도들을 못살게 굴긴 했지만, 그는 플랑드르 지방 출신으로 네덜란드 말을 할 줄 알았고 그 문화를 이해했기에 네덜란드인들의 불만을 무마할 수 있었다.

그러나 펠리페 2세는 스페인에서 나고 자란 사람으로 네덜란드 말을 한마디도 할 줄 몰랐다. 그에게 네덜란드는 그저 황금알 낳는 거위일 뿐이었고 황금알을 더 낳게 하기 위해선 무슨 짓이든 할 각오가 되어 있었다.

하물며 그가 악마처럼 미워하는 신교도들이 네덜란드에서 세력을 키워간다는 건 용납할 수 없는 일이었다. 가톨릭적 완고함으로부터 초저녁에 결별했고 그 전통을 이어온 네덜란드 17주 사람들은 고개를 저을 수밖에 없었다. "가톨릭이든 칼뱅파든 루터파든 도시의 법만 지킨다면 무슨 상관이란 말인가."

네덜란드 귀족들은 펠리페 2세에게 네덜란드 주민들의 권리를 존중해줄 걸 호소했지만 펠리페 2세의 주걱턱(합스부르크 왕가의 근친혼이 낳은 유전적 특성)은 미동도 하지 않았다. 오히려 그의 화형대 불길 같은 신앙심에 기름을 부었다고 하는 편이 맞을 것이다. "만약 내 아들이라도 이교도가 되면 화형에 처하기 위해 땔감을 아끼지 않으리라"라고 뇌까리는 왕의 살기 앞에서 네덜란드에는 점차 반란의 기운이 감돌기 시작했다.

그 지도자로 부상하는 사람 중 하나가 오라녜공 빌럼 1세였다. 빌럼은 독일 한 지역 영주의 아들로 태어났다. 남부 프랑스에 있던 오랑주 공국을 다스리던 삼촌으로부터 영지를 이어받은 이후 오라녜공으로 불렸다. 빌럼의 부모는 신교도였지만 종교를 까탈스럽게 따지는 편은 아니었다.

빌럼은 펠리페 2세의 아버지 카를 5세의 궁정에 들어가 지근 거리에서 그를 보좌한 적도 있었다. 노쇠한 카를 5세가 아들 펠리페 2세에게 왕위를 물려주겠노라는 연설을 할 때 카를 5세를 시종하며 부축했던 이가 다름 아닌 빌럼이었다.

그는 펠리페 2세가 신뢰할 만한 이들을 조직해 만든 '황금 양털 기사단'의 일원이기도 했다. "황금 양털 기사단에 임명된 50여 명의 기사는 서로 형제애를 맺고 충성을 맹세했다. 흥미로운 사실은 이교도 배제를 원칙으로 한 가톨릭 기사단임에도 빌럼의 기사단 가입에 아무도 문제를 제기하지 않았다는 점이다."[57]

빌럼의 처신이 그만큼 신중하고도 사려 깊었다는 걸 말해주는 일화다. 빌럼의 별명은 '침묵공'이었다. 원래 과묵한 성격이

---

[57] 조제프 커밍스, 『역사에 길이 남을 숨겨진 역사적 사건들』 북아띠, 2020.

오라녜공 빌럼을 꾸짖는 펠리페 2세.

기도 했지만 당시 사람들이 침을 튀기다 못해 말싸움을 넘어 칼
싸움을 벌이기 일쑤였던 종교 논쟁에서 아예 입을 다물어버리
는 것으로 유명했기에 붙여진 별명이라고 한다.

　빌럼은 1559년 네덜란드 지역을 다스리는 총독으로 임명되
는데 펠리페 2세의 충신보다 네덜란드 주민들의 정치적·종교
적 자유의 대변자로서 두각을 드러내기 시작한다.

● **"신민은 폭압적 통치에 저항할 수 있다"**

19세기 네덜란드 화가 코르넬리스 크루서만은 침묵공 빌럼을
꾸짖는 펠리페 2세의 모습을 그림으로 남겼다. 그림 속에서 펠
리페 2세는 한 손으로는 빌럼의 팔을 잡고, 또 한 손으로는 삿

대질을 퍼붓고 있다.

유럽 최강, 아니 세계 최강이라고 해도 손색없는 나라의 왕이 "너 때문이야! 네가 문제야!" 하며 이를 부득부득 가는 상황에서도 빌럼의 표정은 '침묵공' 그대로다. 입을 굳게 닫고 표정을 드러내지 않은 채 펠리페 2세의 시선을 정면으로 받아낸다.

그리고 침묵으로 모든 걸 드러내고 있다. 마치 그가 1581년 선언한 '철회령'에서처럼 "군주가 신민을 어진 마음으로 통치하지 않는다면, 신민들은 군주의 폭압적 통치에 저항할 수 있다"[58]라고 되뇌는 듯하다고나 할까.

위에서 언급한 바와 같이 오라녜공 빌럼은 카를 5세와 펠리페 2세 모두의 충신이었고, 열렬한 신교도도 아니었던 만큼 펠리페 2세의 비위를 맞추며 한세상 잘살 수도 있는 사람이었다.

하지만 펠리페 2세가 이단 심판관을 파견해 수천 명의 목숨을 앗아가고, 이 조처의 완화를 요청하던 '저지대(땅이 바다보다 낮은 곳, 네덜란드·벨기에 지역을 통칭하는 말)' 가톨릭 귀족들까지 죽여버리기에 이르자 빌럼은 저항에 나섰고 네덜란드 독립전쟁의 구심점으로 부상한다.

독립전쟁 과정에서 그는 몇 번이나 당대의 강대국 스페인

---

58 <조선일보>, 2014년 6월 28일, '권력과 얼굴'.

군대에 절망적인 패배를 당했고, 네덜란드 17주 가운데 가톨릭 세력이 강했던 10개 주(오늘날의 벨기에 지역)는 저항 대열에서 떨어져 나갔으며, 장남은 스페인에 납치되어 영영 만나지 못하는 개인적 비극을 겪었다.

그러나 그는 포기하지 않는다. 1579년 네덜란드 북부 7개 주가 스페인에 맞서 끝까지 싸울 걸 결의하며 선언한 '자유'를 사수하고자 세계 최강대국 군주에 굴복하지 않는다. "누구나 종교의 자유를 가지며 어느 누구도 종교에 의해 심문을 받거나 박해를 받아선 안 된다."

네덜란드인들은 치열하게 저항했다. 헤아릴 수 없이 많은 항전이 벌어졌지만 그중에서도 레이던 공방전은 네덜란드 독립전쟁의 상징과도 같은 전투라고 할 수 있다.

1574년 스페인군은 레이던을 포위하고 맹공을 퍼붓는다. 레이던 시민들은 필사적으로 싸웠다. 그들은 결의한다. "우리의 왼손을 잘라먹으면서 오른손으로는 우리의 부녀자와 자유, 그리고 우리의 신앙을 외적의 압제로부터 지켜낼 것이다."[59]

너무나 압도적인 기세 앞에 레이던 시민들은 마음이 약해져 항복을 고려하기도 했다. 이때 빌럼의 전갈이 날아들었다. "석 달만 버텨주시오." 시민들은 용기를 되찾고 무려 5개월 동안이나 스페인의 포위를 견뎌냈다.

도시의 나뭇잎까지 다 먹어치울 만큼의 굶주림과도 싸워야 했던 네덜란드인들은 마침내 목숨을 건 반격 작전을 시도한다. '저지대'의 생명선이라 할 제방을 파괴하고 도시를 물바다로 만든 뒤 함대를 투입한 것이다. 얕은 수심에도 운용 가능한 평저선들이 바다로부터 몰려들었고 마침내 레이던을 해방시킨다.

이때 네덜란드 함대는 굶주린 시민들에게 빵과 청어를 나눠줬다. "오늘날에도 이날의 승리를 기념하는 축제일(10월 3일)에는 시청에서 흰 빵과 청어를 무료로 나눠주는 관행이 있다."[60]

하지만 레이던의 승리는 감격적이었지만 결정적인 건 못 되었고, 그 이후 완전한 승기를 잡은 것도 아니었다. 빌럼 역시 끝내 가톨릭교도의 손에 암살당하고 만다. 그러나 네덜란드인들은 오늘날 우리가 공기처럼 자유롭게 누리는 '종교의 자유'를 비롯한 시민의 권리를 위해 물러서지 않았다.

네덜란드인들은 흰색, 빨간색 등이었던 당근을 교배해 오렌지색 당근을 만들어 퍼뜨렸다고 한다. 그 이유 가운데 하나는 오렌지(Orange) 즉, 오라녜공 빌럼을 기리기 위해서였다. 오늘날의 축구 강국 네덜란드 선수들이 '오렌지 군단'이라 불리는 이유도 마찬가지다.

---

59 <사이언스타임즈>, 2010년 10월 4일, '기후와 전쟁'.
60 <조선일보>, 2011년 1월 21일, '주경철의 히스토리아'.

그들에게 오라네공 빌럼은 곧 자유와 독립의 상징이었고, 지배자가 아닌 대표자였으며, 군주가 아닌 동지였다. 빌럼과 네덜란드인들은 세계사의 거대한 진전을 이뤄낼 시민혁명의 서막을 함께 열어젖힌 것이다. 미국 독립보다, 프랑스 대혁명보다 200년이나 앞선 일이었다.

오늘날 네덜란드 국가의 가사는 말 그대로 빌럼의 고백이자 네덜란드인들의 다짐이다. "나사우 가문의 빌럼, 나는 네덜란드인의 혈통이다. 조국에 충성을 다함을 죽을 때까지 계속할 것이다. 오라네공으로서 나는 자유롭고 두려움이 없다."

세계사에 균열을 낸 결정적 사건들

'한낱 공놀이' 축구로도
억압에 맞설 수 있다

마티아스 신델라가 맞닥뜨려야 할 운명

축구 A매치, 즉 국가대표팀 간의 경기에선 반드시 두 팀의 국가가 연주된다. 화기애애한 친선경기에서도 국가가 연주할 때만은 선수들의 표정이 진지해지게 마련이고, 월드컵 본선 경기쯤 되면 모두 전투를 앞둔 병사의 얼굴이 되어 국가의 가사를 음미하듯 읊조리거나 국가를 열렬히 합창하는 게 보통이다.

그런데 지난 카타르 월드컵에서 매우 특이한 일이 벌어졌다. 이란 대표팀이 경기 전 국가가 울려 퍼질 때 국가를 따라 부르지 않고 일제히 함구해버린 것이다. 이란에서 벌어지는 반정부 시위를 지지하고 정부의 살인적 탄압에 반대하는 의미였다.

그 조짐은 이전부터 있었다. '이슬람 공화국'을 자처하는 이란의 완강한 율법상 여성들은 이슬람 혁명 이후 축구 경기장 입장이 금지되어 있었다.

축구에 열광하는 이란 여성들은 남장(男裝)을 해서라도 경기장에 들어가려고 했고 종교 경찰은 적발하느라 여념이 없었는데, 2019년 사하르 호다아리라는 여성 축구팬이 경기장에서 체포되어 재판을 기다리던 중 분신 사망하는 일이 벌어졌다.

이란 국내 프로팀 에스테그랄의 열성 팬으로 팀 특유의 파란 유니폼을 즐겨 입어 '푸른 소녀'로 불렸던 그의 죽음에 이란이 들끓었고 이란 축구의 영웅 알리 카리미는 절규했다. "호다아리의 죽음에 항의하기 위해 축구장에 가지 말자!"

이란의 사회 변화를 지지하는 이들은 이란의 최고 인기 스포츠인 축구로 연대를 표현해왔고, 카리미의 예에서 보듯 다양한 방식으로 호응하는 선수들도 있었다. 히잡 착용을 거부하는 시위가 이란 전역을 휩쓸 무렵, 이란 국내 축구 리그의 몇몇 선수들은 골을 넣은 후에도 골 세레모니를 하지 않았다.

소극적일 수 있지만 누구에게나 도드라져 보이는 저항의 몸짓이었다. 나아가 수십억 축구 팬이 밤잠 설치며 지켜보는 월드컵 경기에서 이란 축구팀은 전원 국가 앞에서 입을 다물어버린 것이다.

"순교자여, 그대의 함성은 역사에 울려 퍼지리. 인내하며 이

세계사에 균열을 낸 결정적 사건들

어나가는 영원한 그 이름, 이란 이슬람 공화국이여!" 운운하는 이란 국가의 가사를 '씹으면서' 그들은 소리 없이 외치는 것처럼 보였다. "순교자는 과연 누구인가. 공화국은 누구를 위해 존재하는가."

이란 선수들의 침묵은 어떤 웅변보다도 감동적이었고, 스스로의 안위를 돌보지 않은 용감한 시위였다. 선수들과 뜻을 같이하는 이란 관중들이 X자 그은 국기를 흔들며 동조하기도 했으나, 험악한 야유를 퍼붓는 이들도 못지않게 많았고 그들은 이란 이슬람 공화국을 연호하며 선수들을 압박했다.

하지만 이란 선수들의 입은 끝내 열리지 않았다. 그들을 새삼 기억하면서, 그날의 이란 선수들처럼 골리앗 같은 거대한 상대에게 작은 힘으로나마 맞섰던 그라운드의 다윗에 대해 얘기를 해볼까 한다.

1934년 이탈리아에서 제2회 월드컵이 열렸다. 이탈리아의 독재자 베니토 무솔리니가 "승리 아니면 죽음을!"이라는 전갈을 보내며 선수단을 압박하는 판이었으니 대회 분위기는 그야말로 살벌했다. 이탈리아 선수들은 우승하지 못하면 이탈리아에서 발붙이고 살 수 없다는 위기감에 시달렸다.

따라서 경기마다 이탈리아 선수들은 축구가 아닌 격투기를 자주 선보이며 상대편의 기를 죽였다. 홈팀의 시퍼런 서슬 앞에 심판들은 대개 눈을 감았다.

당시 체코슬로바키아와의 결승전에서 이탈리아 선수들에게 "이탈리아를 위해 죽어라" 하고 아우성치던 관중은 한 골을 먹자 그냥 "죽어라"를 합창했다. 연장전 끝에 패배한 체코슬로바키아 선수들이 아쉬움에 앞서 안도의 한숨을 내쉴 지경이었다. 당시 체코 선수의 회고다. "우리는 경기에선 졌지만 살아남지 않았나." 이기고 싶은 욕심보다 살고 싶은 욕망이 더 절실하게 마련이다.

결승도 결승이었지만 이탈리아의 최대 고비는 4강전이었다. 4강전 상대는 오스트리아였다. '축구계의 모차르트'라는 극찬을 들었던 슈퍼스타 마티아스 신델라가 이끄는 오스트리아 팀은 당대 유럽 최강이었다. 월드컵이 열리기 전 오스트리아 대표팀은 신델라를 빼고도 이탈리아를 4대 2로 완파한 이력도 있었다.

"지면 죽는다"를 되뇌고 있던 이탈리아 선수들로선 '축구계의 모차르트'를 어떻게든 망가뜨려야 했다. 공이 아니라 신델라의 발목을 겨냥한 태클이 난무했고 신델라가 비명을 지르며 나뒹굴어도 심판의 휘슬은 울리지 않았다. 우아한 발놀림으로 상대방 수비를 무너뜨리던 신델라는 이탈리아 선수들의 무자비한 발길질에 만신창이가 되고 만다.

'분더팀(Wunderteam)', 즉 '놀라운 팀'이라는 별칭을 지녔던 오스트리아는 '놀랍게도' 이탈리아에 패하고 만다. 이탈리아와의 경기에서 부상을 입은 신델라는 3·4위전에도 출전하지 못하고 1934년 월드컵을 끝내야 했다.

1938년 프랑스 월드컵에서도 오스트리아는 여전히 우승 후보였다. 오스트리아 팀은 최상의 기량을 발휘하며 지역 예선을 거쳐 월드컵 출전권을 따냈다. 그러나 그들은 월드컵에 발을 디디지 못할 운명이었다. 그들의 나라가 사라져버린 것이다.

프랑스 월드컵은 1938년 6월 4일 킥오프되는데 그로부터 석 달 전인 1938년 3월, 오스트리아는 나치 독일에 합병되면서 지도에서 이름이 소거되었다. 나라가 없는데 국가대표팀이 있을 수 없지 않은가.

오스트리아 대표팀 선수들 중에도 땅을 치며 슬퍼하는 이들이 있었겠지만, 뭐니뭐니 해도 가장 암울한 상황을 맞은 건 오스트리아의 슈퍼스타 마티아스 신델라였다. 사라진 국가대표팀 스트라이커에 이어 그는 나치가 혐오해 마지않는 유대인이었던 것이다.

오스트리아가 합병되자마자 나치 독일은 오스트리아 프로축구협회를 해산시키고 오스트리아 축구계의 유대인 청소에 나섰다. 유대계 구단주들은 구단을 빼앗겼고 유대계 선수들은 직장을 잃었다. 신델라가 소속된 FK 오스트리아 빈의 단장이었던 미힐 슈바르츠도 직을 잃었을 뿐 아니라 해외로 탈출할 길을 알아봐야 할 만큼 궁지에 몰렸다.

20세기 가장 위대한 오스트리아 축구
선수 마티아스 신델라.

　　나치 당국은 유대계 인사와의 교류는 물론 대화조차 하지
말라고 강요했다. 하지만 신델라는 슈바르츠에게 이렇게 말했
다고 한다. "새 클럽 단장은 단장님하고 말도 섞지 말라고 하더
군요. 그런데 저는 계속 단장님하고 얘기할 겁니다."
　　영화 〈사운드 오브 뮤직〉의 주인공 트랩 대령처럼 나치의
지배를 탐탁지 않아 하는 오스트리아인도 있었으나 대개는 나
치 독일과의 합병을 열광적으로 지지했다. 대부분의 오스트리
아인들은 아리안족의 우수성을 주워섬기며 다른 민족들에 대
한 경멸감을 숨기지 않는 나치의 충실한 노예가 되어가고 있었
다. 신델라는 그 험악하고 난폭한 '대세'에 저항했던 것이다.

● 세상에서 가장 용감한 세리머니

신델라의 저항은 1938년 4월 3일 독일과 오스트리아의 친선경기에서도 빛을 발했다. 나치는 오스트리아 빈의 프라터 스타디움에서 거창하게 열린 이 경기를 독일 민족의 '형제애 부각'의 장으로 승화시키고 싶어 했다.

그러려면 누군가 승리해 환호하고 한편이 패배해 분루를 삼키는 그림은 바람직하지 않았다. 최선을 다해 싸웠으나 승부를 가리지 못하고 서로를 추켜세우며 어깨동무하는 각본을 원했다. 나치는 선수들에게 압박한다. 독일과 오스트리아의 경기는 사이좋은 무승부로 끝나야 한다고 말이다. 하지만 신델라의 생각은 좀 달랐던 것 같다.

신델라를 비롯한 오스트리아 선수들은 전반전 내내 무기력한 경기를 펼치며 '사이좋은 무승부'에 동참하는가 싶었다. 하지만 후반전 절반이 지날 즈음 별안간 신델라의 움직임이 빨라지더니 0대 0으로 끝나길 고대하던 독일 당국에 얼음물을 끼얹는 골이 터져 나왔다.

물 밑의 음모를 알 길이 없던 오스트리아 관중들이 환호하는 가운데, 신델라는 나치 고위 관계자들이 즐비하게 앉은 본부석 앞으로 달려가 왈츠를 추며 골 세리머니를 했다고 한다. 아마도 1938년, 나치의 세계 정복 전쟁이 시작되기 1년 전의 유럽에서 필시 가장 용감한 왈츠였을 것이다.

슈퍼스타가 아니었다면 그 경기장에 서지도 못했을 유대인 신델라의 왈츠 앞에서 나치 관계자들의 얼굴은 황망함으로 일 그러졌다.

나치 깃발을 흔들던 오스트리아 관중은 이내 자신들 기억 속 '분더팀', 옛 오스트리아 대표팀의 추억을 되살리며 환호한다. "오스트리아! 오스트리아!" 사이좋은 무승부는 그렇게 물 건너가고 신델라의 분더팀은 한 골을 더 성공시켜 2대 0으로 독일 팀을 꺾는다.

이후 신델라는 독일 대표팀에 합류하라는 끈질긴 제안을 받는다. 1938년 월드컵을 앞두고 나치는 신델라가 유대인이라는 사실을 감수하고라도 분더팀의 전력을 독일 대표팀에 끌어들이고 싶었던 것 같다. 하지만 신델라는 나이가 많다는 이유로 여러 차례 거부한다. (오히려 나치가 유대인이라는 이유로 신델라의 대표팀 합류를 거부했다는 설도 있다).

신델라는 숫제 축구장을 떠나 카페를 열었다. 그런데 카페는 박해를 이기지 못하고 해외로 떠난 유대인으로부터 인수한 것이었다. 급히 삶의 터전을 떠나야 하는 유대인의 긴박한 사정을 노려 그 재산을 거저먹다시피 하는 얌체 짓이 유행이던 시기, 신델라는 제대로 된 값을 치렀다. 이런 행동만으로도 신델라는 게슈타포의 감시 대상이 되기에 충분했다.

신델라 가게의 '고객 절반이 유대인'이며 신델라가 나치에 동조적이지 않다는 게슈타포의 보고서에서 당시 신델라의 주변 상황을 짐작해볼 수 있다.

나치 깃발 수만 개가 휘날리던 '오스트리아-독일 통일 기념 경기'에서 우정의 무승부 권유를 걷어차고 결승골을 넣은 후 나치 간부들 앞에서 왈츠를 추던 신델라는 몇 달 뒤 의문의 죽음을 맞는다.

굴뚝이 막혀 발생한 일산화탄소 질식사였는데 지금까지도 사고설, 나치의 암살설, 자살설 등이 분분하다. 어느 쪽이든 정상 사회에서라면 '축구계의 모차르트' 마티아스 신델라가 맞닥뜨려야 할 운명은 아니었을 것이다.

자신이 대표하던 국가가 허무하게 사라지고 자신을 응원하던 국민은 나치 깃발을 들고 환호하며 '하일 히틀러'를 합창하는 막막한 상황, '우애 넘치는' 무승부를 대놓고 강요하던 나치 관계자들 앞에서 의연하게 골을 성공시키고 왈츠 스텝을 밟았던 유대인 축구 선수 신델라의 마음을 상상해본다.

그도 두려웠을 것이다. "이란에 돌아가면 사형당할 수도 있다"라는 풍설이 난무하는 가운데 국가 제창 시간에 어깨동무를 하고 입을 다물어버렸던 카타르 월드컵의 이란 선수들 이상으로 말이다. 하지만 신델라는 자신과 같은 처지의 유대인들이 고립되어 피눈물 흘리며 떠나가던 그 순간에 축구로 저항했고, 축구를 포기함으로써 살기등등한 골리앗을 거슬렀다.

2022년 카타르 월드컵에 가족과 함께 초대받았지만 "조국에서 사랑하는 사람들을 잃은 모든 가족에게 애도를 표해야 한다"라며 거절하고, 반정부 시위 지지 메시지를 냈다가 체포된 이란 축구 영웅 알리 다에이처럼 말이다.

사람들의 자유와 생명을 위협하는 골리앗들은 끊임없이 더 거대하고 더욱 교활한 모습으로 재생되지만 그에 맞서는 다윗들의 용기 역시 항상 새롭게 부활한다. '한낱 공놀이'일 수도 있는 축구에서조차.

세계사에 균열을 낸 결정적 사건들

종교와 인간의 보편적 권리에
질문 던진 중죄인

죽음보다 사랑을 선택한 미샬 공주

1941년 1월 6일 미국의 루즈벨트 대통령은 연두교서에서 '미래의 근간이 되는 네 가지 자유'를 말한다. 언론의 자유, 결핍으로부터의 자유, 공포로부터의 자유, 그리고 신앙의 자유다. 루즈벨트는 '신앙의 자유'에 관해 이렇게 설명했다. "전 세계 어디에서나 모든 사람이 자기 방식으로 신을 경배할 수 있는 자유."

매우 간결하고 단순한 명제다. 이 간단한 명제에 이르는 길은 세계사적으로 퍽 복잡하고 어지러웠다. 가장 많은 인류의 생명을 빼앗은 원흉 리스트를 꼽아 본다면, '신앙'은 단연 랭킹 상위에 오를 것이다.

나와 같은 방식으로 신을 경배하지 않는다고, 다른 신을 경배한다고, 그리고 내가 믿는 신이 내린 규율을 어긴다고, 나의 신이 싫어하는 일을 한다고 사람들은 서로 따돌리고 저주하고 응징하고 죽였기 때문이다. 수천 년 동안 그랬고 지금도 현재진행형이다.

서로 다른 신앙을 가진 사람들은 말할 것도 없고, 같은 신앙을 가진 사람들 사이에서도 '자신의 방식'에 대한 강요는 흔하게 일어난다. 인간의 기본권을 침범하고 존엄을 무너뜨리는 만행 또한 신앙의 이름으로 자행된다.

일부 무슬림 사회에선(그렇지 않은 무슬림 사회가 더 많겠지만) 청춘남녀가 사랑을 느끼고 만남을 가졌다는 이유만으로 여자의 아버지와 오빠가 이른바 '명예 살인'을 자행하는 일이 흔하게 벌어지고, 여자가 학교에 다닌다는 이유로 얼굴에 황산이 뿌려지기도 한다. 변호사, 교사 등 일반적인 사회 활동도 제한적이며 히잡, 차도르 등 율법에 의거한 복장을 하지 않으면 법적으로 처벌되는 일도 비일비재했다.

이런 강력한 억압은 대부분 사람을 굴복시키지만 모든 사람의 기를 죽이진 못한다. 그리고 꺾이지 않은 사람들은 머리를 쳐들고 저항에 나선다. 2022년 완강한 이슬람 국가 이란을 뒤덮었던 '히잡 시위'가 좋은 예다.

히잡을 '제대로' 쓰지 않았다고 '도덕 경찰'에게 체포되었다가 의문사한 이란 여성이자 쿠르드족인 마흐사 아미니(본명 지나 아미니) 사건 이후 이란에선 항의 시위가 뜨겁게 폭발했다.

이란 여성들은 히잡을 불태우며 분노했다. 강경 보수 성직자 출신인 에브라힘 라이시 대통령의 행보에 반발한 이들도 시위 대열에 합세했다. 이란 전역에서 벌어진 유혈 시위에서 수많은 이들이 목숨을 잃었다.

이슬람 혁명 이전 이란 여성들은 지금으로선 상상하기 어려운 자유와 권리를 향유하고 있었다. 학교는 남녀공학이었고, 여성의 사회적·정치적 진출도 꾸준히 이어졌다. 하지만 1978년 이란 이슬람 혁명 이후 이란 여성의 천지는 안 좋은 쪽으로 개벽하고 말았다.

혁명 당시 시위대의 절반은 여자였건만 혁명 정부가 발표한 법은 수많은 여성을 경악시켰다. 법적 결혼 연령은 이슬람 율법에 따라 9세로 낮춰졌고, 법정에서 여성이 한 증언의 법적 효력은 남자의 절반만 인정되었으며, 외출 시에는 반드시 히잡이나 차도르를 쓰도록 강제되었다.

1979년 3월 7일 이슬람 혁명 정권이 히잡 또는 차도르 강제 착용을 선포하자 다음 날인 3월 8일 여성 수천 명이 이란 수도 테헤란에 몰려나와 시위를 벌이며 외쳤다. "우리는 너울을 쓰지 않겠다."[61] 이후 여성 시위대는 10만여 명까지 불어났지만 혁명수비대의 폭력적 진압이 이어졌고 여성들은 '너울' 속에 그들의 입을 가려야 했다.

그로부터 43년 뒤, 이번에는 히잡을 불태우고 머리카락을 자르는 여성들의 시위로 이란이 들끓었다. 억압은 습관이지만 자유는 본능이다. 억압받는 데 익숙해 보이는 사람들이지만 인간은 자유를 찾기 위해 상상 그 이상의 용기를 낸다. 2022년의 이란 여성들처럼 말이다.

용감했던 이란 여성들처럼, 인간의 자연스러운 권리를 가로막은 이슬람 율법에 인간적으로 저항했던, 하지만 그 때문에 목숨을 잃었던 한 이슬람 왕국 공주의 이름을 떠올려 보기로 한다.

이슬람 율법에 따른 여성 억압이 심한 나라로 사우디아라비아를 빼놓을 수 없다. 여성들의 운전조차 2018년에야 허용되었고 여성에게 투표권이 주어진 건 놀랍게도 2015년이었다. 참고로 최초의 여성 의원이 당선된 건 2019년이었다. 히잡, 차도르 등 여성이 둘러야 할 '너울'은 필수품을 넘어서서 생명 유지 장치에 가깝고, 남녀는 철저히 분리되어 자유연애 같은 건 꿈도 꾸기 어려운 나라다.

현대 사우디아라비아 왕국의 사실상 '태조(太祖)'라 할 압둘아지즈 이븐사우드는 자녀를 무려 마흔아홉 명이나 뒀고 그 아

---

61 〈조선일보〉, 1979년 3월 9일.

미샬 공주에 관련한 기사.

들들이 형제 상속으로 지금까지 사우디 왕가를 이어오고 있다.

미샬 빈트 파흐드 알 사우드 공주, 줄여서 미샬 공주는 이븐 사우드의 아들이자 이후 여러 국왕의 형이었던 무함마드 빈 압둘아지즈의 손녀로 태어났다.

미샬 공주는 갑갑한 국내를 떠나 해외 유학을 열망했지만 완고한 왕가는 쉽게 허락하지 않았다. 기나긴 승강이 끝에 공주는 그녀가 원하던 나라가 아닌 중동 국가 레바논으로의 출국을 허락받는다.

중동 분쟁에 본격적으로 휘말리기 전 레바논의 수도 베이루트는 중동에선 꽤 자유로운 도시였고 '중동의 파리'라는 별명으로 유명했으니 미샬 공주에게도 그럭저럭 수용 가능한 선택이었을 것이다. 일설에 따르면 미샬 공주는 손녀 가운데 자신을 가장 아껴준 할아버지의 힘을 빌려 유학을 성사시켰다고 한다.

하지만 베이루트에서 그녀는 레바논 주재 사우디아라비아 대사의 조카와 사랑에 빠진다. 보통 세상에선 축복받아 마땅한 일이지만 미샬 공주에겐 그렇지 않았다.

사우디아라비아의 이슬람 율법상 이미 그녀에겐 사랑 따위와는 무관하게 정해진 배필이 있었고, 결혼 전에 다른 평민 남자와 사랑에 빠진다는 건 용서할 수 없는 '간통' 행위에 해당되었다.

이즈음 찍힌 미샬 공주의 사진에는 서구 복장을 하고 자유롭게 춤추는 모습이 담겨 있다. 차도르로 가려버리기에는 그녀의 맵시는 너무나 자유로웠고 히잡 같은 너울로는 사랑의 열정을 가릴 수 없었다. 서로를 사랑한 까닭에 사형에 해당하는 중죄인이 된 공주와 그의 연인은 서방세계로의 탈출을 기획한다.

공주는 사우디아라비아 제다 근처의 휴양지 크릭에 머물던 중 자신의 옷을 해안가에 띄워 마치 익사한 것처럼 꾸몄다. 그후 남장을 하고 유럽으로 떠나는 비행기에 오를 계획이었다. 그녀의 연인 역시 여기에 동참했지만 이를 알아챈 사우디아라비아 관리들이 공항에 출동해 눈을 부릅뜨고 있었고 두 연인은 체포되고 만다.

세계사에 균열을 낸 결정적 사건들

● 인간의 보편적 권리를 짓밟는 종교란

재판 과정에서 공주는 가족들의 회유를 받는다. 연인 칼리드 알 샤에르 무할할의 유혹에 빠진 것일 뿐이라고, 즉 공주가 샤에르를 사랑해 남자로 받아들인 게 아니라고 증언만 하면 그녀는 목숨을 건질 수 있었다.

하지만 공주는 되풀이되는 질문에 세 번씩이나 단호하게 대답했다고 한다. "나는 간통죄를 범했습니다"라고 말이다. 즉 자신은 연인을 사랑하며, 연인과 함께 죽겠다는 선언이었다.

죽음 앞에서 베드로조차 예수를 세 번 부인했건만 공주는 자신의 사랑을 가로막고 연인의 목숨을 위협하는 이슬람 율법 앞에서 "나는 이 사람의 아내이고 싶다"라고 세 번 절규했다고 나 할까.

왕가의 공주라는 신분도, 유난히 그녀를 아꼈다는 할아버지의 힘도(오히려 손녀의 처형을 주도했다는 설도 있다), 죽음을 넘어선 사랑의 힘도 그녀를 구할 수 없었다. 그녀에게 베풀어진 마지막 자비는 투석형, 즉 돌팔매질에 의한 사형을 면하고 총살형에 처해진 것이었다.

그녀의 연인 샤에르는 공주의 죽음을 목도한 후 그녀의 친척(공주의 정혼자였거나 그 주변 사람)의 칼에 목이 잘린다. 전문 사형 집행인이 아니었던 그들의 칼은 무디기 이를 데 없었고, 다섯 번이나 칼을 쓴 다음에야 사형 집행이 끝났다고 한다.

독실한 무슬림이었을 그 연인은 죽음 직전에 '인샬라', 즉 '신의 뜻대로'를 되뇌었을 것이다. 동시에 그들은 알라, 즉 하느님에게 '이것이 정말 당신의 뜻입니까'를 묻고 싶지 않았을까.

사랑도 교감도 없이 별안간 가족이 정한 사람과 결혼해 사는 대신, 자신의 인생에 빛처럼 들어온 사랑을 받아들였다는 이유로 총에 맞고 칼로 목이 끊겨야 하는 중죄가 되는 세상이 과연 신의 뜻일까 혀를 깨물며 궁금해했을 것이다.

완고한 이슬람이 지배하는 사회에서 여자가 자유롭게 자신의 사랑을 선택한다는 이유로 죽음을 맞아야 했던 건 비단 미샬 공주만이 아니다.

앞서 얘기한 명예 살인, 즉 부모가 정해준 신랑감을 거부하거나 다른 남자에게 한눈을 팔았다는 혐의로, 집에 남자를 데려왔다는 핑계로 재판은커녕 부모·형제·이웃의 손에 죽어가는 여성의 수는 전 세계적으로 연간 최대 5천여 명에 이른다.

종교로서 이슬람은 존중되어야 하고 그 신도들인 무슬림의 권리와 신앙의 자유는 인정받아야 한다. 하지만 모든 종교는 인간을 위해 존재하는 것이지 인간이 종교를 위해 존재해선 안된다.

어떤 종교의 경전일지라도 모든 시대와 지역을 초월해 인간의 일상을 지배할 수는 없다. 일부 기독교 목사들이 "여자들은 교회에서 잠잠하라"라는 구절을 들고 와 여성 목회자를 반대하는 게 시대에 뒤떨어진 일이듯 1,300년 전에 쓰인 경전 구절로 21세기 인간을 단죄하는 건 그 자체로 야만이기 때문이다.

어떤 종교든 존중받아 마땅하다. 그러나 인간의 보편적 권리를 짓밟고 자신의 율법에 따를 걸 강요한다면 종교의 신성함은 땅에 떨어지게 마련이다.

1977년 미샬 공주가 총을 맞고 쓰러진 순간, 1979년 이란 혁명수비대가 히잡을 거부하는 여성들을 타격한 순간, 2022년 이란 곳곳에서 히잡이 불타오르는 순간 그랬듯 말이다. 그때마다 신성의 장벽에는 미샬 공주처럼 용감한 이들의 돌멩이가 날아들게 마련이다.

일본인 경찰서장이
'조센징'을 지킨 이유

간토 대학살의 온기, 오카와 쓰네키치

1923년 9월 1일 오전 11시 58분 일본의 관동 지역을 거대한 지진파가 휩쓸고 지나갔다. 마침 점심시간으로 가정집이나 식당에서 밥을 짓고 요리를 할 때였기에 건물이 무너지면서 거대한 불길이 타올랐다.

지진이 일기 전 일본에 상륙한 태풍의 여파였던 강풍으로 몸을 키운 화마(火魔)는 삽시간에 도쿄 시내를 비롯한 관동 지역을 거대한 불구덩이에 빠뜨렸다. 사망자 10만여 명 가운데 불타 죽은 사람이 태반이었다고 하니 그 참상을 짐작할 수 있다.

당시 일본에는 꽤 많은 조선인이 건너와 살고 있었다. 식민

세계사에 균열을 낸 결정적 사건들

지의 척박한 현실에서 탈출하고자 부지기수의 가난한 조선인들이 일자리를 찾아 현해탄을 건넜고 더 많이 알고자, 더 깊이 공부하고자 일본으로 건너온 유학생들도 적지 않았다. 일본 곳곳에 스며든 그들은 일본 사회에 적응하며, 차디찬 차별과 멸시의 눈길을 견디며 하루하루 살아가고 있었다.

한편 일본인들 입장에서도 대규모 조선인들의 유입은 이전에는 경험하지 못했던 이방인과의 전면적 조우이기도 했다. 만날 기회도 없었고 가까이 살지도 않았던, 낯선 문화와 풍습을 지닌 사람들이 몰려온 것이다.

"일본의 여관에서 전에는 조선인의 숙박이 드물었기에 우대해줬는데 최근에는 이것(조선인의 숙박)이 관례가 되는 동시에 조선인의 악취가 코를 찌르며 가래침 뱉기 등 불결 행위가 파다해 (조선인들에 대한) 대우가 일변했다."[62]라는 기사를 보면 일본인들이 조선인들을 대하는 태도의 온도 변화를 짐작할 수 있다.

조선인들이 실제로 불결하고 냄새가 났다기보다는 생활 방식과 문화가 다르고 형편이 좋지 않은 외국인 집단이 주변에 자리했던 게 문제의 핵심이었을 것이다. 더해 조선인들은 자신들이 국권을 침탈해 지배하고 있는 식민지 백성이었고 그들이 벌

62　<조선일보>, 1921년 5월 10일.

이는 항일 투쟁은 일본인들을 불편하게 했다.

세상 사람들에게 "조선은 죽지 않았다"라는 사실을 알렸던 3.1운동에 이어 만주에서 벌어진 무장 투쟁과 조선은 물론 일본 본토에서도 벌어진 치열한 의열 투쟁은 일본 제국주의는 물론 일본의 보통 사람들에게도 조선인들에 대한 경계심을 마음속에 새기게 한다. "조선인들은 언제 우리를 공격할지 모르는 사람들이다"라며 말이다.

'우리와 다른' 사람들에 대한 이해 부족, '우리보다 못한' 사람들에 대한 경멸, '우리를 해칠 수 있는' 사람들에 대한 공포가 버무려지고 있었다고나 할까.

이런 상황에서 일본의 심장부가 파괴되는 관동대지진이 터졌다. 일본 정부로서도 어디서부터 손대야 할지 분간이 서지 않는 이 미증유의 재난 앞에서 눈에 핏발 선 일본인들 사이에 악마의 속삭임이 돌기 시작했다.

"조선놈들이 이 난리통을 틈 타 뭘 어떻게 하려 한다더라." "우물에 독을 탄다더라." "반란을 일으킨다더라." 대개 공포와 혐오는 한 몸이다. 조선인들에 대한 경계심과 '일본과 다른' 조선인들에 대한 편견은 곧 조선인들에 대한 근거 없는 증오로 번져 갔다. 마치 관동대지진이 일으킨 거대한 화재처럼.

예나 지금이나 '카더라 방송'의 위력은 놀랄 만큼 강고하다. 로마 제국 시절 로마 대화재 이후 기독교인들에게 죄를 뒤집어

세계사에 균열을 낸 결정적 사건들

씌웠던 폭군 네로의 예에서 보듯, 대재앙을 겪은 이후 화풀이할 대상을 찾고 특정 집단을 대중의 분노에 던질 장작으로 소비하는 방식은 역사에 드물지 않았다.

관동대지진의 희생양은 조선인들이었다. 거대한 재앙에 절망했던 일본인들은 조선인들에 대한 유언비어를 쉬이 믿어버렸고 엉뚱한 방향으로 증오를 폭발시킨다.

대지진 다음 날인 9월 2일부터 조선인들이 이미 희생당하기 시작했는데 이 사태를 무마하고 제어해야 할 일본 정부는 되레 한 술 더 뜨고 있었다.

9월 3일 일본 내무성 경보국장 고토 후미오의 발표. "도쿄 부근 지진 재해를 이용해 조선인이 각지에서 불을 지르고, 불령(不逞)한 목적을 수행하기 위해 도쿄 시내에서 폭탄을 소지하고 석유를 뿌려 방화하고 있다." 정부가 나서서 유언비어를 공식 확인한 셈이었고 설마 그런 일이 있을까 고개를 갸웃거리던 일본인들까지도 확신에 찬 악마로 둔갑시키는 계기가 되었다.

조선인들이 무리 지어 우리를 공격할 거라는 거짓 공포 앞에서 일본인들은 저마다 '자경단(自警團)'을 갖추고 반격에 나섰다. "조센징들을 죽이지 않으면 우리가 죽는다." 여기에 공권력까지 가세하니 그야말로 끔찍한 조선인 사냥이 벌어졌다. 조선인들이 잘 발음하지 못하는 일본어 발음의 '15엔 50전(쥬고엔 고짓센)'은 죽음을 부르는 암호였다.

간토 대학살 당시 일본의
자경단이 조선인을
학살하는 모습.

죽창을 든 자경단들이 늘어서서 행인들에게 이 단어를 읊을 것을 요구했고, 더듬거리거나 발음이 일본인스럽지 않은 이들은 가차 없이 죽임을 당했다.

그렇게 죽어간 사람이 6천 명이 넘는다고 한다. 아니 얼마나 죽었는지 모른다는 편이 정확하겠다. 지금까지 제대로 조사된 적도, 확실한 진상이 드러난 것도 없기 때문이다.

아시아의 맹주를 자처하는 자칭 문명국 일본에서 불거진, 최악의 야만적 사태였다. 하지만 이 야만의 시간 속에서도 끝내 스스로 인간임을 포기하지 않은 일본인도 드물게 있었다. 학살에 쫓겨 경찰서로 몸을 피한 조선인과 중국인 300여 명을 지킨, 당시 쓰루미 경찰서장 오카와 쓰네키치는 그중 하나다.

세계사에 균열을 낸 결정적 사건들

● "나부터 죽이고서 조선인들을 죽일 수 있을 것이다"

9월 2일 일본인 자경단이 중국인 네 명을 경찰서로 끌고 왔다. 우물에 독을 타려던 걸 잡았다는 명목이었다. 오카와 서장이 보기에 중국인들이 가진 건 독도 아니고, 그들이 폭도인 건 더욱 아니었다. 그러나 이미 살기로 눈이 뒤집힌 자경단은 곧 네 명의 중국인들의 심장을 뚫어버릴 기세였다. 무슨 말을 해도 들어먹지 않았다.

그러자 오카와 서장은 벌떡 일어섰다. "그대들이 이토록 의심한다면, 내가 이 병에 든 내용물을 마셔보겠네. 그렇게 하면 독약인지 아닌지 판단이 설 게 아닌가."[63]

그러고는 벌컥벌컥 들이켰다. 그중 한 병은 맥주였고 한 병은 간장이었다. 맥주야 어찌 목구멍을 넘겼겠지만 간장 한 병을 '원샷'하기가 쉬웠을까. 하지만 사람을 살리려면 그렇게 해야 했다.

이후로도 조선인들이 무시로 경찰서로 끌려왔다. 이미 학살은 도처에서 벌어지고 있었고 피를 본 살기는 더 많은 피를 요구했다. 자경단들은 이제 조선인을 가둘 필요도 없이 직접 '응징'하겠다며 경찰서를 포위했다. "조센징들을 내놔라. 우리가

---

63 <오마이뉴스>, 2019년 9월 1일, '김보예의 일본 여행 속 역사 이야기'.

후환을 없애버리겠다."

폭도들의 기세를 누그러뜨리기 위해 필사적으로 애쓰던 오카와 서장은 통제 불능의 수위에 다다른 야만 앞에서 정상적인 인간이 내지를 수 있는, 그러나 참으로 어려운 노호(怒號)를 폭발시킨다. "조선인에게 손 대려면 한번 해봐라. 나부터 먼저 처치한 다음에야 조선인들을 죽일 수 있을 것이다."

한풀 꺾인 일본인 폭도들이 만약 조선인들이 경찰서를 폭파하고 도망가는 등 해코지를 하면 어찌할 거냐고 볼멘소리를 하자, 오카와는 또 한 번의 포효로 일본인 폭도들의 뒤통수를 때린다. "만약 한 명이라도 여기에서 도주하는 자가 있으면, 내가 그대들 앞에서 배를 갈라 사죄하겠노라."[64]

살기에 눈이 뒤집혀버린 군중처럼 무서운 건 없다. 이성을 잃고 질주하는 군중에겐 브레이크가 없다. 평소에는 벌레 하나 못 죽이던 선량한 사람들이 군중의 광기에 휘말리면 능숙한 살인마가 된다. 아울러 군중 속에서 그 죄책감은 천분의 일, 만분의 일로 줄어든다.

이런 광기의 태풍 앞에 서는 건 자살 행위에 가깝다. 멋진 연설과 강렬한 카리스마로 분노한 군중을 진정시키거나 설득하

---

64 위의 기사.

는 건 영화에서나 가능할 일일 뿐이다. 누군가 악써 외치는 "죽여라" 한마디면 모든 상황이 끝나버리는 것이다.

1896년 조선 국왕 고종이 러시아 공사관으로 옮겨간 아관파천을 결행하고 친일파 내각 대신들 제거 명령을 내리자 공권력은 말할 것도 없고, 민비 시해 등 일본의 작태에 분노한 대중들은 '역적'들을 찾아 서울 종로 거리를 휩쓸었다.

이때 총리대신 김홍집은 일본의 만류를 무릅쓰고 대중 앞에 나섰다. "나는 조선의 총리대신이오. 내 나라 백성에 맞아 죽을지언정 어찌 외국 군대에 몸을 의탁하겠는가."

관복을 갖춰 입은 총리대신 앞에서 군중은 일순 망설였다. 그러나 "어명이다. 김홍집을 죽여라." 한마디에 김홍집의 몸은 산산조각 나고 말았다.

이렇듯 광기의 불바람 앞에서 공직자의 본분, 아니 사람으로서의 가치를 지키기란 정말로 어려운 일이다. 눈 질끈 감고 외면해버리고서 한숨 쉬며 어쩔 수 없었다고 변명하면 그뿐인 일에 목숨을 걸어야 하니까 말이다.

그러나 오카와는 그 일을 했다. 어떤 거인보다도 크고 강력한, 인간 도살 행위를 정당화하는 광기에 사로잡힌 '혐오'라는 골리앗 앞에서 오카와 쓰네키치는 인간으로서의 가치라는 단단한 돌팔매를 휘두르며 맞섰던 것이다.

관동대지진 이후의 조선인 대학살은 결코 잊어선 안 되는 비극이고, 일본인들의 처절한 반성이 필요한 사건이다. 하지만 조선인들에게 죽창질을 하고 칼을 휘두른 일본인들은 결코 타고난 악마가 아니었다. 선량한 얼굴로 조선인들과 곧잘 어울리기도 했던, 그야말로 보통 사람들이었다.

그들을 악마로 돌변하게 만든 악마성이 일본인들의 특수성일까? 일본인들이었기에 그런 야만적인 일을 저지를 수 있었던 걸까? 답은 아니오다. 어느 민족 누구에게나 그 '특수성'은 발현될 수 있고 그 단초들 또한 세상 어디에도 자란다.

대구 대현동의 이슬람 사원 건축 문제로 주민들과 지역 무슬림 간의 충돌이 벌어졌다는 뉴스는 이미 해묵은 소식이다. 법원 판결로 사원 건축에 문제가 없다고 확정된 후에도 일부 주민들은 무슬림들이 금기시하는 돼지 머리를 갖다 놓거나 공사현장 앞에서 돼지고기 파티를 벌이는 무리수를 두기도 했다.

이런 외국인 혐오와 그들을 경계하는 눈빛과 태도는 과연 1920년대 초, 갑자기 불어난 조선인들을 바라보며 마늘 냄새가 나고 불결하며 아무 데나 침 탁탁 뱉는 조선인들, 그리고 '독립운동 한답시고 테러나 벌이고 사람을 죽이는' 조선인들을 바라보던 일본인들의 시각과 얼마나 다를까. 차이에 대한 몰이해, 그릇된 우월감, 근거 없는 공포, 그 모두는 오히려 닮아있지 않은가.

무슬림들이 터부시하는 돼지고기 파티가 이슬람 성원 공사

현장 앞에서 벌어지는 와중에 어느 대학생들이 이 '야만적인' 타 종교 조롱과 경멸을 규탄하는 대자보를 붙였다가 바로 철거 당하는 일이 있었다. 그중 한 학생은 이렇게 외쳤다.

> "학생이자 예비 교원으로서 대한민국 시민, 세계 시민으로서 도덕적 책무와 의무감을 느꼈습니다. (…) 대한민국 교육자를 꿈꾸는 사람으로서 우리 사회가 자유민주주의를 바탕으로 한 평등하고 인권을 보장하는 국가가 되기를 희망합니다."[65]

이 외침을 들으며 나는 가슴이 더워졌었다. 100년 전 오카와 서장의 절규를 읽을 때와 똑같은 느낌의 온기였다. 어쩌면 100년 전이나 지금이나 이런 횃불 같은 외침들이 끊기지 않기에, 인류의 역사는 절망의 바닷속에서 희망의 섬을 찾고 야만의 칼바람 속에서 인간의 가치를 깨달아온 게 아닐까.

---

65 <뉴스민>, 2022년 12월 15일.

억눌린 채 지워진 이들을
위해 싸우는 고역

✦ ✦ ✦

백정 해방 운동 이끈 양반, 강상호

백정(白丁)이라는 사회적 신분의 기원은 좀 복잡하다. 고려 시대
만 해도 백정은 일반적으로 '농사짓는 백성들'이라는 뜻으로 쓰
였다. 그런데 조선이 들어선 이후 의미가 변한다.

고려 시대의 화척(禾尺), 즉 정착하지 못하고 무리 지어 떠돌
아다니던 천민들이나 거란족 등 이민족 출신으로서 소나 돼지
등 동물을 잡고 해체해 팔거나 그 외 특수한 천역(賤役)에 종사
하는 사회적 신분의 뜻을 지니게 된 것이다.

이를테면 유명한 백정 출신 도적 임꺽정은 버드나무로 생활
도구를 만들어 바치던 '고리 백정'이었다. 그들은 조선의 신분

사회에서 최하층에 위치해 있었다. 그들에 대한 차별은 상상을 초월했다.

백정 남자들은 장가를 들어도 상투를 틀지 못했고 패랭이(천민이 쓰던 모자) 끈에는 쇠가죽털이나 표시 나는 재료를 덧대 백정임을 알아보게 했다. 여자들 역시 결혼해도 비녀를 꽂지 못했다. 돈이 아무리 많아도 기와집에서 사는 건 꿈도 못 꿨다.

이렇듯 백정에 대한 혹심한 차별을 앞장서서 자행한 이들은 양반도 양반이지만 대개 양반들 앞에서 기죽어 살던 농민들이었다. 당한 놈이 더한다는 속설은 대개 참일 때가 많다. 성인이 된 백정도 상민(常民)의 자식들에게 존댓말을 써야 했고 "너도 말을 해 봐!" 명령할 때까진 입을 닫고 기다려야 했다. 남의 집을 방문할 땐 반드시 꿇어 엎드려 방문의 이유를 밝혀야 했다.

일반 농민들은 양반 앞에서 꼬박꼬박 아니꼬운 일을 당하면서도 백정들이 '예의'를 잃었다 싶으면 불에 덴 듯 흥분했다.

갑오개혁으로 신분제가 철폐되어 백정에 대한 법적 차별은 공식적으로 종식되었지만, 나랏법이 바뀌었답시고 백정이 큰 갓 쓰고 길을 나섰다가는 뉘 집 멍석말이를 당해 세상을 하직할지 모르는 형편이었다.

근대화를 내세운 일제 강점기에도 다르지 않았다. 일본에는 지금도 '부락민'이라 해서 사회적 천민 계층이 남아있다고 하니, 일본 관헌들은 조선인들의 백정 차별 정서를 오히려 더 잘 이해하고 있었을지도 모르겠다.

일제 강점기 민적(民籍)상 백정들에겐 도한(屠漢), 즉 '도살업 하는 자'라는 뜻의 굵은 글씨가 항상 박혀 있었다. 나라가 망하고 세상이 바뀌었지만 백정은 계속 백정이었던 것이다.

3.1 운동의 폭풍이 온 조선을 휩쓸고 간 뒤의 어느 날, 경상도 진주 어느 동네에서 끔찍한 일이 벌어진다. 진주는 물산이 풍부한 곳이었다. 소 잡아 고기를 대는 백정들도 많았지만, 그들을 흰 눈으로 깔아보는 농민들도 '농청(農廳)'을 조직해 백정들의 '준동'을 경계하고 있었다.

농청의 젊은이들 몇이 백정을 끌고 와 개를 잡으라고 명령했다. 하지만 백정은 "못 잡겠소"라며 고개를 저었다. 이 버릇없는 백정에게 분노한 혈기 방장한 젊은이들이 주먹질과 발길질을 사정없이 퍼부었다. "어떻노? 인자 개 잡을 거제?"

그래도 개 잡기를 거부한 백정은 잔인한 구타 끝에 목숨을 잃고 말았다. 마른하늘에 날벼락을 맞은 백정의 이웃들이 일본 경찰서에 달려가 범인을 잡아 처벌할 걸 호소했으나 일본 경찰 역시 백정에게 호의적이지 않았다. 결국 백정을 죽인 사람들은 아무런 처벌을 받지 않는다.

"사람을 때려죽여도 아무도 벌 받지 않는다는 게 말이 되는 가!" 참혹한 백정 청년의 죽음을 기화로 뜻있는 이들이 손을 잡고 일어선다. 백정 출신인 장지필, 이학찬 등과 더불어 양반 출

세계사에 균열을 낸 결정적 사건들

신 강상호가 백정 해방 운동을 주창하고 나선 것이다.

그런데 강상호는 도무지 백정 해방 운동에 뛰어들 이유가 없는 사람이었다. 강상호의 아버지 강재순은 정3품 통정대부를 지낸 사람으로 천석꾼 부자였고, 강상호는 그의 장남이었다. 아무리 일제 강점기라 해도 한평생 여유롭게 보내고도 남을 집안에서 태어난 이른바 '금수저'였다.

엉뚱한 생각만 하지 않는다면 그 시대에 태어난 동년배 조선인들의 '1%' 안에서 우아하게 인생을 즐길 수 있는 사람이었다. 하지만 강상호는 정반대의 길을 택한다.

한 사람의 습관과 생각을 바꾸는 일조차 보통 이상으로 어렵다. 하물며 한 사회를 이루는 사람들의 경험과 사고가 빚어낸 문화와 제도를 바꾸는 일은 상상 이상으로 힘겨운 일이다.

그 어떤 폭군의 대군보다도, 천하 없는 거인들의 군단보다도 때로 그 인습의 벽은 강력하고 그 앞에 선 사람들의 기를 질리게 한다.

그러나 역사 속에서 이들 앞에 상대가 되지 않는 돌팔매를 휘두르면서, 안 되면 몸으로라도 들이받겠다며 결기를 세우는 이들은 항상 있었다. 강상호도 그런 사람이었다.

1923년 4월 '형평사(衡平社)'의 깃발이 경상도 진주 하늘에 처음으로 나부낀다. '형평사'는 '저울처럼 평등한 모임'이라는 뜻이었다. "우리의 계급을 타파하고 모욕적 칭호를 폐지하며,

| 강상호.

교육을 장려하고, 참다운 인간이 되는 것을 기하는 것이다. …
전국의 형평 계급아 단결하라."[66]

　강상호는 이 단체의 장, 즉 초대 형평사 사장을 맡는다. 백정
출신도 아닌 그가 '시범 케이스'의 십자가를 진 것이다.

● 백정을 인간으로 인정할 수 없던 이들에게

백정들의 가장 큰 한(恨) 중의 하나는 자식 교육이었다. 그래도
곳곳에 학교가 세워져 공립이건 사립이건 아이들을 불러 모았
고, "배워야 산다"라는 한민족의 DNA 같은 신념 속에 사람들은

---

66 '조선 형평사 창립 취지문' 중에서.

입에 풀칠할 여유만 있으면 학교에 보내려고 노력했다.

백정도 다르지 않았다. 그러나 백정의 자식은 어느 학교에서건 '불가촉천민'이었다. 백정의 자식이 학교에 왔다는 소식이 들리면 학생들을 일제히 책보를 쌌다. "백정놈의 자식하고 무슨 공부를 어떻게 같이 한단 말인가."

그 공고한 차별의 서슬 앞에서 학교 측 운신의 폭도 좁았다. "미안하지만 학교 문을 닫을 수는 없잖소? 우리는 댁네 아이를 받을 수 없겠습니다." 학교에 제출할 호적 서류에서부터 '도한 (屠漢)'의 붉은 글씨 역력했으니 숨아내기도 쉬웠을 것이다. 그런데 강상호는 절묘한 방법으로 백정의 아이들을 학교에 입학시키는 데 성공한다.

어느 날 강상호가 백정의 아이 두 명의 손을 잡고 학교에 나타났다. 또래들 사이에선 이미 얼굴이 알려진 백정의 아이들이었다. "뭐야 저놈들이 또 온 거야?" "백정 놈의 자식이 우리랑 같이 공부할 수는 없어!" "항상 안 되었잖아. 신경 쓰지 마."

학생들이 웅성거리는 가운데 강상호는 백정의 아이들 둘의 손을 잡고 거침없이 교무실로 들어왔다. 교사들은 그저 난처할 수밖에 없었다. "허허, 이거 말씀드리기 참 그렇습니다만 백정의 아이들이잖습니까. 저희도 참 난감합니다. 저희는 이 아이들을 받을 수가 없습니다."

그러자 강상호는 주섬주섬 품 안에서 서류를 꺼냈다. "한 번

보시겠습니까." 교사들은 서류를 볼 생각도 하지 않고 손을 내저었다. "글쎄, 안 되는 거 아시지 않습니까." "허허, 한 번 봐달라니까요." 그제야 마지못해 서류를 들추던 교사들의 눈이 휘둥그래졌다.

강상호가 가져온 건 강상호 본인의 호적 서류였고, 아이들 둘의 이름이 그 호적에 올라 있었던 것이다. "이 아이들은 내 양자들이오. 아시다시피 나는 양반집 자식이오, 백정이 아니고. 내 양자들이 입학할 수 없는 이유가 달리 있소?" 교사들은 두 손 두 발 들고 말았다.

아무리 높고 강한 성벽에도 틈은 있게 마련이고, 그 틈을 집요하게 파고드는 손길 앞에서 더 큰 허점을 드러내게 마련이며, 종국에는 성벽을 무너뜨리겠다고 달려드는 작은 손들을 배겨내지 못한다.

동시에 성벽 위에서 굽어보는 이들에겐 그 끈질긴 노력들이 한없이 성가시고 위협적이며 적대감을 불러일으키게 마련이다.

그리고 정작 싸움 상대보다 상대의 역성을 드는 사람에게 더 큰 분노를 폭발시키는 일 또한 사람 사는 사회에선 흔히 발견된다. 강상호 역시 마찬가지였다.

백정이 인간임을 인정할 수 없던 사람들에게 강상호의 이름은 눈 속에 돋아난 가시였고 '때려죽일 결심'의 표적이 되었다.

1923년 5월 25일, 그러니까 형평사가 설립된 지 얼마 안 되었을 때 백정과 주민 간 패싸움이 일어났다. 주민 한 명이 형평사 근처 술집에서 술을 달라 했을 때 마침 술이 떨어졌다. 이에 백정 놈들에게 술 팔면서 왜 술이 없다 하느냐며 소리소리를 질렀고 백정들이 분노해 뛰쳐 나왔다.

난투극이 벌어졌고 흥분한 주민들은 형평사를 찾아간다. 형평사장이자 백정도 아니면서 백정 역성을 드는 강상호는 절호의 표적이었다. "그들은 형평사에 찾아와 그 사장 되는 강상호 씨를 불러내어 두 뺨을 무수히 난타하였으며 의복을 찢는 등 봉욕을 줬다."[67]

백정에 대한 차별 의식에 사로잡힌 일부 주민들은 형평사에 동조하는 사람들도 백정으로 치부하겠노라 선언하고 형평사 소속 백정들에겐 고기도 사 먹지 않겠다고 맹세했다.

그리고 백정 편을 드는 강상호 같은 이들을 '신백정(新白丁)'으로 규정했다. '신백정 강상호'가 휘갈겨진 깃발을 흔들면서 시위를 벌였고, 강상호의 집은 물론 그 동조자들까지 찾아다니며 패악질을 서슴지 않았다.

일본 경찰 또한 형평사의 적이었다. 진주경찰서장이 나서서 "형평사가 잘못을 저지른다면 내가 직접 형평사를 해산하겠다"

---

67 <동아일보>. 1923년 5월 30일.

라고 기염을 토할 정도였다.

그래도 강상호는 꿋꿋했다. 진주 읍내에서 흔히 마주치는, 그야말로 보통 사람들의 비난과 반발, 양반 일문의 외면과 따돌림, 일제 관헌의 방관과 경멸, 그 모든 악조건에도 불구하고 강상호는 뜻을 굽히지 않았다.

차별을 받는 사람들이 일어서서 싸우는 건 차라리 당연한 일이다. 하지만 그들의 일원도 아니면서, 설움 받는 이들의 손을 잡고 그들과 어깨를 겯고 앞장까지 서며 그 때문에 받아야 할 불명예와 불이익을 기꺼이 감당하는 행위는 인간의 위대함을 드러내는 인간성의 정수라 할 만하다.

뭇 동료와 이웃의 지지 속에 강적과 싸우는 것도 힘겨운 일이지만 어쨌든 훗날 자랑찬 추억이 되고 후일의 무용담으로 전해질 수 있다. 하지만 편견과 인습에 사로잡힌 이웃들의 표적이 되고, 미쳤다는 손가락질을 받아가면서 억눌린 채 지워진 이들의 권리를 위해 싸우는 건 고역 중의 고역이거니와 누가 알아주지도 않을 헛심의 주인공이 되기 십상이다.

누가 봐도 상대가 안 되는 싸움에서, 그래도 내가 아니면 누가 싸우겠냐고 나서는 이들은 쓰라리게 상처받고 아프게 쓰러지기 일쑤다. 그 불운한 다윗들의 흔적 위에서 골리앗 같은 거성(巨城)은 무너진다. 끝내 무너진다.

강상호는 일제 강점기 내내 경찰의 감시를 받으며 살았고,

천석꾼 부자에서 빈털터리로 전락했으며, 해방 후에도 좌익 연루 혐의를 받아 고달픈 노년을 겪다가 1957년 쓸쓸하게 죽었다.

그 어떤 외부의 적보다도 강력하고 거대한 내부의 완고함에 돌팔매를 던지고 온몸으로 부딪친 다윗이었으나 결코 다윗처럼 영광스러운 존재로 기억되지 못했던, 되레 오랫동안 잊힌 노인의 초라한 죽음이었다.

그래도 강상호가 세상을 떠나는 길은 결코 초라하지 않았다. 전국에서 모여든 '백정', 이제는 어엿한 공화국의 시민이 된 사람들은 목메어 울며 강상호를 기렸다. 그들의 만사(輓詞)를 들었다면 강상호 또한 어깨를 곧게 펴고 만면에 승리의 미소를 드리웠을 것이다.

> "오직 선생님만은 그 시대의 속칭 양반계급임에도 불구하고 신분의 명예를 포기하고 전 재산을 희사해가면서 우리들의 고독한 사회적 지위의 인권 해방 계급 타파를 위해 선봉에 나서서 오직 자유·인권·평등을 부르짖으시며, 우리들의 치학의 개방을 부르짖으시며 50만 동포를 위해 주야고심 투쟁하지 않으셨습니까. 위대하십니다, 장하십니다."

'지역주의'라는 괴물에 맞선
이들을 기억하자

◇   ◇   ◇

지역주의에 맞선 노무현과 허대만

격조하던 사람들과 해후하는 자리라면 단연 상갓집이 으뜸이
다. 상갓집에서 "아이고, 이런 자리나 되어야 얼굴 보는구나." 하
며 인사치레하는 경험은 누구나 갖고 있을 것이며, 반가운 마음
에 건배하려고 잔을 내밀다가 '아차, 상갓집이지' 하며 부랴부
랴 손을 거둔 기억 또한 여럿이리라.

　나이가 나이인지라 상갓집 일정이 끊이지 않는다. 그런 일
상 중의 하루였다. 한 선배의 상가에 들렀다. 조의를 표하고 식
탁에 앉아 이런저런 얘기를 하다가 상주인 선배가 "이런 말 하면
안 되지만"으로 화두를 열고 집안 사연을 늘어놓기 시작했다.

　　　　　　　　　　　　세계사에 균열을 낸 결정적 사건들

집안에 사람 하나 잘못 들어오면 어떻게 된다는 둥, 명색이 큰며느리가 아프다고 발인 날만 오는 법이 어디 있냐는 둥 얘기들을 쏟아냈다. 남의 집안 이야기란 그리 흥미 있는 화제가 아니어서 듣는 둥 마는 둥 고개만 주억거리고 있는데, 말끝에 매달린 한마디가 벼락처럼 귓전을 쳤다. "누가 전라도 여자 아니랄까 봐." 그 '큰며느리'가 전라도 사람이었던 모양이다.

순간 나는 고민했다. 단호하게 '그따위로 말하지 마십시오.' 안면 무시하고 오금을 박아줄 것인가, 어차피 남의 일이고 명색이 선배고 상주인데 그냥 넘어갈까, 머릿속이 분주히 돌아가는데 선배의 화제가 내게로 옮아왔다.

"너희 집은 별일 없지?" 옳다구나, 나는 선배의 눈을 똑바로 보고 이렇게 얘기했다. 유난히 신경 써서 떠나온 고향 부산 말투를 진하게 섞어 "저야 마누라 덕에 살죠. 지금은 다 서울 사시긴 하지만 우리 처가가 원래 전.라.도.거든요." 농담하듯 가볍게, 하지만 매우 또박또박 혀를 세우며. 여기서 선배와 나는 어색한 폭소를 터뜨리며 다른 화제로 넘어갔지만 아마 그나 나나 입맛이 무척 썼으리라.

상가에서 나오는 길에 강준만 교수가 쓴 『전라도 죽이기』의 한 대목이 떠올랐다. 지역 차별 문제를 강력하게 제기하던 강준만 교수는 한 독자로부터 편지를 받는다. "내 형수는 전남 여자인데 우리 형제들의 우애를 온갖 이간질로 토막토막 끊어놓았다."

책 속에서 강준만 교수는 이를 '악마적 편견'이라고 절규하며 문제의 독자에게 호소한다. "제발 이성을 회복해주십시오. (중략) 선생님 말에 따르자면 전라도의 모든 가정은 여자들 때문에 형제의 우애가 다 토막 났다는 이야기입니까."

1970년대 연쇄 살인마 김대두가 체포되었을 때, 1990년대 살인 공장을 차리고 사람들을 납치해 죽였던 지존파가 드러났을 때 사람들은 그들의 고향을 쉽게 알았다. 전라도 사람들이었으니까. 그리고 해당 사건 뒤 전라도 사람들은 어느 모임에 나가서나 일상생활에서 전전긍긍해야 했다. 김대두나 지존파 이야기만 나오면 목이 움츠러들었고 말수가 적어졌다.

그런데 역시 수십 명을 죽인 연쇄 살인마 강호순이나 유영철의 고향이 어디인지는 들어본 적이 없다. 그들의 고향 출신들을 싸잡아 욕하는 것도 들어본 적이 없다. 아울러 그들의 고향 사람들이 민망해하거나 타 지역 사람들로부터 손가락질받은 사례는 전혀 없다.

김대두와 지존파의 고향은 공공연하게 알려지는데, 사람들은 왜 강호순과 유영철의 고향에는 관심이 없었던 걸까?

이런 게 바로 '악마적 편견'이라는 놈이었다. 이유는 간단하다. 김대두와 지존파는 "그놈들이 전라도"라서 문제였던 거지만 다른 살인마들은 "그놈들이 나쁜 놈"이기 때문이었다. 이 경계는 단순하지만 무섭고 빤히 보이지만 그 깊이를 알 수 없다.

세계사에 균열을 낸 결정적 사건들

비단 사회적 편견에 머물지 않는다. 1987년 이후 우리 정치를 좀먹어온 악종들 가운데 '지역주의'는 최강급에 속한다. '주의'라는 말을 붙이니 그럴싸하지만 한 사람의 잘못을 지역의 문제로 승화시켰던 '악마적 편견'의 정치적 코스프레일 뿐이다.

이 '지역주의 구도'의 가장 강력한 가해자이자 수혜자는 "나라를 팔아먹어도 ○○○당"을 주장했던 사람들의 정당이었다. "나라를 팔아먹어도 ○○○당"이라는 토로는 곧 "나라를 구한다고 해도 ×××당은 못 찍는다"라는 완고함의 소산이었고, 이 추악한 옹고집의 기반은 바로 위에서 말한 '악마적 편견'이었다는 이야기다.

이렇듯 '우리는 남이다'를 되뇌며 자신들이 '전라도당'이라고 규정한 쪽에서 나온 자는 누구든 '떨어뜨릴 결심'에 충만한 지역에서 정치의 꿈을 펼친다는 건 보통 이상의 용기와 결단이 필요했다.

개인적 일화 하나를 가져와 본다. 1997년 대통령 선거를 즈음해 부모님이 계신 부산에 내려왔다. 택시를 타고 가는데 기사 분이 서울에서 온 손님에게 관심을 보였다. "서울에선 누가 이길 것 같다고 합니까?" 하는 은근한 질문으로 시작한 대화는 "이번에는 디제이가 될 것 같습니다" 하는 내 대답으로 산통이 깨져버렸다.

다짜고짜 "손님 고향이 부산 맞아요?"라고 말투부터 바꾸더니 출신 학교를 확인해 초중고등학교를 다 묻다가 부산의 지리(地理)를 심문했고 아버지와 어머니의 고향까지 캐물었다. 실실 웃으며 유유자적 여유 있게 대답하던 나는 그의 마지막 질문에 그만 두 손 두 발 다 들고 말았다. "처가는 어디요?"

부산 택시 기사에게 디제이가 될 것 같다고 떠벌리는 이 수상한 사내는 부산 사람이라 해도 필시 모처의 영향을 강하게 받은 프락치였던 것이다.

이런 사람들은 결코 특이한 별종이 아니었다. 대놓고 말은 안 하더라도 생각은 비슷한 사람들이 훨씬 더 많았다. 심지어 내 부모님조차 나보다는 택시 기사 쪽으로 기울었을 가능성이 크다.

그런 상황에서 '지역주의'란 얼마나 거대한 거인이었겠는가, 얼마나 끔찍한 괴물이었겠는가. 또 그에 맞서는 다윗들이란 얼마나 작아 보였겠는가, 그들의 돌팔매인들 얼마나 무기력했겠는가. 그래도 이 무모하리만큼 용감한 싸움의 전사(戰士)를 자임하는 이들이 끊이지 않은 건 우리 역사의 불행 중 다행이다.

● **"구하라 찾을 것이요, 두드리라 열릴 것이다"**

노무현 전 대통령은 지역주의라는 거인 앞에 돌팔매를 휘두르고 나선 것 하나만으로 여러 사람의 가슴을 뛰게 했던 사람이었다. 원래 부산은 부마항쟁의 도시였고, 1985년 2.12 총선 당시 중선거구제하에서 여당 후보를 2등도 온전히 시켜주지 않았던 반항기 넘치는 동네였으며, 6월 항쟁 중 시민들의 기세가 가장 등등했던 고장이었다. 전통적이고 대표적인 '야당 도시'였다는 뜻이다.

'부산·마산이 일어나면 역사가 바뀐다'라는 긍지에 찬 민주주의의 성지를 자임하던 도시가 지역주의의 화신으로 둔갑한 건 1990년의 '3당 합당' 사건이 크게 작용한다.

야당 하라고 뽑아났더니 덥석 여당으로 가버린 '부산의 맹주' 김영삼 전 대통령의 영향력은 대단했다. 3당 합당은 사실상 '호남 포위망'이었고 '민주화의 성지' 부산은 독버섯처럼 퍼져 있던 지역주의의 포로로 전락했다.

하지만 부산에서 정치를 시작하고 김영삼에게 발탁되었던 노무현은 김영삼을 따라가지 않는다. 그는 3당 합당의 부당함에 항의하며 지역주의에 포획되길 거부했다. 이후 그는 줄기차게 부산에서 출사표를 던지고 누가 봐도 안 되는 싸움을 시작한다. "지역 갈등은 모든 걸 망가뜨린다. (중략) 똑같은 사실도 지역을 오가면 흑이 백이 되고, 백이 흑이 된다."[68]

"안 되는 줄 알면서 왜 그랬을까"를 외치는 흘러간 유행가

---

68 〈한국일보〉, 1999년 2월 10일.

다큐멘터리 영화
<노무현입니다> 포스터.
©영화사 풀

가사는 노무현에겐 의미가 없었다. 안 되는 줄 아니까 더 해야 하는, 더 할 수밖에 없는 일이었던 것이다.

하지만 대가는 가혹했다. 지역주의의 아성에서 그 성을 허물자고 나선 이들은 반역자 취급을 받아야 했다. "호남이 뭉치므로 영남이 뭉쳐야 한다고 얘기하는 것은 지역 감정을 안 풀겠다는 거죠. 먼저 영남이 풀어야 합니다"[69]라고 얘기하는 노무현

---

69 영화 <무현, 두 도시 이야기>(2016) 중에서.

은 매번 버림받는다.

"김대중 정권하에서 살림살이 나아진 분, 손 들어보십시오. (누가 손을 들자) 전라도에서 오셨습니까. (중략) 허황되게도, 전라도당인 민주당에서 영남 출신이면서 차기 대권주자 운운하는 얼빠진 사람이 있습니다."라고 비아냥대는 상대 후보에게 무릎을 꿇어야 했다. 하지만 누가 얼빠진 사람인지는 이후의 역사가 증명해준다.

다큐멘터리 영화 〈노무현입니다〉의 마지막은 노무현이 지역구 사람들에게 인사하고 다니는 장면이다. 점잖기보다 건들건들에 가까운 특유의 걸음걸이로 거리를 걸으며 연방 고개를 숙이고 자기 이름을 대는 사이사이 노래를 부른다.

1980년대 운동가요 〈선봉에 서서〉. "선봉에 서서 하늘을 본다/ 고향집 하늘 위엔 굴뚝 연기가/ 투사가 되어 조국의 내일…." 선봉이란 가장 명예로운 자리 같지만 가장 위험한 자리이기도 하고 가장 큰 공을 세울 수 있지만 가장 먼저 쓰러지는 자리이기도 하다.

노무현은 그 선봉을 세 번 이상 자임했다. 쓰러지고 다시 일어나길 반복했다. 그래서 그에게 붙은 별명이 '바보'였다. 그 '바보짓'에 감복한 사람들이 그를 무등 태웠고 그 이름을 불렀으며 마침내 대한민국 대통령으로 만들었다.

이외에도 이 질기고도 치명적인 골리앗과의 싸움에서 고독한 '선봉'을 자임한 이들은 끊이지 않았다. 골리앗 같은 지역주의의 성벽을 지침 없이 두드리다가 끝내 병마에 지고 만 정치인 허대만이 그다.

"2008년부터 2020년까지 민주당 계열 정당으로 6차례 국회의원과 포항시장 선거에 나섰다. 모두 낙선했다. 2018년 포항시장 선거에선 42.4%를 득표하며 선전했지만, 결과는 다르지 않았다."[70]

부산이나 대구처럼 스포트라이트를 받을 만한 대도시도 아니고, 어느 다큐멘터리 PD의 전언을 빌리자면 "후원자 스크롤에 '김대중'이 나왔다고 보이콧 운동이 벌어질 만큼" 갑갑함이 어디에도 뒤지지 않는 이명박 전 대통령의 고향에서, 무려 여섯 번 선거가 열리는 동안 허대만은 줄기차게 포항 사람들을 만나고 인사하고 이제는 지역 구도를 넘어서서 자신을 믿어달라고 매달렸다.

그러나 지역주의의 골리앗은 수십 년이 넘도록 완고했고 허대만의 가슴을 여러 번 무너뜨렸다. 1998년 광역 선거에서 도의원으로 출마한 그는 당시 DJP 연합이라 해서 여당의 일각을 차지하고 있었으며 포항의 대부(代父)라 할 박태준 의원의 지지

---

70 <경향신문>, 2022년 8월 22일.

세계사에 균열을 낸 결정적 사건들

까지 받았지만 '전라도당'의 낙인을 떨치지 못했다.

"지역주의 선동이 정말 어마어마했죠…. 마지막 유세 때 한나라당 정장식 시장 후보가 무슨 말을 했냐면 '여러분, 6월 4일 날 목포의 눈물을 부르시겠습니까, 영일만 친구를 부르시겠습니까?'라고 했어요."[71]

12년 뒤인 2010년 포항 시장 선거에 나와서도 그는 상대 후보에게 "지역 감정 조장을 중단해 달라"라고 호소해야 했다. 당시 그는 경상북도 23개 시군에서 유일한 민주당 기초단체장 후보였다. 경북 전체에서 유일한 '전라도당' 후보였던 것이다. 당연히 졌다. 그러나 그는 포기하지 않았다. 포항 시내를 누비며 인사하고 절하는 와중에 그 역시 〈선봉에 서서〉를 읊조리고 있지 않았을까.

구하라 찾을 것이요, 두드리라 열릴 것이라는 성경 말씀은 포기할 수 없는 희망임과 동시에 엄중한 경고이기도 하다. 누구든 구하러 나서지 않으면 사람들은 아무것도 찾을 수 없고, 누가 나서서 머리로 들이받고 몸뚱이를 내던져야 그 육중한 문을 흔들 수 있다는 뜻이기 때문이다.

글머리에서 언급한 선배의 망발에서 보듯, 대한민국 현대사

---

71 〈ㅍㅍㅅㅅ〉, 2018년 5월 16일.

를 가로지르는 '악마적 편견'과 그것을 토대와 양분 삼은 지역주의 망령의 송곳니는 여전히 날카롭다. 그리고 아직도 여러 사람의 목덜미에 꽂히고 있다.

지역 감정에서 자유로워야 마땅할 젊은이들조차 '홍어'니 뭐니 독살스러운 소리들을 하는 모습을 보고 있노라면 이 골리앗의 끈질긴 악독함에 진저리가 날 정도다.

그 괴물과의 싸움에서 선봉에 섰던 사람들을 기억했으면 좋겠다. 졸렬하고 이해할 수 없을 만큼 괴상한 한국의 지역주의라는 골리앗에게 대들었던 다윗들을 말이다.

고 허대만은 본인에 대해 어떻게 생각하느냐는 질문에 이렇게 대답한다.

"인내, 끈기요. 여러 번 낙선했지만 여러 번 잘 견뎠어요. 그러다 보니 정권이 바뀌었어요. 그 오랜 세월 같이했던 사람들이 이제 대한민국을 이끌어가는 위치가 되어 있고, 저도 포항에서 많은 도움을 드릴 수 있었어요. 그래서 참, 잘 버텨 왔구나 싶죠. 게다가 제가 위암 3기였는데, 다행히 치료도 잘 되고 회복도 빨리 되었어요. 포기하지 않고 잘 참아내서 그렇게 될 수 있었던 거라 생각해요."[72]

---

72 위의 기사.

세계사에 균열을 낸 결정적 사건들

그는 끝내 회복되지 못하고 세상을 떴다. 그러나 그의 인내와 끈기로 세상이 조금 더 달라졌길, 그리고 달라지길 저세상에서도 빌고 있을 것이다.

양심의 대들보를 일으키고
역사의 물줄기를 돌려놓다

국군보안사령부를 무너뜨린 윤석양 이병

학살의 주역들이 대놓고 사람들을 깔아뭉개던 1980년대의 대한민국이었지만 그에 맞서 싸우는 용기의 흐름이 멈춘 적은 없다. 권력자들이 '이만 하면 잠잠하겠지' 하고 한숨을 돌리는 순간 데모가 터졌고, '이 정도면 겁 먹겠지' 하고 안심한 등 뒤에서 분노의 함성이 터져 나왔다. 아무리 골리앗 같은 거한이 짓밟고 짓누르고 심지어 숨을 끊어도, 또 다른 다윗들이 돌팔매를 휘두르며 나섰다고나 할까.

이 끈질긴 저항을 분쇄하고 싶은 골리앗 정권도 온갖 수법을 동원했다. 무작정 때려잡기만 한 게 아니라 회유도 했고 교묘한 함정도 파고 상상 못할 공작도 꾸몄다. 그들이 행했던 여러 공작 가운데 가장 극악하면서 인간의 존엄성을 훼손한 거라면 단연 '프락치 공작'을 들 수 있을 것이다.

'프락치'란 러시아 말로 한 조직 내의 분파나 파벌을 가리키나 우리 현대사 속에선 적대적인 파벌이나 진영에 위장 침투해 내부를 교란하거나 정보를 수집하는 이들을 뜻하게 되었다.

1980년대 초반, 전두환 정권은 '녹화사업'이라는 해괴한 이름의 프락치 공작을 전개했다. 군에 입대한 운동권 학생들을 회유, 협박해 다니던 학교나 조직에서 프락치로 활동하게 만드는 것, 이른바 '붉은 물이 든 학생들을 녹색으로 만들겠다'라는 게 공작의 골자였다.

군인 하나 죽어 나가는 건 그리 큰일도 아니었던 1980년대, 작대기 한두 개의 일이등병에게 계급장도 없고 머리도 덥수룩한 보안대 요원들의 으름장은 엄청난 위협이었다. "이걸 하면 편하게 지낼 수 있지만 거절하면 살아서 제대 못할 수도 있어."

이 위협 앞에 수많은 이가 굴복했고, 동료들을 팔았다는 정신적 내상에 적극적이진 않더라도 독재 정권의 주구로 전락했다는 자괴감에 평생을 시달려야 했다.

끝까지 거부한 이들 가운데 몇몇은 의문의 죽임을 당하기도 했다. 이렇듯 거인들은 사람을 때려죽일 뿐 아니라 피를 말려 죽이기도 한다.

한국외국어대학교 85학번 윤석양은 대학교 4학년 1학기를 마치고 1990년 5월 입대했다. 철원으로 자대 배치를 받은 뒤 정신없는 이등병 생활을 하고 있는데 갑자기 으스스한 호출이 왔다. 국군보안사령부(보안사) 요원들이었다. "너 혁노맹(혁명적 노동자계급 투쟁동맹)에 있었지? 다 알고 있어." 입대 이전의 조직 생활이 보안사 레이더망에 걸렸던 것이다.

이후 윤석양은 수십 년 동안 악명이 높았던 보안사 '서빙고 분실'에 끌려가 혹독한 심문을 받는다. 보안사 요원들의 요구는 간단했다. 하지만 그에겐 심장이 내려앉는 소리였다. 보안사의 프락치가 되라는 것이었다.

독재 정권 시절 보안사 서빙고 분실이라는 지옥을 경험한 이들에 따르면, 보안사 요원들은 실컷 고문을 퍼부은 후 한강물 소리가 실감 나게 들리는 방에 데리고 간다. 그리고 이렇게 협박하는 것이다. "너 죽여서 한강에 던져버리면 귀신도 모르게 그냥 바다에 흘러가 고기밥 되는 거야. 그렇게 저승 간 놈이 한둘이 아니야."

자신의 존재가 소리소문 없이 영원히 사라질 수 있다는 것, 그럴 힘을 가진 사람들이 코앞에서 눈을 부라리는 상황은 상상하기조차 버거운 공포이리라.

윤석양도 결국 굴복했다. 조직원을 불었고 보안사가 비밀리에 운용하던 카페에서 동료들의 얼굴을 확인하고 '찍어'줬다.

세계사에 균열을 낸 결정적 사건들

윤석양은 보안사의 완벽한 '프락치'가 된 셈이었다.

일설에 따르면 윤석양은 그가 활동하던 조직으로부터 '사형 선고'를 받았다고 한다. 실질적 의미는 없는 분노의 표현일 뿐이었지만 그만큼 윤석양에 대한 배신감이 지대했음을 뜻한다.

이런 지경이었으니 보안사 처지에서 윤석양은 이미 '잡힌 고기'였고 '돌아오지 못할 강'을 건너온 사람이었다. 자신의 동지들에게 사형 선고를 받았으니 돌아갈 구멍조차 막혀버리지 않았는가.

그런 사람은 정반대 쪽에서 열의를 불태우게 마련이다. 조선 후기 천주교 탄압 때 천주교인들이 가장 두려워했던 대상이 포교도, 불신자도 아닌 '배교자'들이었던 이유다. 보안사 입장에서 윤석양은 앞으로 더 열성적으로 과거의 동지들을, 즉 보안사의 '적들'을 잡아들일 소지가 충분한 '유망주'였다.

그런데 1990년 9월 23일 새벽 2시 그 보안사의 유망주가, 자신이 속했던 투쟁 조직을 와해시키는 데 큰 역할을 한 프락치, 자신의 동지들로부터 엄청난 원한을 샀던 '배신자'가 은밀하게 보안사의 높다란 담장을 넘는다.

그의 품 안에는 대한민국 전체를 뒤흔들 엄청난 폭탄이 들어 있었다. 그 폭탄의 정체는 김대중, 김영삼, 노무현 등 후일 대한민국 대통령이 된 정치인들과 재야 인사, 종교계 인사 등 1,300여 명의 개인정보와 사찰 기록이 담긴 디스크와 관련 서

윤석양 이병의 폭로,
국군보안사령부가
민간인 1,300명을
사찰했다는 내용.
ⓒ한겨레신문

류였다.

　1990년 10월 4일 한국기독교회관에서 열린 윤석양 이병의
기자회견으로 이 사실이 드러났을 때 대한민국은 엄청난 폭풍
에 휘말렸다. 명색이 민주화가 되었다는 시대에 군인이 민간인
들을 사찰하고, 그들의 신상 명세를 체계적으로 관리하며, 관련
정보를 캐고, 심지어 유사시의 '도주로'까지 파악하고 있었다는
사실이 구체적으로 드러난 것이다.

　당장 정권 타도의 목소리가 터져 나왔고 국방부 장관과 국
군보안사령부 사령관의 목이 즉각 날아갔다. 그리고 수십 년 동
안 민주화운동 진영에게 저승사자들의 집결지 같았던 '국군보
안사령부'는 '국군기무사령부'로 그 명패조차 바꿔 달게 된다.

세계사에 균열을 낸 결정적 사건들

● 수많은 이의 영혼을 잠식한 '프락치'

윤석양은 양심선언 당시 보안사가 프락치 40여 명을 관리하고 있다고 폭로했다. 그들 가운데는 '즉각 제대 후 6급 군무원 채용(보안사 간부가 윤석양에게 했던 회유)' 같은 당근에 혹한 사람도 있을 것이고, 생사람을 납치해 프락치 활동을 하지 않으면 생매장해버리겠다는 협박(1989년 보안사 요원의 김정환 납치 사건 때 실화)에 굴복한 경우도 있을 것이다.

당시 공안 당국은 조선 후기의 관리들이 가톨릭 배교자들을 끄나풀로 활용해 가톨릭 교인들을 때려잡았듯, 운동에 참여하고 있는 사람을 잡아채 어떡하든 자신들의 하수인으로 만드는 수법을 즐겼다. 가장 파괴적이고 효율적인 프락치 운용 방식이었기 때문이다.

내 동지가 적이 심은 스파이일 수도 있다는 공포는 그들이 속한 조직을 무너뜨리고 갈가리 찢는 가장 효율적인 수단으로 작용한다. 보안사에게 포획된 사람들이든 그렇지 않든 프락치 공작에 노출된 모든 젊은 영혼에게 보안사, 나아가 독재 정권은 하늘까지 닿는 키의 거인이자 온몸과 정신을 갈가리 찢어 잡아먹는 괴물이었다.

윤석양은 정확히 탈영 2년 후, 1992년 9월 23일 헌병대에 체포되어 처벌을 받는다. 수형 생활 중에 만난 왕년의 동지는 윤석양에게 입에 담지도 못할 욕을 퍼부었다고 한다. 출옥한 뒤에도 어떤 옛 동료는 그에게 극언을 쏟아내며 무시하고 질타했다고 한다. 윤석양 역시 자신 때문에 피해를 본 이들에 대한 양심의 가책을 피할 수 없어서 오랫동안 은둔에 가까운 세월을 보내야 했다.

윤석양은 프락치 노릇을 했다. 하지만 그는 끝끝내 무너져가던 양심의 대들보를 일으켜 세움으로써 인간의 존엄함을 구현하고 역사의 물줄기를 돌려놓았다.

"양심의 소리는 아주 작고 고요하지만 때로는 그 소리가 너무 커서 듣기조차 거북하다고 느낄 때가 있다"라는 토로에서 윤석양의 고뇌가 얼마나 치열했을지 짐작할 수 있다.

무지막지한 괴물 앞에서 양심의 소리 따위 무시할 수도 있었다. 어쩔 수 없었다고 자기합리화를 하기에 충분한 공포와 압박이 존재했다. 되레 자기합리화를 넘어 거인의 논리에 동조해 버리는 사람도 흔했다. 그러나 윤석양은 그 모두를 넘어섰다.

그래서 윤석양이 보안사를 탈출하던 그날은 인간의 존엄함의 빛이 어둠을 가르는 순간이자 인간의 존엄함을 기본 원리로 하는 민주주의가 승리한 시간으로 등극한다.

인간의 영혼을 도구로 삼는 어둠의 세력에게 끝내 왜 너희들이 어둠인가를 가르쳐준 날이며, 한때 거인에게 꿇어 엎드렸던 다윗이 기어코 돌팔매를 던져 골리앗의 이마에 적중시킨 '디데이'였다는 뜻이다.

2022년 윤석열 정부는 "경찰에 대한 민주적 통제를 강화"하겠다면서 행정안전부 산하에 '경찰국'을 신설했다. 그 초대 경찰국장으로 임명된 이는 김순호 치안감이었다. 그런데 1989년 경찰에 특채되기 전 그의 행각이 수많은 의혹을 불러일으켰다.

그는 학생운동을 하다가 군대에 강제징집되었으며 전역 후에도 운동을 계속했지만, 별안간 잠적했고 얼마 후 '대공(對共)' 관련 특별 채용으로 경찰로 변신한다. 과연 그에게 무슨 일이 일어났던 걸까. 그리고 무슨 일을 한 걸까.

김순호 본인의 해명이다. "주체사상에 물들어가는 운동권에 회의를 느껴 고향으로 내려갔고 1989년 7월 대공분실을 찾아가 자백했다. 체포 대신 '대공 특채'를 소개해줘 새 삶을 살게 되었다."

김순호 개인이 주체사상에 반대할 수 있고 그것에 '물드는' 동료들을 배신해서라도 대한민국을 구해야겠다고 생각할 수는 있었다고 생각한다. 동료들에겐 참을 수 없는 배신일 수 있겠으나 어디까지나 본인의 '양심의 자유'다.

남파간첩은 당연히 체포되어 처벌받아야지 그들의 '수령'을 경애하고 그들의 '공화국'에 충성하는 건 양심의 자유 영역인 것과 같은 이치다. 단 그들의 간첩죄는 별도다. 그들의 활동으로 대한민국의 안보가 위협받고 대한민국 국민의 권리가 침해된 사실이 있다면 그 부분에 대해선 용서가 있을 수 없다.

동시에 민주공화국의 경찰을 통제하고 지휘하는 반열에 오른 이라면 신념을 떠나, 양심의 자유를 떠나 본인의 행적을 평가받아야 했다.

'반주사파' 활동의 시작은 어디서부터였는지, 누구의 지시에 따라 무슨 일을 했는지, '자백'만으로 경찰 특채라는 파격적인 특혜를 받은 배경은 무엇인지, 숨김과 보탬이 없는 자신의 행적을 낱낱이 밝혀야 할 의무가 있었다.

단순한 '대공' 전문가가 아니라 14만 경찰을 통제하고 지휘할 직위를 지닌 이가 경찰 입문 과정부터 석연치 않은 과거를 지녔고 그 과정의 합법성과 정당성을 입증할 수 없다면, 즉 행여나 독재 정권이라는 골리앗의 포로가 되어 불법적 행동에 관여했다는 사실을 부인할 수 없다면 어찌 경찰국장의 자격이 합당했겠는가.

과거 대한민국의 어두운 세월 내내 프락치라는 단어는 뭇사람들의 신경을 강철검처럼 날카롭게 곤두세우게 하는 단어 중의 하나였다. 수많은 이가 영혼이 쥐에 쏠리는 듯한 고통을 감내하며 그 영혼의 점진적인 파괴를 경험해야 했고, 정권의 불법적인 공작과 터무니없는 월권 속에서 존엄한 인간의 권리들이 어이없이 갈려 나갔다.

한때 어둠의 한복판에 엇비슷하게 서 있었던 윤석양과 그보다 몇 살 위의 김순호는 각자 영원히 만날 수 없는 길을 떠났다.

누가 출세를 하고 누가 행복하게 살았든 개인의 사정일 뿐이고 누구도 정답을 낼 수 없을 것이다.

하지만 누가 역사의 돌팔매를 부여잡고 거악과 맞섰는지, 그래서 결과적으로 대한민국을 변화시켰는지를 묻는다면 당연히 윤석양을 호명할 수밖에 없을 것이다.

한때 거인 앞에 무릎 꿇었고 그 때문에 평생의 치욕을 얻었으나 굴하지 않고 기어코 거인의 이마를 노렸던 우리 역사상 다윗의 이름은 윤석양이었다.

세계사에 균열을 낸 결정적 사건들

초판 1쇄 발행 2024년 10월 8일
초판 2쇄 발행 2024년 10월 15일

지은이 | 김형민
펴낸곳 | 믹스커피
펴낸이 | 오운영
경영총괄 | 박종명
편집 | 김형욱 최윤정 이광민
디자인 | 윤지예 이영재
마케팅 | 문준영 이지은 박미애
디지털콘텐츠 | 안태정
등록번호 | 제2018-000146호(2018년 1월 23일)
주소 | 04091 서울시 마포구 토정로 222 한국출판콘텐츠센터 319호(신수동)
전화 | (02)719-7735   팩스 | (02)719-7736
이메일 | onobooks2018@naver.com   블로그 | blog.naver.com/onobooks2018

값 | 20,000원
ISBN 979-11-7043-576-1 03900